AMOR EM
Terra de Chamas

JEAN SASSON

AMOR EM
Terra de Chamas

A corajosa luta de Joanna do Curdistão

Tradução
Débora Guimarães Isidoro

CIP-BRASIL. CATALOGAÇÃO-NA-FONTE
SINDICATO NACIONAL DOS EDITORES DE LIVROS, RJ

S264a
Sasson, Jean P.
    Amor em terras de chamas / Jean Sasson; tradução Débora Guimarães Isidoro. – Rio de Janeiro: BestSeller, 2008.

    Tradução de: Love in a torn land
    Contém glossário
    Inclui índice
    ISBN 978-85-7684-193-7

    1. Hussain, Joanna al-Askari. 2. Mulheres – Iraque – Biografia. 3. Curdos – Iraque – Biografia. 4. Iraque – Relações étnicas. I. Título.

08-0810   CDD: 956.70441
                                                    CDU: 94(567)

Título original
LOVE IN A TORN LAND

Capa: Folio Design
Diagramação: ô de casa

Todos os direitos reservados. Proibida a reprodução,
no todo ou em parte, sem autorização prévia por escrito da editora,
sejam quais forem os meios empregados.

Direitos exclusivos de publicação em língua portuguesa
para o Brasil adquiridos pela
EDITORA BEST SELLER LTDA.
Rua Argentina, 171, parte, São Cristóvão
Rio de Janeiro, RJ – 20921-380
que se reserva a propriedade literária desta tradução

Impresso no Brasil
ISBN 978-85-7684-193-7

Para Roxanne

Jean Sasson

Para meu corajoso peshmerga Sarbast,
e nossos dois filhos, Kosha e Dylan
Para tia Aisha
Para as bravas esposas dos peshmergas

Joanna Hussain

Quando eu era criança, construí uma parede de ódio à minha volta.
Quando me perguntavam: "Com que você construiu essa parede?"
Eu respondia: "Com as pedras dos insultos."

PROVÉRBIO

SUMÁRIO

Prefácio	9
Agradecimentos	11
Iraque e Irã nos dias de hoje	13
Prólogo	15

PARTE UM Infância

1 Pequena menina peshmerga	21
2 Colina dos Mártires	43
3 Salpicada por pó de estrelas	53
4 Terror baathista	65
5 O retorno de Ra'ad e Hady	79

PARTE DOIS Joanna cresce

6 Morte	97
7 Minha mãe e meu pai	107
8 Amor em terra de chamas	115
9 Guerra	123
10 As trincheiras	131
11 Ra'ad nos deixa	137
12 O fim da esperança	145
13 A polícia secreta	153
14 Cartas de amor	169

PARTE TRÊS Amor e tragédia no Curdistão

15 Amor e casamento	181
16 Sob o céu de Bergalou	203
17 Bom curdo, mau curdo	221
18 Ataque químico	231
19 Cega	245
20 Fuga para Merge	261
21 Bombardeio em Merge	283
22 Escalando a montanha Kandil	299
23 Procurando tia Aisha	315
24 Kosha, filho do meu coração	331
Epílogo: Liberdade!	339
Onde eles estão agora?	345

Cronologia dos eventos-chave que afetam os dias atuais dos curdos iraquianos	347
Glossário	351
Índice	357

PREFÁCIO

Na jornada da minha vida, viajei a muitos cantos do mundo. Durante minhas viagens, tive o privilégio de encontrar e conhecer muitas mulheres fascinantes, e algumas delas divido com o mundo por intermédio das páginas de livros que se tornaram best sellers. Enquanto escrevia *Amor em terra de chamas*, a história real de uma mulher curda, mais uma vez descobri-me na posição singular de poder explorar uma cultura exótica e, ao mesmo tempo, conhecer melhor uma heroína da vida real.

Joanna al-Askari cresceu em Bagdá, mas seu coração pertencia ao Curdistão. Ela conhecera a magia do Curdistão ainda sentada no colo da mãe, e por meio de suas histórias foi cada vez mais se afeiçoando às tradições curdas e criando um forte vínculo com o lar curdo. As férias da infância eram passadas na cidade natal da mãe, Sulaimaniya, no Curdistão. Lá, brincando com os primos curdos, Joanna desconhecia o temível destino que esperava por ela e por muitos outros curdos. A brutalidade impregnada no coração do homem chamado Saddam Hussein ainda não havia sido desencadeada.

Ninguém se surpreendeu quando, ainda jovem, Joanna apaixonou-se por um belo guerrilheiro curdo. Quando o amado se retirou das cidades do Iraque para ir viver nas montanhas do Curdistão, Joanna o seguiu. Ainda jovem esposa em Bergalou, Joanna sobreviveu por milagre aos primeiros ataques químicos ordenados por Saddam contra os curdos. Forçada a fugir para buscar segurança no vizinho Irã, Joanna parecia ter tido seus sonhos destruídos... Mas não era bem assim. Joanna e o marido construíram uma nova vida assim como os sonhos de liberdade dos curdos se renovaram com a destituição de Saddam Hussein.

Considero minha jornada com Joanna um grande presente que agora divido com meus leitores ao longo das páginas deste livro.

Por favor, visitem meu site, www.jeansasson.com, para a obtenção de informações adicionais.

JEAN SASSON

Descrevi os detalhes de minha vida à escritora Jean Sasson, incluindo nesse relato o que vi e senti durante os dias e as noites aterrorizantes nos quais meu marido e eu fugíamos tentando preservar nossas vidas. Sobrevivemos a extremo perigo físico, incluindo aí ataques químicos e bombardeios. Percorremos nosso caminho entre as montanhas e os vilarejos do Curdistão em busca da segurança no vizinho Irã. Tudo que está relatado neste livro aconteceu comigo, mas é importante que o leitor lembre que durante o caos da guerra eu estava ocupada com a sobrevivência. Não escrevia um diário. Considerando que a confusão da guerra e a névoa do tempo podem ter obscurecido minha memória, reconheço que posso ter errado quanto à localização temporal exata de certos eventos. Mas o leitor pode estar certo de que vivi cada incidente descrito pela autora.

JOANNA AL-ASKARI HUSSAIN

AGRADECIMENTOS

Gostaria de agradecer a Ra'ad, Hady, Ranj e Eric pela ajuda com tantas coisas durante a criação deste livro. Ranj, você fez um esforço enorme para ajudar sua tia Joanna e a mim.

Também quero agradecer a meu sobrinho, Greg, por ter sempre estado presente e por me ouvir durante tantos telefonemas ao longo dos momentos difíceis dessa criação. Digo o mesmo para meu querido amigo Danny. E Jack está sempre me apoiando.

Agradeço a minha tia Margaret, Alece e Anita pelo entusiasmo que demonstram por tudo que escrevo. Vocês não imaginam como seus comentários me estimulam a prosseguir.

Este livro teria sido realmente impossível sem o valioso apoio de minha agente literária, Liza Dawson.

Fiquei tão exausta ao final desse processo que não teria sido capaz de ir até a última linha sem minha editora britânica, Marianne Velmans, e minha editora americana, Hana Lane. Vocês duas têm minha gratidão.

Muito obrigada a todos.

IRAQUE E IRÃ NOS DIAS DE HOJE

Prólogo

De repente, assustei-me com o som de um bombardeio inesperado. Éramos sempre alvo de ataques, mas nosso inimigo dessa vez não cumpria seu cronograma habitual. Geralmente, nos preparávamos para ataques à tarde e no início da noite.

Fiquei confusa. Estava muito longe de casa para correr em busca de segurança, por isso saí da trilha e, abaixada, esperei por uma oportunidade de buscar refúgio em um canto de minha casa.

Foi quando notei algo estranho. A munição daquele ataque era diferente. Uma vez lançadas, as bombas caíam silenciosas, explodindo em nuvens de um pó branco e fino. Continuei assistindo ao estranho espetáculo, sentindo a boca seca pela ansiedade, tentando conter minha imaginação de criar o pior cenário. As bombas silenciosas poderiam ser inofensivas?

Então, outro fato estranho aconteceu: pássaros começaram a cair do céu! Instintivamente, gritei:

– Está chovendo pássaros!

A combinação de bombas silenciosas e pássaros despencando do céu me deixou incrédula. Olhei para os lados, examinando tudo à minha volta. O céu vespertino estava riscado de lampejos de cores cintilantes que mergulhavam na terra. Eram mais pássaros. As pobres criaturas caíam impotentes, como pedras, caindo, caindo, caindo até chegar ao chão.

Encolhi-me ao ouvir baques terríveis à minha volta.

Sempre adorei as aves. Não suportava testemunhar aquele lamentável desastre. Se pássaros estavam caindo do céu, eu sabia que tinha de correr, e correr depressa, em busca de abrigo. Mas estava paralisada, congelada naquele lugar.

Olhei para a trilha tentando encontrar Sarbast. Conhecia bem meu marido. Se ele soubesse que eu estava em perigo, iria me socorrer. Mais provável, porém, era que ele deduzisse que eu já estava no abrigo. Pela natureza repentina do ataque, talvez fosse forçado a buscar proteção no abrigo comunitário do vilarejo.

Mordi o lábio enquanto continuava olhando para a trilha, tentando identificar a silhueta imponente de Sarbast, sentindo um súbito pânico em relação a sua segurança. Não havia dúvida de que Bergalou vivia uma situação de emergência.

Um pássaro caiu junto aos meus pés. O som do impacto quase me fez gritar de susto. A criatura sofria muito. O bico preto e fino se movia vigorosamente, mas os movimentos foram perdendo força e velocidade, e o ar era sugado com esforço doloroso e inútil.

Continuei ali parada, porque as bombas silenciosas ainda caíam do céu. Podia ouvir meu coração batendo violentamente ao ver que aqueles estranhos projéteis ainda provocavam nuvens, que se transformavam em outra nuvem escura que ia envolvendo toda a área.

Outro pássaro caiu perto de mim.

Eu sabia que os animais dão o primeiro sinal de um ataque químico. Seria esse o ataque com gás venenoso que Ali al-Majid havia prometido?

O pensamento aterrorizante me fez esquecer a cautela e correr para casa, temendo por minha vida.

Tudo era nebuloso, mas notei uma mula solta se debatendo em flagrante agonia. Ela passou por mim na trilha estreita, correndo tanto que mais parecia dançar. Nunca havia visto um animal daquele porte mover-se com tanta velocidade.

Continuei correndo, tentando evitar os pássaros que caíam à minha volta. Finalmente, entrei em casa ofegante, mas... a salvo!

Segundos mais tarde, Sarbast entrou com ímpeto pela porta, que tinha ficado aberta. Eu o encarei boquiaberta, sem dizer nada.

Ele gritou:

– Joanna, estamos sofrendo um ataque químico!

Sim! Eu sabia! Já reconhecia o odor desagradável a que se referiam sobreviventes de ataques anteriores: maçã podre, cebola e alho. Sarbast estava certo. *Estávamos* sofrendo um ataque químico!

Ele se moveu depressa, erguendo a mão para pegar algo em uma prateleira alta sobre a porta lateral. Eram nossas máscaras, constatei aliviada. Meu marido gritou:

– Joanna, use isto! – Ele me entregou uma das máscaras, colocando imediatamente a outra sobre o rosto, ajustando as tiras estreitas que a prendiam em torno da cabeça.

Prendi a respiração enquanto tentava colocar a máscara. Estava tão agitada que uma tarefa simples parecia impossível de realizar. Sarbast e eu havíamos falado sobre as máscaras muitas vezes, e ele me incentivara a manipular o aparato para entendê-lo melhor, mas eu, estupidamente, não seguira sua sugestão.

Finalmente, Sarbast arrancou a máscara de minhas mãos e a colocou sobre meu rosto, ajustando-a. De mãos dadas, corremos juntos para o abrigo atrás da casa, rastejando para o fundo do espaço apertado.

Ficamos ali encolhidos. Eu havia prendido a respiração ao longo de todo o trajeto e, sem ar, tentei encher os pulmões, mas não consegui. Por mais que distendesse os músculos da garganta, nada acontecia. Não conseguia respirar!

Sarbast não tinha idéia do que estava acontecendo comigo. Desesperada, puxei a máscara para afastá-la do rosto e gritei:

– Não consigo respirar com esta coisa!

Meu marido se virou para mim com enorme esforço, uma vez que não havia espaço para nos movimentarmos. Sarbast examinou minha máscara.

Sentindo que eu estava prestes a explodir, tive de respirar os gases fétidos. Meus olhos começavam a sentir o efeito da substância química. Era como se estivessem em brasa. Era uma dor tão intensa, que agulhas perfurando meus olhos não teriam provocado agonia maior. Não podia mais suportar. Comecei a esfregar os olhos com as mãos, sem me importar com a instrução de não tocá-los em caso de ataque químico.

– Meus olhos! O gás está nos meus olhos! – gritei, tossindo e sufocando com o ar envenenado que se acumulava dentro do abrigo.

Os gases iam atingindo áreas cada vez mais baixas, preenchendo o buraco onde tentávamos nos proteger. Sarbast se moveu depressa, saindo do abrigo e me puxando com ele. Segurando a máscara em uma das mãos, ele me arrastava com a outra, levando-me de volta para casa.

Pensei que seria melhor subirmos a montanha, pois me lembrava vagamente de Sarbast ter comentado que era conveniente buscar abrigo baixo em caso de ataque com bombas, mas que um ataque químico exigia refúgio em local elevado.

Mas, antes, eu precisava de uma máscara que funcionasse.

Minha garganta doía, meus olhos ardiam. Eu me encolhi no chão e Sarbast ajoelhou-se a meu lado. Uma névoa densa prejudicava meu raciocínio e confundia-me os sentidos.

"Olá, morte", pensei.

PARTE UM

Infância

1

Pequena menina peshmerga

BAGDÁ
Sábado, 8 de julho de 1972

Em um país onde os curdos são odiados, eu sou uma curda.

Embora tenha nascido e crescido em Bagdá, meu coração pertence a Sulaimaniya. Bagdá é a cidade de meu pai árabe, enquanto Sulaimaniya é a cidade de minha mãe curda. Sulaimaniya fica 331 quilômetros ao norte de Bagdá, no Curdistão. Durante dez longos meses de todos os anos, de setembro a junho, eu vivia na poeirenta Bagdá, sonhando com julho e agosto, que eu chamava de "meses felizes", quando deixava para trás as planícies castanhas da Mesopotâmia e viajava na companhia de minha mãe e de meus irmãos para as montanhas coloridas e vibrantes do Curdistão.

Lembro-me bem de um dia específico em 1972, quando eu tinha 10 anos. Estava tão entusiasmada com a nossa viagem que fui chamada de peste por minha mãe e meus irmãos, que ainda se preparavam para partir. Sentia-me ignorada. Mas quando meu querido tio Aziz, que havia vivido conosco por vários anos, notou-me sozinha e entediada na cozinha, levou-me para caminhar um pouco pelo terreno no fundo da casa, onde uma viçosa e colorida buganvília escalava um muro.

Para ajudar-me a ocupar o tempo, ele sugeriu que eu colhesse limões e laranjas no pomar. Tínhamos uma ampla variedade de árvores frutíferas e arbustos de frutos pequeninos, abricós, laranjas, ameixas e tâmaras. Que sorte a minha viver em uma terra na qual frutas variadas crescem como jóias coloridas. Dentre todas as frutas, a minha preferida é a naranja, uma fruta cítrica parecida com a laranja. Quando estava madura, eu a espremia para fazer suco e despejava em formas de gelo para congelar. Minha mãe servia os cubos de gelo de naranja em copos com água e açúcar enquanto a família e os visitantes se reuniam na varanda.

Eu adorava essas ocasiões, agindo como adulta e sentando-me com as pernas cruzadas à maneira das grandes damas, sorvendo a deliciosa bebida, expressando minhas opiniões e interferindo na conversa dos adultos. Por ser a filha mais nova e ter então 10 anos de idade, era muito mimada por todos e eles fingiam me levar a sério.

Para meu entusiasmo, meu irmão mais velho, Ra'ad, então com 18 anos e se preparando para começar a universidade no outono, apareceu na porta dos fundos e gritou:

– Joanna, depressa! Vá ver se o táxi chegou!

Tio Aziz assentiu, estendendo as mãos para pegar os frutos que eu havia colhido. Depois de entregá-los, corri para a cozinha onde minha mãe e Muna, minha irmã de 14 anos, preparavam um lanche de sanduíches de frango e biscoitos de tâmara para comermos na viagem. Corri pela casa até a varanda da frente, onde fiquei esperando impaciente pelo táxi que nos levaria à rodoviária.

Mantinha os olhos fixos na rua, desejando que tivéssemos um automóvel para viajarmos ao norte em grande estilo.

Todos os nossos primos Al-Askari possuíam carros reluzentes e caros. Eram ricos. Infelizmente, nós éramos pobres. Mas, mesmo que tivéssemos muito dinheiro, meu pai não teria conseguido obter a licença para dirigir um veículo automotor, porque não era capaz de ouvir as buzinas dos automóveis ou qualquer outro som de carros, ônibus e carroças que percorriam as ruas de Bagdá. Meu pai era surdo desde a infância. Seu único meio de transporte era uma velha bicicleta azul.

Olhei para a bicicleta estacionada junto da cerca do jardim. Como gostaria de montar nela e partir! Mas eu não tinha permissão para usá-la, embora todos os meus irmãos tivessem. Ra'ad ia equilibrado na parte de trás da bicicleta, enquanto Sa'ad ficava com a parte da frente. Eu invejava meus irmãos, mas, apesar de todos os pedidos e súplicas, tal atitude não era considerada própria para uma menina em Bagdá.

A fim de desviar a mente das injustiças da minha vida, forcei-me a prestar atenção à rua, caso o táxi passasse acidentalmente por nossa casa.

Era divertido assistir a toda aquela atividade. O caleidoscópio de uma manhã em Bagdá estava em plena movimentação e com todas as suas cores vibrantes. Figuras humanas pairavam como miragens, com homens correndo na direção do café mais próximo enquanto esposas atarefadas corriam para o mercado. Meninos mais velhos se divertiam com bolinhas de gude, trocando ofensas debochadas, enquanto os menores pulavam amarelinha. Havia poucas meninas em público, porque, naquele tempo, meninas respeitáveis deviam ficar em casa durante as férias.

Sentia-me grata por minha mãe não me obrigar a ajudar com as tarefas domésticas, porque as odiava. Ela mantinha a casa mais limpa de toda Bagdá, e cada uma de minhas irmãs mais velhas tinha atribuições específicas, mas eu escapava por ser a caçula.

– Sal! Sal! – Os gritos do nômade que percorria as ruas da cidade montado em um camelo atraíram minha atenção. Muitas eram as manhãs nas quais eu o escutava encolhida sob as cobertas em minha cama, mas dessa vez o estudei com curiosidade e interesse.

Ele seguia gritando:

– Sal! Sal!

Vestido com uma camisa cinza puída e uma calça marrom muito desbotada, ele era um homem de pele morena, rosto magro e sobrancelhas arqueadas. Uma tira de lã azul e vermelha ligava seu braço ao pescoço de um pequeno camelo. Apaixonei-me imediatamente pelo animal de pelagem dourada e lábios curvos. Ele parecia sorrir enquanto se movia numa cadência constante, quase como se dançasse. Sua carga preciosa viajava embalada em sacos de tecido grosso que balançavam contra seus flancos. Porém, quando o proprietário bateu sobre seu lombo com uma vareta longa e fina, o animal emitiu um grito de protesto, exibindo a saliva que espumava nos cantos de sua boca aberta.

– Sal! Sal!

O mercador fumava um cigarro que levava pendurado no canto da boca. Ele ergueu os olhos para encontrar os meus, retirando o cigarro da boca para sorrir esperançoso. Seus olhos se abriram ainda mais e ele moveu a cabeça na expectativa.

Eu movi a cabeça em sentido negativo. Sabia que minha mãe ainda tinha na cozinha um saco de sal fechado. O homem deu de ombros e, conformado, seguiu seu caminho gritando:

– Sal! Sal!

Meus olhos foram atraídos por uma mulher, uma camponesa vestida com roupas coloridas e amplas. Sua cabeça era coberta por um turbante retorcido sobre o qual ela equilibrava uma enorme bandeja. Panos brancos envolviam-lhe os pés e os tornozelos para protegê-los contra o calor.

Eu sabia o suficiente para deduzir que ela era oriunda do sul, de uma área do Iraque conhecida como Pântanos. As mulheres daquela região eram conhecidas por serem tão belas quanto a paisagem local.

Ela vendia creme de búfalo acondicionado em embalagens redondas de madeira acomodadas na bandeja sobre sua cabeça.

Eu a vi seguir por uma rua lateral acompanhada por um bando de gatos de rua. Os gatos caminhavam com elegância e miavam, agitados com o aroma do creme. Apesar de ser ainda jovem e bonita, a vendedora dava a impressão de sucumbir sob o peso do desespero resignado.

Senti pena dela, e se tivesse algum dinheiro nos bolsos teria comprado todo o creme de búfalo que havia naqueles potes. Fiquei contente quando vi um consumidor se aproximar, a palma da mão aberta indicando a quantidade de embalagens que ele pretendia adquirir. Aquela jovem séria removeu da cintura uma fina agulha de aço, levou a mão à cabeça e pegou um dos potes de madeira. Depois usou a agulha como ferramenta para cortar o creme congelado.

Os gatos a observavam esperançosos, prontos para recolherem quaisquer sobras, mas a moça era habilidosa demais para permitir tal desperdício.

Depois de pôr algumas moedas na mão da vendedora, o cliente partiu levando sua preciosa aquisição.

Os gatos em torno dela aumentavam em número, mas a vendedora de creme nem parecia notá-los, como também não me notava ao passar diante da nossa casa. Pensei que a vida dela devia ser muito difícil para causar tristeza tão intensa e constante. Sua rabugice deixava isso claro.

Ela se afastava, e eu tentava imaginar como seria a vida daquela mulher, tão diferente da minha, porque sabia, mesmo ainda criança como era, que o Iraque era habitado por uma ampla variedade de pessoas com estilos de vida e crenças muito distintas.

Após a Primeira Guerra Mundial e a derrota do Império Otomano, britânicos e franceses decidiram que três grandes regiões geográficas seriam reunidas para formar o moderno Iraque. A parte central do Iraque era basicamente um platô de pedra calcária onde se localizava a cidade de Bagdá. A moderna Bagdá não é considerada especialmente bonita, mas guarda em seu passado uma exuberância singular e gloriosa de ricos palácios, mesquitas, mercados e jardins.

A segunda região do Iraque era composta pelas terras baixas e úmidas do sul chamada de Pântanos, lar da vendedora de creme de búfalo de aparência tristonha. Uma esplêndida variedade de peixes, aves e plantas era encontrada naquela região. Um antigo texto árabe diz que a paisagem diferenciada resultou das conseqüências de um dilúvio devastador, tão poderoso que casas de barro derreteram e se tornaram lama, enquanto a própria terra se abria em sulcos e dava origem a milhares de pequenas ilhas. Os sobreviventes do grande dilúvio viviam em choupanas ou barcos denominados *mashhoufs*, construções feitas de junco e betume.

A terceira região do Iraque, o norte, famosa por suas montanhas cobertas de neve e por suas florestas exuberantes, era um belo lugar, com muitas cachoeiras e pomares. Por causa de suas temperaturas baixas, muitos resorts prosperaram ali. Os iraquianos árabes referem-se a essa região simplesmente como norte do Iraque, mas os curdos chamam por seu verdadeiro nome: Curdistão.

Examinei a rua mais uma vez procurando pelo táxi e vi um grupo de jovens encrenqueiros moradores do bairro, uma gangue de quatro garotos com idades próximas à minha. Eles sempre se divertiam muito me ridicularizando por ser curda. Quando nos encontrávamos, eles começavam a pular sobre os pés descalços, rindo e entoando cânticos detestáveis.

– Casa dos curdos! Menina curda!

Um deles, particularmente maldoso, ria mais alto e gritava:

– *La! La!* Menina do surdo idiota!

Eu o encarei. Por um momento, as ofensas me deixaram sem ação, mas a passividade só perdurou até eu dar o primeiro passo para fora da varanda.

– Ei! – gritei, detendo-me para apanhar várias pedras do jardim esmerado de minha mãe, pedras que ia arremessando com toda força que tinha. Jamais havia reagido de maneira tão agressiva antes, mas recentemente eu decidira ser mais como meu pai, um homem arrojado que sempre se defendia, mesmo que para isso tivesse de usar da força física e brigar.

Surpreendidos por uma garota que ousava defender-se, os meninos ficaram tão assustados que instintivamente foram embora correndo.

Atingi um deles no braço. Quando ele gritou de dor, os outros correram ainda mais para fugir do mesmo destino. Como pareciam estúpidos!

Eu ri alto, ri muito, tomada por uma enorme satisfação enquanto os via correr como covardes pela rua. E eles fugiam de uma menina, o que tornava minha vingança ainda mais doce.

Nunca me havia sentido tão poderosa. Nunca mais eles me amedrontariam. Nunca mais!

Era inteligente o bastante para saber que não devia divulgar meu feito, porque minha família ficaria horrorizada com uma filha que se comportava de maneira tão grosseira. Limpei rapidamente a terra das minhas mãos. Quando ergui a cabeça para certificar-me de que meus perseguidores não retornavam, notei que o táxi parava diante da minha casa.

– Chegou! – gritei, correndo em direção à casa. Abri a porta e gritei o mais alto que podia: – O táxi chegou! Venham logo!

Foi um momento de loucura com todos correndo, agarrando malas e valises e levando-as para o carro.

O motorista magrelo saltou de seu lugar ao volante. Ele gritava, como se coordenasse o transporte da nossa carga.

Minha mãe havia me ensinado a não encarar as pessoas, mas eu não conseguia desviar os olhos daquele rosto moreno, enrugado e cansado. As mãos dele eram crispadas, e ele as esfregava na calça velha num gesto repetitivo que demonstrava certo nervosismo. Era evidente que aquele era um homem pobre.

Na verdade, muitas pessoas em Bagdá eram pobres. Olhei para meu pai, tio Aziz e meus irmãos. Também éramos pobres, mas eles vestiam roupas limpas e bem conservadas, sem sinal de furo ou rasgão.

Olhei para o meu vestido cor-de-rosa. Na maior parte do tempo, os árabes em Bagdá usavam cores sóbrias, geralmente negro ou azul-escuro, mas nós, os curdos, éramos diferentes. Preferíamos cores vibrantes. Meu belo vestido rosa havia sido lavado recentemente e muito bem passado, e cheirava a roupa nova, embora já tivesse um tempo considerável de uso.

Minha mãe sabia como conservar todas as coisas perfeitamente. Ela mantinha a casa e a família tão limpas e arrumadas, que era possível que nossos inimigos nem notassem nossa pobreza; certamente, não *parecíamos* pobres. E devia ser essa aparência limpa e arrumada que intensificava o ódio que nutriam por nós.

Os homens enfrentavam dificuldades para fechar o porta-malas do táxi. Tentei ajudar apontando:

– Esse carro está inclinado para o lado.

O motorista do táxi notou o que eu já havia visto e começou a gritar ordens enquanto inspecionava a distribuição do peso sobre os pneus. Eram pneus muito finos, mesmo para os meus olhos inexperientes, mas achei melhor guardar essa impressão para mim. Minha mãe poderia insistir em cancelar o serviço e esperar por outro táxi. Eu não queria adiar nossa viagem nem por mais um segundo, porque a esperava com enorme ansiedade desde a última vez em que deixamos Sulaimaniya, há um ano, em agosto.

Quando o motorista do táxi sentiu que tudo estava seguro, ele se sentou ao volante, chamando-nos com pressa:

– *Yella, yella!*

Vamos.

Minha mãe e Muna juntaram-se a mim no banco traseiro. Tio Aziz surgiu do meu lado e empurrou-me com delicadeza para o meio. Ele nos acompanharia até a rodoviária, mas não iria conosco ao Curdistão.

Em 1962, ano em que nasci, meu tio era estudante em Sulaimaniya, quando foi preso simplesmente pelo crime de ser curdo. A tortura a que foi submetido mudou sua vida para sempre. Desde aquela época, ele nunca mais conseguira lidar com a vida no norte, onde ocorrera a perseguição e a subseqüente detenção. Por isso ele se mudara para Bagdá para morar com a irmã mais velha, minha mãe.

Anos depois de sua tortura, ainda havia ocasiões em que alguma coisa desencadeava um comportamento bizarro, quando meu tio se recusava a falar ou sair de seu quarto. Durante anos ele foi incapaz de freqüentar a universidade ou se manter em um emprego. Mas ele era um tio muito amado, sempre pronto para me fazer companhia e me entreter com brincadeiras ingênuas.

Assim, ele ficaria em Bagdá sem nós, enquanto íamos visitar minha avó Ameena, minhas tias e todos os primos em Sulaimaniya.

O motorista gritou anunciando sua pressa, insistindo na necessidade de partirmos. Ra'ad e Sa'ad sentaram-se rapidamente no banco da frente, com o motorista.

Quando o táxi entrou em movimento, lembrei-me de que havia esquecido de dizer adeus a meu pai. Ele raramente viajava conosco para o Curdistão. Ele não era curdo, mas, mesmo que fosse, teria permanecido em Bagdá para trabalhar. Nunca dispunha de dinheiro para acompanhar a família nas férias. Pobre pai.

Nós nos afastávamos, e me virei até poder ver seu rosto pela janela de trás do automóvel. Seus olhos castanhos brilhavam e ele sorria. Fiquei olhando para aquele rosto amoroso até ele se abaixar para pegar alguma coisa no chão. Seu couro cabeludo estava exposto, o cabelo colado em algumas áreas e espetado em outras. Era evidente que meu pai havia suado muito carregando as malas para o táxi.

De repente, senti um frio na barriga, uma apreensão inexplicável relacionada ao bem-estar de meu pai. Mas logo bani esse sentimento enquanto prosseguíamos pelas ruas movimentadas de Bagdá.

Diferentemente de muitas cidades, Bagdá não crescera de um pequeno vilarejo, mas, em vez disso, fora projetada e construída de acordo com um plano mestre. No ano de 762 d.C, o califa Abu Ja'far al-Mansur teve a idéia de criar uma cidade delimitada e fechada. Seu sonho era o de uma cidade circular com três áreas fechadas distintas na margem oeste do Tigre.

O califa Al-Mansur governava da área mais interna, o exército ficava abrigado no interior da segunda área, e os cidadãos viviam na área mais externa. Mas a moderna Bagdá se expandira para além de seus círculos cuidadosamente dispostos, perdendo o charme original.

Com apenas algumas poucas vias principais, Bagdá também era caótica. Nosso motorista conduzia o táxi em meio ao tráfego, competindo com hordas de pedestres, carroças puxadas por mulas, carros e microônibus que disputavam cada milímetro da via principal.

Cartazes coloridos anunciavam produtos ocidentais. Outros divulgavam as vantagens que os iraquianos supostamente desfrutavam sob o governo do então vigente partido Baath, o último a chegar ao poder por meio de mais um golpe de Estado, quatro anos antes, em 1968. Eu ouvira meu irmão Ra'ad brincar chamando os baathistas de "garotos do retorno", porque eles já haviam estado no poder uma vez anteriormente, em 1963, mas foram rapidamente depostos devido à desordem e à malícia demonstradas durante sua primeira tentativa de governar. Mas todos comentavam que agora os baathistas estavam firmemente entrincheirados.

Embora fosse jovem demais para entender a política, eu tinha consciência dos efeitos destrutivos da revolução de 1958, que havia causado mortes em minha família e a ruína dos negócios de meu pai. Era mais atenta do que a maioria das crianças da minha idade, e ouvia os sussurros otimistas relacionados ao novo governo iraquiano. Sabia que os adultos queriam apenas uma coisa: o fim da confusão e da reviravolta que aconteciam sempre que havia uma mudança no governo do Iraque.

Mas naquele ensolarado dia de julho, quem poderia ter adivinhado o sofrimento e o terror que o governo baathista e Saddam Hussein acabariam levando a todos os iraquianos? Felizmente, nenhum de nós imaginava que dias de medo e escuridão se aproximavam.

Nos anos anteriores, nossa família havia viajado de trem de Bagdá a Kirkuk, e de lá seguíamos de carro até Sulaimaniya. Mas naquele verão de 1972, minha mãe avisou que teríamos de economizar dinheiro; portanto, viajamos de ônibus. Logo chegamos à rodoviária no centro de Bagdá. Mais um momento de confusão típica de férias aconteceu quando descemos do táxi e esperamos enquanto Ra'ad, Sa'ad e tio Aziz desfizeram todo o trabalho já feito, descarregando e empilhando nossas malas.

Um carregador se aproximou e, por uma pequena gorjeta, ajudou-nos a transportar a bagagem. Caminhamos apressados para a área da estação onde acontecia o embarque nos microônibus para Sulaimaniya. Os veículos aguardavam estacionados de maneira irregular, e alguns passageiros iam entrando e ocupando seus lugares. De repente, fomos abordados pelo motorista de um dos ônibus, um homem idoso e careca com um farto bigode, tão longo que caía sobre as duas laterais da boca. Ele era extremamente amigável, convidando-nos a embarcar em seu veículo, alegando que era um profissional tão experiente que poderia reduzir a viagem em uma hora. Mais importante, ele informou que crianças com menos de 12 anos poderiam viajar gratuitamente.

Embarcamos agradecidos naquele ônibus porque dinheiro era algo que não tínhamos de sobra.

Eu era muito pequena e magra para a minha idade, por isso ninguém contestou quando minha mãe disse que eu tinha menos de 12 anos. Muna era muito pequena e também poderia ter viajado de graça, mas minha mãe se negou a mentir.

Cometemos um erro grave confiando naquele motorista, mas seria necessário certo tempo para que soubéssemos disso.

O ônibus velho rangia enquanto deixávamos a rodoviária lentamente, e mais uma vez percorremos as ruas movimentadas da cidade. O ônibus atravessava a área comercial de Bagdá, a região onde ficava a maioria dos bazares e as fábricas com suas chaminés altas. Logo chegamos à auto-estrada 4, uma moderna rodovia para Kirkuk em nosso caminho para o norte e para o nosso destino final, Sulaimaniya.

O ônibus comportava tranqüilamente 25 pessoas, mas éramos apenas 11 a bordo. Minha mãe e Ra'ad questionaram o motorista, mas ele os ignorou e sugeriu que voltassem a seus lugares.

– Assim teremos mais espaço – opinou Muna em voz baixa com um sorriso hesitante. Ela estava certa. Minha irmã Muna era tão tímida e tensa, que todos na família sentiam que deviam protegê-la. Ela era gêmea de Sa'ad, que era seu oposto exato em todos os sentidos.

Sa'ad tinha pele morena, era fisicamente forte e pessoalmente determinado. Muna, por outro lado, era pálida e frágil como a mais fina porcelana, e demasiadamente submissa. Eles eram tão diferentes, que muitas pessoas nos acusavam de debochar da inteligência alheia quando contávamos que os dois eram gêmeos.

Lamento não ter estado presente para testemunhar aquele dia em que Muna e Sa'ad nasceram. Foi um acontecimento tão emocionante que ninguém na nossa família jamais o esqueceu. Ouvi o relato muitas vezes. Na terceira gestação de minha mãe, ninguém suspeitava de que ela pudesse estar esperando gêmeos, nem mesmo o médico. Algumas horas depois do início do trabalho de parto, uma enfermeira notadamente desinteressada apresentou-se para pôr nos braços de meu pai um menino saudável e robusto. Os membros da família ainda celebravam o nascimento de mais um filho, mas logo começaram a se preocupar com os gritos insistentes de minha mãe. Era possível ouvi-los mesmo estando separados dela por sólidas portas duplas de madeira. Quando os gritos finalmente cessaram, a mesma enfermeira, já não mais indiferente, mas repentinamente tomada por uma energia que a fazia vibrar, saiu da sala de parto e aproximou-se de meu pai com o segundo bebê.

Todos os presentes olharam boquiabertos para aquela forma pequenina no colo da enfermeira. Ela declarou animada que a criança era gêmea de Sa'ad, embora tivesse cerca da metade do tamanho do irmão. Ninguém conseguia acreditar nela. Vários parentes curdos do norte acusaram a enfermeira de fazer uma brincadeira de mau gosto com nossa família só porque minha mãe era curda.

Mas eles estavam enganados. Muna *não* era uma brincadeira. Minha irmã era real, embora parecesse uma miniatura de gente e tivesse de passar várias semanas no hospital. Mesmo quando ela foi liberada, o médico recusou-se a garantir sua sobrevivência. Minha mãe foi orientada a envolver o bebê em tiras de algodão durante os primeiros meses de vida para proteger sua pele translúcida, tão delicada que sangrava ao ser friccionada. As tiras de algodão também seriam a solução para outro problema de ordem prática: não havia em toda Bagdá roupas de bebê que coubessem em uma criatura tão pequena, menor até do que uma boneca.

Com o passar dos anos, Sa'ad tornou-se viril e ainda mais forte, alguém que manifestava suas opiniões sem medo e falava com voz segura, enquanto Muna era tão tímida que raramente falava.

Senti uma enorme afeição por minha irmã desde o início, e compreendi que devia protegê-la do mundo cruel, apesar de ser anos mais jovem que ela.

Assim que deixamos a cidade para trás, os passageiros cochilaram ou ficaram olhando pelas janelas, mas nasci com um temperamento inquisitivo, por isso dediquei-me à tarefa de inspecionar todos os passageiros.

Dois homens curdos viajavam silenciosos nos assentos da frente do ônibus. Os trajes tradicionais compostos por turbantes e calças muito largas facilitavam a identificação. Sabia que eram dos nossos. Imaginei se não poderiam integrar o romântico grupo dos guerrilheiros curdos, conhecidos como peshmergas, sobre os quais ouvira tantas histórias. Mas, é claro, mesmo que fossem, teriam de ocultar tal fato. Ser peshmerga no Iraque era uma sentença de morte automática.

Eu não conseguia desviar os olhos deles.

O mais jovem dos dois era um homem muito grande, com ombros largos e braços fortes como os de um halterofilista. Os olhos grandes e sonhadores e a expressão bondosa contradiziam o poder físico. Uma madeixa de cabelos negros e encaracolados escapava do turbante em sua nuca.

O segundo homem era pequeno e parecia tenso. Olhei para seus olhos cercados por linhas de expressão. Apesar da rigidez muscular, ele parecia alegre, cheio de vida.

Os outros quatro passageiros eram um casal e seus dois filhos pequenos. Pelos trajes eu soube que eram árabes. O marido vestia um *dishdasha*, uma espécie de túnica branca e longa usada por muitos nativos do Iraque. A esposa dele usava um manto negro sobre um vestido azul. As crianças vestiam roupas ocidentais, e olhavam com hostilidade para nossos trajes curdos.

Minha mãe e eu éramos as únicas da família que usavam regularmente os trajes tradicionais dos curdos, mas, naquele dia, todos nós viajávamos em nossas melhores roupas curdas.

Ra'ad e Sa'ad estavam deslumbrantes em suas volumosas blusas e calças curdas presas por faixas. Típicas capas curdas, chamadas *klaw*, pendiam de suas cabeças, e eles calçavam sandálias conhecidas como *klash*. As três mulheres da família usavam vestidos curdos de cores radiantes. Eu me vestia com meu tom favorito de rosa, Muna usava um azul brilhante, e minha mãe optara por um amarelo solar. Muna e eu exibíamos a cabeça nua, mas minha mãe cobrira os cabelos negros com um lenço dourado adornado por pequeninas moedas prateadas costuradas em suas extremidades.

Para ser simpática, mamãe ofereceu às crianças árabes alguns dos nossos biscoitos de tâmara. Os pais reagiram como se os biscoitos estivessem envenenados. Eles seguraram as mãos dos filhos, impedindo-os de aceitar a oferta, e responderam a minha mãe um ríspido "*La! La!*", que quer dizer "não".

Surpresa, minha mãe voltou ao seu lugar e sentou-se.

Fiquei chocada com a rispidez do casal, apesar de já ter idade suficiente para entender um fato da vida: muitos árabes iraquianos odiavam curdos.

Mamãe se recuperou rapidamente e ofereceu os biscoitos aos próprios filhos. Eu me sentia tão insultada pela reação daqueles desconhecidos, que mastiguei os biscoitos com enorme prazer, fazendo barulho para anunciar a todos como eram deliciosos. Senti-me vingada ao ver as crianças árabes olhando para os pais com um misto de ressentimento e reprovação.

Em contraposição, o mais velho dos dois homens curdos sorria e oferecia doces a todas as crianças. Os dois pequenos árabes estenderam as mãos tão depressa que quase não foi possível acompanhar o movimento com o olhar. Eles agarraram os doces, removendo a embalagem e enfiando-os na boca com avidez, talvez temendo que os pais os impedissem mais uma vez de provar o confeito.

Eu ri alto da expressão de surpresa do casal, e os dois homens riram comigo, inclusive aquele que se mantivera quieto até então.

Sabia que a viagem levaria quase nove horas. Éramos os únicos passageiros que seguiriam até Sulaimaniya. A família dos árabes deixaria o ônibus em um pequeno vilarejo sunita distante uma hora de Bagdá, e o mais velho dos dois homens curdos havia comentado que eles desembarcariam em um povoado perto de Kirkuk.

O dia estava quente. Uma mosca enorme voava no interior do ônibus, e eu a espantava com as mãos. Estava pegando no sono, quando fui despertada pela voz furiosa do motorista do ônibus. Ele havia sido tão agradável e gentil anteriormente, que só pude presumir que o miserável calor de julho causava o repentino mau humor.

Ele gritou:

– Vocês! Curdos! Fiquem quietos aí atrás! Crianças barulhentas me dão dor de cabeça!

Senti-me pessoalmente afrontada. Não havíamos feito barulho algum! Ergui minha cabeça e olhei orgulhosa para a família árabe. O marido e a esposa trocavam um olhar cúmplice.

Cerrei os punhos, ardendo de desejo de reagir, mas sabendo que nada poderia fazer com minha mãe e meus irmãos por perto. Olhei esperançosa para os dois curdos, pensando que, talvez, eles pudessem nos defender daquele ataque injustificado, mas eles permaneciam imóveis, estudando a paisagem do lado de fora, evidentemente avessos a qualquer discussão com o motorista. Fiquei desapontada, mas disse a mim mesma que, se eles fossem realmente peshmergas disfarçados, tinham de manter o disfarce.

Antes de iniciar aquela viagem, havíamos sido prevenidos da extrema e recente dificuldade enfrentada pelos curdos no norte. A situação tornava-se perigosa. Os curdos eram sempre suspeitos de promover discórdia e inquietação civil. Novas leis draconianas haviam sido impostas pelo governo: se um curdo era encontrado com um binóculo, acabava enforcado. Se um curdo possuía uma máquina de escrever sem prévia autorização, era preso e julgado. Câmeras sempre haviam sido consideradas suspeitas, mas uma câmera com lentes de aproximação podia custar a vida a um curdo. Os curdos podiam ser detidos por nada. Por um capricho. Um árabe delatava um curdo por criticar o regime e, mesmo que a denúncia fosse inverídica, o curdo era automaticamente punido.

Minha mãe e meus irmãos mais velhos estavam inquietos, movendo-se em suas cadeiras como se não encontrassem posição confortável, mas, como éramos curdos, e o motorista rude era árabe, ninguém ousava protestar.

Para mim, a viagem havia perdido o encanto.

Logo chegamos a um modesto povoado na periferia de Bagdá, e a família árabe desembarcou. Eles reuniram seus pertences, duas velhas malas, e passaram por nós sem sequer olhar em nossa direção. Mas não pouparam simpatia e foram efusivamente gratos ao motorista.

Minha alma ardia por vingança.

Eles viviam em uma vizinhança modesta, típica de famílias árabes pobres, onde as casas de concreto de um único andar tinham a mesma cor da areia do chão. Telhados planos expunham roupas estendidas para secar e uma variedade de cadeiras de metal enferrujado.

Estava satisfeita com a partida daqueles árabes desagradáveis, mas me sentia desapontada por eles terem desembarcado sem saber que meu pai pertencia à famosa família Al-Askari de Bagdá. Anos depois da revolução, pessoas que conhecíamos se mostravam impressionadas com o nome de nossa família.

Logo fizemos mais uma breve parada em um pequeno e sujo posto de combustível. Perto de chegarmos ao Curdistão, a gasolina tornava-se escassa por conta de uma punição coletiva imposta pelo governo aos curdos, a limitação dos suprimentos de combustível. O motorista teria de ficar atento às barracas de beira de estrada nas quais jovens garotos curdos vendiam gasolina em recipientes plásticos.

Quando o ônibus voltou à estrada, todos cochilaram até a hora do almoço, quando minha mãe e Muna nos acordaram para servir os sanduíches de frango e copos de Fanta laranja, que mamãe havia comprado no posto de gasolina.

Os dois curdos se mostraram gratos quando mamãe insistiu para que compartilhassem nossos sanduíches, mas o motorista do ônibus recusou a oferta. Ele agia como se os sanduíches pudessem estar contaminados, como se minha mãe fosse a mais negligente e relapsa dona de casa de todo o Iraque.

Pouco depois do almoço, a terra desapareceu sob as rodas do ônibus, e passamos por uma ponte de metal que unia as duas margens de um assustador precipício. Pela primeira vez na vida, pude ver toda a beleza verde de uma cordilheira. Logo estaríamos no Curdistão, único lugar na Terra que sempre me fazia sentir confiante e feliz.

Mesmo naquela tenra idade, sabia que ali era meu lugar, não em Bagdá.

– Eu amo o Curdistão! – anunciei para ninguém em particular, provocando sorrisos de reconhecimento e simpatia dos dois homens curdos. O motorista resmungou alguma coisa ríspida, certamente um comentário grosseiro que não consegui ouvir.

Era ilegal chamar a região do norte do Iraque por seu nome correto, Curdistão. Mas eu me sentia confiante e corajosa porque era improvável que uma garota da minha idade fosse punida. Além do mais, sabia que logo estaria na casa da vovó Ameena, e essa viagem conturbada ficaria esquecida no passado.

O motorista do ônibus mostrou-se menos rabugento no clima fresco das montanhas do Curdistão. Para minha surpresa, ele inseriu no toca-fitas um cassete com músicas típicas da região, e incentivou-nos a cantar também as canções curdas. Todos sabiam que era ilegal cantar músicas curdas que invocavam sentimentos nacionalistas, mas, de vez em quando, era possível ouvi-las até nas rádios de Bagdá. O mais velho dos curdos fingiu cantar, mas o perdoei por saber que ele era incapaz de seguir o ritmo. De minha parte, recusei-me a acatar as ordens do motorista rude.

Uma hora mais tarde, o veículo parou para o desembarque dos dois homens. Mantendo as mãos sobre o peito, eles se despediram e saltaram aliviados do ônibus. Apressados, caminharam na direção de um assentamento ao pé da montanha, um lugar de casas com telhados tão baixos e tão próximas umas das outras que, pensei, poderiam ser usadas como degraus para se chegar à montanha.

O ônibus seguiu em frente. Estávamos dentro dele há seis horas. O cansaço era inevitável. De repente, deixamos a estrada principal e o motorista anunciou que faríamos uma parada.

Minha mãe protestou imediatamente em curdo.

– O quê? Aonde vai?

A pergunta foi ignorada.

Ra'ad repetiu a mesma pergunta em árabe.

O motorista balançou a cabeça e respondeu de modo pouco convincente:

– Vou pegar um passageiro. Passageiro regular. Ele precisa de carona até Sulaimaniya.

Ra'ad traduziu a resposta para minha mãe, que assumiu imediatamente um ar preocupado. Era evidente que ela não gostava nada dessa mudança nos planos.

A pista não era pavimentada, e a poeira do chão entrava pelas janelas abertas, causando sucessivos ataques de tosse em todos nós. Quando Ra'ad se levantava para ir falar com minha mãe sobre essa inquietante modificação nos planos originais, houve um estrondo. Um tiroteio. Bati com a testa no banco da frente por conta da violenta freada. Ra'ad caiu de volta no assento e não conteve uma exclamação de surpresa e medo.

Eu estava assustada. Olhei para minha mãe, que me chamou para perto dela.

Corri para junto de minha mãe e olhei pela janela. Um grupo de homens armados seguia por uma trilha sinuosa. O que estava acontecendo?

Ouvimos gritos:

– Desçam! Desçam do ônibus!

O motorista foi o primeiro a desembarcar, e nós o seguimos prontamente.

Ra'ad olhou para minha mãe e murmurou:

– Bandidos.

Bandidos! Seríamos assaltados? Meu coração batia depressa.

Quando saímos do ônibus, vi cinco homens armados. Eles olhavam para nós furiosos.

Muitas pessoas no Iraque viviam em estado de total miséria. Bandidos desesperados surgiam de todas as camadas da sociedade. Até os curdos podiam ser culpados por assaltos nas estradas. Mas os homens que apontavam armas para nós não eram curdos.

Bandidos árabes jamais se apiedariam de nós, mesmo que soubessem que meu pai era um árabe genuíno. Pelo contrário. Essa informação os faria sentir ainda mais ódio de nós, já que vestíamos roupas curdas.

Um dos bandidos começou a gritar com o motorista. Entendemos rapidamente que eles estavam juntos naquilo. Eram aliados. A tarefa do condutor do ônibus era viajar pelo Iraque com o propósito de atrair passageiros para seu veículo e levá-los aos locais isolados onde ocorriam os assaltos.

Mas, pelo tom da conversa, logo ficou evidente que os bandidos estavam desapontados. Esperavam vítimas mais abastadas, por certo.

De qualquer maneira, ficou claro que seríamos roubados. De repente, eu não conseguia pensar em nada que não fosse minha linda boneca negra, um presente que minha tia Fátima havia comprado para mim em Londres. Tia Fátima era a irmã mais nova de meu pai, uma mulher brilhante que ocupava posição importante no governo. Nenhuma de nós jamais tivera uma boneca como aquela. Ela era feita de porcelana negra, e tinha um rosto perfeito e longos cílios. O vestido era de seda verde. O melhor de tudo era que a boneca tinha até calcinha combinando com a roupa! Era tão preciosa e única, que minha mãe a declarara peça de coleção e a guardara em uma caixa, reservando-a, conforme disse, para "ocasiões especiais".

Eu havia passado dias suplicando para levar a boneca naquela viagem, até que, vencida pelo cansaço, mamãe finalmente autorizara-me a levá-la comigo. Queria mostrar o presente a minhas primas em Sulaimaniya. Os bandidos a tomariam de mim?

Olhei para mamãe, notei sua expressão aflita e soube que ela estava preocupada com coisas mais importantes do que uma simples boneca. Ela temia por nossa segurança. Segurando o braço de Muna, minha mãe puxou-a para perto.

Desde pequena, Muna era sempre elogiada por sua beleza, pelos traços incomuns naquela região de pessoas morenas. Com a pele clara e os cabelos cor-de-mel, ela era alvo de constante atenção. Minha mãe devia estar preocupada com a possibilidade de um daqueles homens requisitar Muna para esposa, mesmo sendo ela ainda muito jovem.

Mantendo um braço em torno dos ombros de Muna, minha mãe olhou para Ra'ad e Sa'ad, indicando que deviam manter a calma.

Os bandidos podiam ter deduzido que meus irmãos ofereciam uma ameaça e eram capazes de lutar ferozmente, especialmente Ra'ad, o mais velho. Embora não fosse ainda um adulto, ele já havia ultrapassado 1,80 metro de altura e era maior do que todos os bandidos. Nossos atacantes não podiam saber que meu irmão não era um lutador, que preferia passar os dias sentado em um canto tranquilo, estudando.

Por outro lado, Sa'ad podia criar problemas. Ele também era grande, assim como teimoso e explosivo. Notei que ele já começava a flexionar e retesar alguns músculos.

Os bandidos estavam preocupados. Era evidente que reprovavam o cúmplice, o motorista do ônibus, por ter reunido um lote tão miserável de passageiros.

O menor deles, obviamente o líder, irritou-se com o tom arrogante do motorista e o ameaçou com sua arma. Acovardado, o sujeito se retirou para os arbustos que dominavam a região. Perturbado, o bandido disparou contra o solo, promovendo uma chuva de balas que aterrorizou todos.

Ao ouvir o som dos tiros e ver as balas ricocheteando em torno de seus pés, o motorista parou e se virou com as mãos erguidas:

— Ei! Ei! – Ele fez um gesto conciliatório para os cúmplices e retornou desanimado.

Estava tão chocada, que não conseguia fechar a boca. Estávamos sendo assaltados por uma gangue de comediantes! Infelizmente, a situação era séria para nós.

O líder ameaçou o motorista mais uma vez, aproveitando para amaldiçoá-lo também. O motorista apontou nossa bagagem, oito malas lotadas e amarradas sobre o teto do ônibus.

– Talvez se satisfaçam com aquilo. Esses curdos devem ter *alguma coisa* de valor!

Meu pior temor se concretizou quando o líder ordenou a dois de seus homens que fossem pegar as malas. Eles apoiaram as armas contra o veículo. Um dos assaltantes escalou o ônibus e puxou o companheiro, e os dois começaram a jogar nossas malas para baixo. Em seguida eles desceram e as abriram uma a uma, vasculhando tudo em busca de bens mais valiosos.

Olhei para minha mãe, que cobria a boca com uma das mãos. Meus irmãos também pareciam chocados com a maneira como nossos objetos pessoais iam sendo espalhados pelo chão poeirento.

Mas nada satisfazia aqueles homens. Desgostosos com o produto da ação criminosa, eles começaram a atirar nossas coisas para longe, espalhando-as pela estrada.

O motorista encolheu os ombros.

– São curdos – disse. – O que esperavam? Jóias preciosas?

Ele olhou para nós como se fôssemos culpados pelo descontentamento dos parceiros, como se fôssemos pobres por opção.

Um dos homens falou com minha mãe.

– Onde está seu dinheiro?

Mamãe abriu a bolsa, e algumas moedas caíram no chão. Ela nunca levava dinheiro ao Curdistão. Nossa família em Sulaimaniya sempre cuidava das nossas necessidades enquanto estávamos lá.

Nesse momento, minha preciosa boneca negra foi jogada no chão. Um grito escapou de minha garganta e corri para pegá-la, apesar do aviso aflito de minha mãe.

– *Na!* Joanna! *Na!*

Examinei a boneca. Ainda estava inteira. Com exceção de alguns arranhões no rosto e um pouco de sujeira na roupa, não havia nada de errado com ela.

O motorista fez um movimento alarmante em minha direção, as mãos estendidas, mas eu gritei, escondendo a boneca atrás de mim. O líder dos assaltantes ordenou:

– Deixe-a.

Recuei lentamente até estar protegida atrás de minha mãe, olhando cautelosa pelo lado de seu corpo.

Depois de selecionar nossas melhores roupas e todos os presentes que levávamos para nossos parentes, os seis criminosos subiram no ônibus, reclamando efusivamente de nossa pobreza. Éramos uma perda de tempo para eles.

Toquei o braço de minha mãe.

– Mãe?

Foi com desânimo que os vimos prontos para partir. Seríamos deixados à beira da estrada, entregues à própria sorte. O motorista olhou para nós uma última vez.

– Curdos estúpidos! – gritou, debochando de nossa ingenuidade.

Olhei para o ônibus que se afastava, notando que a poeira levantada pelos pneus praticamente me cobria inteiramente. Quando o veículo desapareceu ao longe, comecei a soluçar tomada por uma angústia instantânea.

Minha mãe estava tão aliviada por seus filhos terem escapado ilesos, que nem parecia se incomodar por estarmos abandonados em uma estrada deserta, sem transporte, comida ou água, no meio de uma perigosa região de montanhas onde havia muitos animais selvagens.

Ainda soluçando, estudei a vegetação que nos cercava, esperando ver lobos, raposas e felinos caminhando em nossa direção. E cobras. Aquela paisagem inóspita devia abrigar incontáveis serpentes venenosas. Desde que um dos meus primos no Curdistão me havia perseguido com uma cobra dois anos antes, durante as férias de verão, eu passara a sentir pavor delas.

Minha mãe e meus irmãos olhavam para os nossos pertences espalhados pela estrada. Os bandidos haviam deixado as três malas mais velhas, e nos movemos como robôs, guardando o que restara.

– Talvez haja um vilarejo próximo – comentou minha mãe, rompendo o silêncio aturdido.

– A estrada principal não fica muito longe daqui – disse Ra'ad com a voz calma, apontando na direção de onde havíamos saído.

Sa'ad estava tão furioso que mal podia falar. Ele grunhia.

Muna chorava, como eu.

Ra'ad e Sa'ad penduraram as três malas nos ombros, e formamos uma linha perpendicular, caminhando pelo meio da estrada, evitando as laterais onde o solo era coberto por pedras, vegetação mais alta e arbustos espinhosos. Convencida de que havia cobras venenosas à espreita, eu me mantinha bem no meio da pista, com duas pessoas de cada lado.

Muna logo parou de chorar e se ofereceu gentilmente para levar minha boneca, que começava a pesar em meus braços.

O sol de julho brilhava, e não demorou para começarmos a sentir sede. Minha língua estava inchada. Os lábios ressecaram. Nosso suprimento de água ficara dentro do ônibus. Havia muitas nascentes nas montanhas do Curdistão, mas nenhum de nós se sentia com coragem para penetrar na mata e encontrar uma delas.

Minha mente começou a pregar-me peças, e eu só conseguia pensar no delicioso suco de uvas que vovó Ameena sempre servia em sua casa em Sulaimaniya. O suco era servido com o mais puro gelo da montanha, cortado e entregue diariamente em sua residência pelos mercadores que iam buscá-lo nos mais altos picos das montanhas. Nada no mundo era mais saboroso que aquele suco de uvas gelado.

Apesar de termos comido os sanduíches de frango horas antes, eu estava faminta. Sonhava com um pedaço do pão caseiro de minha avó com uma boa fatia de queijo temperado com ervas.

Quando minhas pernas começaram a tremer e tive certeza de que não poderia dar nem mais um passo, ouvimos o barulho de um motor. Os bandidos estariam voltando?

Felizmente, a sorte sorria para nós. Um trator vermelho surgiu no topo de uma colina. Um agricultor conduzia o veículo. Reconheci os trajes curdos do homem.

Ele parecia surpreso por nos ver ali. Reduzindo a velocidade sem parar completamente, ergueu as sobrancelhas e nos estudou desconfiado. Depois de alguns segundos, perguntou:

– O que estão fazendo aqui?

Ra'ad adiantou-se para explicar nossa situação.

A expressão do agricultor passou de desconfiada a solidária. Ele questionou meu irmão sobre a origem de nossa família, e em poucos momentos tomamos conhecimento de uma maravilhosa coincidência: aquele agricultor curdo era tio de Hady, que escolhera meu nome e se casara com Alia, minha irmã mais velha. Éramos praticamente parentes!

O homem saltou do trator.

– Venham, me deixem ajudá-los. Subam no trator e os levarei para casa – ofereceu prestativo. – Passarão a noite conosco. Serão meus hóspedes.

Estávamos salvos!

O agricultor, Ra'ad e Sa'ad encontraram lugar para nossas malas e, em seguida, todos nos acomodamos como era possível.

Eu me encolhi perto de minha mãe, enquanto Muna e Sa'ad se equilibraram sobre a cobertura dos enormes pneus. Ra'ad se ofereceu para viajar sentado sobre o motor.

Eu conhecia bem meu irmão. Ele queria nos poupar do desconforto dos solavancos e do calor.

O agricultor ligou o trator e nós partimos. O sol ainda era quente em nossas costas, mas havia agora uma brisa leve que nos causava alívio enquanto deixávamos aquele local tão perigoso e desolado.

Olhei para Ra'ad e não pude conter o riso. Meu irmão se inclinava para frente como um jóquei prestes a vencer uma corrida.

Feliz, finalmente, senti o vento brincando com meus cabelos e, erguendo o nariz para inspirar o ar curdo, reconheci o cheiro da liberdade.

2

Colina dos Mártires

SULAIMANIYA, CURDISTÃO
Julho de 1972

Depois do nosso resgate milagroso, aceitamos com alegria o generoso convite do agricultor para passarmos a noite com eles. Viviam em uma pequena casa escondida à sombra de um bosque de árvores muito altas. O cenário me fez pensar em um conto de fadas.

Quando o trator parou na trilha de terra, vi rostos espiando por trás de cortinas de renda cor-de-lavanda, e o tecido leve dançava nas janelas sem vidraças.

O tio de Hady contou que era um homem afortunado com uma boa esposa e três filhas obedientes. A um sinal dele, a família surgiu na varanda espaçosa, acolhendo-nos com gestos de boas-vindas.

Fui a primeira a descer do trator, executando um salto impressionante e caminhando rapidamente para a varanda e para o interior da casa. Notei que a família tinha poucas posses visíveis. Como em todos os lares curdos, fosse ele simples ou grandioso, os aposentos eram adornados com flores frescas.

A família nos recebeu como convidados de honra, e o agricultor explicou:

– Hóspedes trazem boa sorte a casa.

A esposa dele nos acompanhou com alegria à varanda dos fundos, onde apontou para um balde de água fresca da nascente e nos incentivou a beber, lavar mãos e rosto e sentar, porque ela pretendia servir a refeição. Ela nos disse:

– Um visitante traz dez bênçãos, leva uma e deixa nove.

Ela serviu para cada um de nós um copo de *dow*, uma bebida fria à base de iogurte, antes de chamar as três filhas. Elas eram tímidas, mas, para minha imensa alegria, também eram prestativas e já haviam preparado alguns pratos com pão fresco, queijo branco e figos. Fomos convidados a comer um pouco de *kubba*, um prato popular de trigo misturado com carne moída, cebolas e amêndoas.

Enquanto comíamos, Ra'ad narrou a história completa de como havíamos sido enganados e atraídos para o cenário do assalto, bem perto de onde o agricultor nos encontrara.

Falante, o dono da casa citava diversos provérbios curdos.

– Não se preocupem. Muitos lhe mostrarão o caminho no caso de seu carro capotar.

Tentando não rir de suas homilias, eu fingia tossir e cobria a boca com as mãos. Minha mãe silenciou-me com uma ligeira cotovelada.

Aquele homem tão generoso insistiu para que ficássemos com seus colchões de forro de algodão na varanda da frente, enquanto a família dormia no jardim sob os salgueiros. Não havia anfitrião melhor do que o querido tio de Hady.

Depois de uma noite de repouso, acordamos e fomos surpreendidos por um saboroso desjejum de chá e ovos quentes, iogurte fresco e mais pão assado na hora. O agricultor providenciava para que um primo de sua confiança nos levasse até Sulaimaniya, para a casa de vovó Ameena.

O carro do primo dele era velho, mas o motor funcionava bem, e viajamos com uma velocidade surpreendente pelas estradas de terra da região. Estava tão entusiasmada que nem notei a passagem das duas horas necessárias para cobrir aquela distância. O carro subiu uma encosta e fez algumas curvas antes de descer para um vale de relva muito verde e flores coloridas.

Numa esplêndida explosão de cores, a pitoresca Sulaimaniya surgiu diante dos nossos olhos. Construída por Süleyman Pasha o Grande, em 1780, a cidade fica 900 metros acima do nível do mar, em um vale verdejante e arredondado aninhado entre duas montanhas.

Sulaimaniya era uma cidade puramente curda, e foi lá que minha mãe nasceu e cresceu. Bagdá pode ter sido o local do meu nascimento, mas meu amor pertencia a Sulaimaniya.

A residência espaçosa de minha avó ficava em uma área de grandes casas abertas cercadas por jardins floridos e árvores muito antigas. Para mim, aquela era a casa mais linda do mundo. Todos os aposentos se abriam para um pátio central com uma grande fonte no meio. Os balcões dos quartos no segundo andar gozavam da sombra fresca proporcionada por uma densa parreira.

Minha mãe tivera a sorte de crescer naquela casa. Ela nasceu em 1928 e era a quarta filha. Seu pai, Hassoon Aziz, era oficial do exército otomano e filho de uma família muito conhecida, uma mistura de turcos e árabes, e a família de minha avó Ameena era curda. Meu avô tinha um filho de um casamento anterior, mas o matrimônio com vovó Ameena só produzira filhas até então.

Por isso, por ocasião do nascimento de minha mãe, vovô Hassoon ficara profundamente desapontado. Num ímpeto desesperado para afastar de sua casa a má sorte de ter mais filhas, ele escolhera para minha mãe o nome Kafia, cujo significado é "chega" em curdo. Mas o encantamento supostamente ligado à escolha do nome não foi suficiente. Mais três filhas seguiram o nascimento de minha mãe antes de, finalmente, chegarem os dois filhos. Tio Aziz era o caçula, último filho daquela união.

Em uma família com sete irmãs mais velhas, não era de estranhar que tio Aziz fosse tão amado. Mas as filhas levaram fama à família, porque as sete desabrocharam e se tornaram moças altas e esguias de rostos delicados e longos cabelos negros. Sua renomada beleza servia como ímã para muitos pretendentes. Dizia-se que muitos homens sonhavam desposar uma das filhas do oficial Hassoon.

Minha mãe não era somente bela, mas estudiosa também, e obteve permissão para alcançar o mais elevado nível de educação permitido a uma garota curda naquele tempo, o que significava seis anos de escolaridade formal. Inundada pelo amor aos estudos, ela era leitora ávida e se sentiu especialmente atraída pela beleza da poesia curda. Mas a infância feliz e o futuro promissor de minha mãe foram bruscamente interrompidos quando meu avô foi vitimado por um apêndice supurado. A enfermidade envenenou seu corpo. Ninguém foi capaz de salvá-lo. E, com sua morte, ninguém pôde salvar minha mãe de seu destino.

Naquela mesma época, a mãe de meu pai estava em busca de uma noiva apropriada para o filho surdo-mudo. As melhores famílias de Bagdá adotavam a prática de casar seus filhos entre elas mesmas, mas poucas se interessavam pela perspectiva de entregar a filha a um homem considerado deficiente, apesar da riqueza de sua família e de sua educação européia. Naquele tempo, muitas pessoas acreditavam erroneamente que a surdez de meu pai poderia ser transmitida a seus descendentes.

A mãe de meu pai enviou um representante para percorrer o país e relacionar todas as jovens solteiras de boas famílias, e foi então que esse representante tomou conhecimento das belas filhas de Hassoon Aziz.

Minha mãe tinha 16 anos, idade considerada perfeita para o casamento. Após vários encontros, a família de meu pai propôs que as duas famílias se unissem pelo matrimônio.

Minha mãe, que então havia recebido muitas propostas de casamento e estava secretamente apaixonada por um rapaz curdo que, ela esperava, seria um dia seu marido, tentou protestar diante de tal perspectiva. Ela não desejava desposar um homem que, além de ser desconhecido, também era um árabe. Ela sabia do desprezo que os árabes sentiam pelo povo curdo. Não queria se casar com um surdo-mudo, nem viver com uma família que morava tão longe de sua casa.

Naqueles dias, as pessoas raramente faziam longas viagens pelo país. Minha mãe compreendia a realidade da situação: uma vez em Bagdá, teria sorte se pudesse ver a família uma vez por ano.

Havia outro problema nessa união. Como não falava árabe, minha mãe sabia que estaria socialmente prejudicada e até isolada entre os árabes de Bagdá.

Mas minha avó Ameena era uma viúva em situação precária, e reconheceu rapidamente a oportunidade de unir sua família a um dos mais prestigiados nomes do Iraque. Contrariando a vontade de minha mãe, vovó Ameena aceitou o pedido de casamento em nome dela.

Aos 16 anos, minha pobre mãe não teve alternativa senão deixar o paraíso de Sulaimaniya para se casar com um homem que não conhecia, para viver entre estranhos na quente e inóspita capital do Iraque, Bagdá. Ela ficou arrasada, mas, naquela época, uma garota não podia desacatar ordens.

E foi assim que nasci em Bagdá, filha de um pai árabe iraquiano e de uma mãe curda.

Naquele dia, mais tarde, eu me recostei em uma das confortáveis cadeiras da espaçosa casa de vovó Ameena. Minha mãe, vovó e três tias conversavam, certas de que eu dormia abraçada à boneca negra, mas eu apenas repousava, aproveitando para ouvir em sigilo a conversa delas.

Estávamos ali há poucas horas, e eu me sentia fatigada pela longa jornada. Quando me dei conta de que estava com fome, abri os olhos a fim de convencer minha mãe a permitir que eu comesse um doce. Mas, nesse exato momento, minha tia Aisha, a irmã de minha mãe que também visitava a casa materna, sussurrou:

– Kafia, e Aziz? Como ele está se saindo?

Fechei os olhos rapidamente, fingindo dormir, curiosa para saber o que seria dito sobre meu querido tio. A prisão e a tortura de tio Aziz eram assuntos raramente discutidos em nossa família. Se ficasse quieta, talvez pudesse saber de alguns detalhes adicionais sobre sua detenção e os problemas dela decorrentes.

Minha mãe suspirou ruidosamente antes de produzir uma série de ruídos estalados com a língua.

Vovó Ameena a pressionou:

– E então, Kafia?

– Ele continua como antes – admitiu mamãe por fim. – Passa os dias brincando com Joanna, ou, quando fica deprimido, busca refúgio em sua *nay*.

Tio Aziz era músico e cantor talentoso. Ele tocava *nay*, uma flauta vertical feita de um longo pedaço de cana marcado por seis furos na frente e um na parte posterior. Muitas *nays* eram simples, mas a dele era ricamente decorada com padrões muito antigos.

Minha avó Ameena emitiu um som rouco com a garganta, depois comentou em tom pesaroso:

– Se eu não houvesse pedido a ele para me levar de carro naquele dia...

– Mãe, como poderia saber que havia um bloqueio na estrada para o mercado? – protestou tia Fátima.

– É verdade. Eu não sabia sobre o bloqueio. Mas sabia que havia problemas nas ruas. Devia ter mantido Aziz em segurança. A culpa é minha por ter pedido a ele que me levasse ao mercado.

Tia Aisha, conhecida na família por suas ferrenhas crenças religiosas e personalidade ainda mais forte, não admitia que a mãe assumisse a culpa pelos eventos daquele dia sombrio.

– Tudo que acontece é vontade de Alá, mãe. E Aziz era jovem. Homens jovens se sentem invencíveis. Se ele não estivesse com você, teria estado fora da mesma maneira com alguma outra pessoa. O resultado daquele dia foi a vontade de Alá. Não O questione.

– Todos os homens jovens corriam riscos. Eu sabia disso – argumentou, irredutível, minha avó Ameena.

Tia Muneera, cega desde os 4 anos, quando contraiu uma doença misteriosa que causou uma súbita e assustadora redução dos globos oculares, ocupava-se tricotando um suéter para uma das filhas. As agulhas de aço tilintavam. Ela era linda, apesar do aspecto de seus olhos; e depois de ter se casado com um pretendente de muita sorte, tia Muneera formara uma grande família. Era tão habilidosa, que nunca aceitava ajuda para cuidar da casa. E tia Muneera também era uma grande otimista, porque via sempre o lado positivo de todas as situações. Aquela noite não era diferente.

– Sinta-se grata por Aziz ainda estar conosco – lembrou-as. – Podíamos estar indo visitar Shhedan Gerdai [Colina dos Mártires].

Eu entreabri um olho. Minha mãe, vovó e minhas três tias estavam sentadas e imóveis como pedras, uma olhando para a outra, os lábios firmemente comprimidos.

Como todos os curdos, eu já ouvira a história sobre aqueles pobres mártires. A colina se tornara um santuário, um lugar que muitos curdos e parentes de mortos visitavam às sextas-feiras, o dia sagrado para os muçulmanos. Lá essas pessoas choravam por seus jovens assassinados naquela colina.

Os curdos eram rotineiramente escolhidos como alvos pelos que ocupavam o poder em Bagdá, o que resultava em inúmeros massacres de pessoas inocentes. Eram tantas mortes dessa natureza, que se tornava praticamente impossível contá-las. Mas o massacre conhecido como Colina dos Mártires era o mais assombroso na memória recente do povo.

Logo depois do meu nascimento, houve muitos combates violentos entre soldados e curdos. Um dia, o exército iraquiano que ocupava Sulaimaniya começou a cercar estudantes e outros jovens entre 14 e 25 anos. Felizmente, tio Aziz escapou daquele cerco em especial, o que teria custado sua vida.

Os soldados marcharam com os jovens curdos pelas ruas da cidade até o ponto mais alto dela, uma colina visível para muitas pessoas em Sulaimaniya. Lá, eles deram pás aos prisioneiros e os obrigaram a cavar.

O terror tomou conta daqueles que assistiam à cena, porque se presumia que os jovens eram forçados a cavar as próprias sepulturas antes de serem fuzilados. Depois de abertos os buracos, a maioria dos jovens recebeu ordem para entrar neles. Os soldados disseram aos demais para devolver a terra às covas, enterrando amigos e parentes até a altura do queixo. Concluída essa terrível tarefa, os próprios soldados iraquianos repetiram o procedimento com os prisioneiros restantes, enterrando-os até o queixo como os outros. A cena resultante era sinistra. Nada era visível sobre a terra além de fileiras e mais fileiras de cabeças humanas.

Comenta-se que a multidão ficou confusa e espantada, mas aliviada. Esse não era o método habitual empregado pelo governo para matar seus prisioneiros. Havia, então, uma esperança de que os homens enterrados fossem deixados ao sol por algum tempo, depois libertados. Isso os deixaria feridos em seu orgulho e com algumas bolhas no rosto por conta da exposição ao sol, mas sobreviveriam.

Foi então que todos viram o tanque militar subindo a colina.

Para horror da multidão, o condutor do tanque recebera a ordem de passar por cima dos jovens enterrados, pulverizando suas cabeças. E foi o que aconteceu.

Foi uma cena de caos e carnificina. Os soldados continham o povo disparando suas armas, e foi preciso algum tempo para que o tanque esmagasse tantas cabeças.

As autoridades iraquianas nem tentaram esconder a atrocidade, mas, em vez disso, orgulharam-se do massacre, convidando os membros das famílias a verem por si mesmos o que acontecia com gente que insistia em lutar contra o governo central. Mas os curdos não se deixaram intimidar; de fato, o evento produziu o efeito contrário.

A notícia sobre o massacre espalhou-se como fogo. Aquela amarga amostra da injustiça iraquiana causou uma onda de choque que cobriu o Curdistão. Depois do brutal massacre da Colina dos Mártires, toda e qualquer possibilidade de um acordo de paz deixou de existir. Peshmergas inflamados deixaram seus esconderijos e fizeram diversas tentativas ousadas, mas frustradas, de assassinar o homem que ordenara a morte daqueles jovens: Abdul Salam Arif, então presidente do Iraque.

Os assassinos escaparam, mas a luta ganhou força, o que levou ainda mais soldados iraquianos para o norte. Os curdos venceram e, por um tempo, recusaram-se a ceder às exigências do presidente iraquiano.

Foi então que o presidente Arif ordenou que seu exército destruísse toda forma de vida curda. E assim foi.

A luta tornou-se mais e mais desesperada com a chegada da força total do exército iraquiano. Os números do inimigo eram esmagadores. Os peshmergas curdos finalmente foram derrotados. Os guerrilheiros tiveram de bater em retirada, deixando a civilização curda sem proteção, e milhares de pessoas comuns foram mortas brutalmente. Em pouco tempo, uma conflagração de morte e destruição se espalhou pelo território curdo; animais eram abatidos, poços eram envenenados e casas eram incendiadas.

Depois de devastar a área rural, o exército iraquiano concentrou sua atenção nas cidades. Foi nesse período que os soldados prenderam tio Aziz.

Ele teve a vida arruinada só por ser um filho obediente. Quando a mãe pediu que ele a conduzisse de carro ao mercado, tio Aziz atendera prontamente à solicitação.

Depois do massacre na Colina dos Mártires e os subseqüentes atentados contra a vida do presidente do Iraque, todos os homens curdos passaram a ser tratados como suspeitos, inclusive os jovens estudantes. Tio Aziz dirigia o carro onde estava com sua mãe, quando se deparou com um bloqueio recém-formado. Apesar de ter todos os documentos em ordem e comprovar que era um estudante comum, não um peshmerga, meu tio foi detido sem explicações. Vovó assistiu impotente à detenção do filho caçula, que foi levado em um veículo militar para local desconhecido.

Meses de desespero se seguiram a esse fato, até que um parente conseguiu localizá-lo. Tio Aziz foi encontrado em uma prisão notória por adotar punições macabras e tortura. A família se sentiu bastante confortada por saber que ele ainda estava vivo, mas deprimida por imaginar em que condições poderiam reencontrá-lo.

Todos os curdos sabiam que coisas terríveis aconteciam naquela prisão. Esforços frenéticos foram realizados para libertar tio Aziz. Muitos subornos finalmente compraram sua libertação.

Porém, o homem abatido e silencioso que foi devolvido à família tinha pouca semelhança com o jovem de saudável beleza detido meses antes. No corpo ele levava os habituais sinais de tortura, como marcas de queimaduras variadas e perda das unhas, mas o dano mais permanente era invisível, pelo menos no início.

Nos primeiros dias, a família acreditava que o querido Aziz sofria o trauma resultante da prisão e da tortura, pois ele se negava a falar ou sair da cama. Mas, com o passar do tempo, seu comportamento catatônico revelara que a mente brilhante de Aziz desaparecera entre as paredes frias daquela prisão. O jovem que haviam conhecido já não existia.

Aziz não era mais o gênio talentoso da matemática. Deixara de ser o estudante ambicioso. Não era mais o filho sensível ou o irmão confiável. Já não passava longas horas disputando partidas de jogos de tabuleiro com os amigos. Não apreciava mais os esportes. Não falava mais em casamento e filhos. Tio Aziz não estava mais ligado à vida.

Ninguém na família conseguiu descobrir o que, exatamente, havia ocorrido durante o período de detenção de tio Aziz, mas um estudante preso na mesma cela relatou que todas as torturas imagináveis haviam sido empregadas com eles. Era como se os torturadores os odiassem por algum motivo específico. Não havia surpresa nisso. A política do governo árabe iraquiano sempre havia sido consistente em relação aos curdos: todos representavam perigo, mas um curdo armado com uma caneta era ainda mais perigoso.

Aquele companheiro de cela manifestara admiração por tio Aziz, contando que ele havia sido corajoso durante as sessões de tortura. Mas meu tio não se sentira capaz de suportar o sofrimento dos outros. Não tolerava testemunhar a tortura de mulheres e crianças, uma tática muito usada pelos torturadores. Esse havia sido o principal motivo de seu esgotamento mental. De acordo com o relato do companheiro de cela de meu tio, sua carapaça aparentemente intransponível finalmente se quebrou quando ele foi amarrado a uma cadeira e obrigado a assistir à violência brutal praticada contra um menino.

Desde o dia em que foi libertado da prisão, o único interesse de tio Aziz havia sido entreter as crianças da família, tocar seu instrumento musical ou cantar. Ele mesmo voltara a ser uma criança. Não trabalhava, não estudava nem tinha disciplina em sua vida diária.

Seu único crime havia sido ser um curdo.

Adormeci ouvindo as vozes cadenciadas das mulheres de minha família, seus murmúrios assustadores a respeito de crueldades e perversões suportadas, aparentemente para sempre, pelos curdos.

3

Salpicada por pó de estrelas

SULAIMANIYA
Julho de 1972

Quando acordei na manhã seguinte, o céu azul estava ensolarado, mas nuvens brancas e fofas se formavam. Pássaros cantavam. A casa estava cheia dos sons de crianças brincando.

O clima de entusiasmo em Sulaimaniya lembrava sempre uma festa. A casa de minha avó era constantemente visitada por muitos familiares. Os adultos dormiam em colchões espalhados pelo chão dos quartos, enquanto as crianças eram acomodadas na laje. As mulheres acordavam cedo para preparar um verdadeiro banquete. Todos os nossos pratos preferidos da culinária curda eram servidos, como *kuftay Sulaimaniya*, um assado de arroz moído recheado com carne moída, *doulma*, vegetais recheados de arroz, ou meu preferido, um doce chamado *bourma*, uma massa folhada muito fina com nozes encharcadas de mel ou melado. Havia sempre chá mantido quente em enormes *samawars*, espécie de cafeteira turca de cobre.

As crianças podiam brincar o dia todo e até tarde da noite. Às vezes fazíamos piqueniques. Nosso local preferido era Serchenar, onde havia cataratas. Lá, enquanto os adultos conversavam, as crianças se divertiam com jogos e brincadeiras. Meu preferido era um teste de resistência para verificar quem conseguia passar mais tempo na água fria. Para meu desapontamento, nunca consegui vencer.

Aquele primeiro dia de férias não foi diferente. Havia mais coisas para fazer do que se podia encaixar no tempo disponível. Depois do café-da-manhã, minha irmã e eu obtivemos permissão para ir com duas primas ao mercado central.

Ra'ad era praticamente um adulto, tinha mais o que fazer do que perambular com as crianças. Ouvi minha mãe comentar que ele iria encontrar alguns estudantes, ativistas curdos que redigiam e distribuíam panfletos exigindo que o Curdistão fosse libertado do domínio estrangeiro árabe, porque os árabes nos proibiam de falar nosso idioma, cantar nossas canções e recitar nossa poesia.

Vários anos antes, meu irmão se filiara ao Partido Democrata Curdo, e seu ídolo era o Mulá Mustafá al-Barzani, o herói e líder curdo que combatia o governo em Bagdá sempre que tinha uma oportunidade.

Minha mãe parecia estar satisfeita com as atividades políticas de Ra'ad, por isso não me preocupei. Não podia imaginar que meu irmão se aventurava em uma empreitada de grandes riscos que em breve afetaria as vidas de todos nós.

Quando estávamos saindo de casa, minha mãe nos chamou para dizer a Muna que ela devia segurar minha mão durante todo o passeio, porque, cinco anos atrás, quando eu tinha apenas 5 anos de idade, minha irmã mais velha, Alia, voltara para casa sem mim depois de ter me levado ao mercado.

Interrogada, Alia respondera apenas:

– Os ciganos levaram Joanna.

Minha mãe, minha avó e tia Aisha começaram uma busca frenética, mas não conseguiram me encontrar. Elas logo passaram a temer que, de fato, alguém me houvesse raptado. Aquela foi uma crise familiar. Todos ficaram muito felizes quando, mais tarde, um policial me levou à casa de minha avó e explicou que eu havia sido encontrada vagando pelas ruas de Sulaimaniya, abordando os adultos e pedindo dinheiro para comprar refrigerante e *kebab* de carneiro.

Sempre fui precoce.

Naquele verão, embora tivesse 10 anos de idade, minha mãe exigia supervisão cuidadosa sempre que eu saía de perto dela.

Muna agarrava minha mão como se eu fosse um tesouro. Finalmente, implorei para que ela me soltasse, prometendo não dizer nada a mamãe e não me afastar de seu campo de visão.

Logo pudemos avistar o mercado, que era, para mim, o lugar mais interessante do mundo. Os aromas combinados de comidas variadas, temperos exóticos, perfumes adocicados e flores frescas compunham uma fragrância deliciosa.

Tudo que alguém podia necessitar em algum momento estava à venda naquele quarteirão. Frutas e vegetais eram dispostos cuidadosamente sobre mesas ou tecido colorido estendido no chão. Havia iogurte fresco em grandes potes de bronze, e, para impedir que a bebida se deteriorasse, esses potes eram protegidos por um tecido de algodão branco denominado *melmel*, que era coberto com bucha molhada. Quando o iogurte era vendido, o comerciante então vendia essas buchas curdas, consideradas as melhores do mundo.

Caminhamos por uma parte lateral do mercado onde eram vendidas lindas jóias produzidas por artesãos locais. Em um dos estandes vi três mulheres jovens que, a julgar pela impressionante semelhança física, eram irmãs. As três sorriam e se debruçavam orgulhosas sobre as pedras coloridas que compunham colares, braceletes e brincos. Elas eram tão lindas que todos que passavam pela barraca se detinham para olhá-las, admirando-as. Uma delas tinha os cabelos castanhos presos em tranças grossas que caíam até a cintura, enquanto as outras duas levavam na cabeça lenços vermelhos trançados com cordas douradas e decorados com pequeninas moedas cintilantes.

Como eu olhava admirada, uma de minhas primas puxou-nos para um canto e sussurrou com entusiasmo:

– Preciso contar-lhes a saga dessas três irmãs! Uma história impressionante! Todos no Curdistão cochicham sobre elas. É uma história triste, mas com final feliz.

– Conte! – pedi ansiosa.

– Eu vou contar – aquiesceu ela com ar importante. – Essas três irmãs são noivas dos três peshmergas curdos mais reverenciados. Seus pais e irmãos foram queimados vivos durante o ataque militar de Qasim, em 1961, época em que foi ordenada a total destruição dos vilarejos curdos. Quando o povoado foi incendiado, os peshmergas se dirigiram àquela área para vingar os mortos. Chegaram tarde demais para a retaliação contra os árabes, mas um deles, um rapaz de rara beleza, notou uma bela menina de apenas 12 anos de idade. É aquela com o cabelo trançado. Ela carregava água retirada de uma nascente. O rapaz ficou muito perturbado, instantaneamente encantado por aquela criatura tão linda, e passou a indagar sobre ela na região. Ele soube que a menina tinha mais duas irmãs igualmente belas. A área mergulhara no caos e os pais delas estavam mortos, e era evidente que ele não podia abordar uma menina ainda tão nova para falar de amor. Então, relutante, o guerrilheiro partiu. Mas comenta-se que ele não foi capaz de apagar da mente aquele belo rosto. Após muitos meses de inquietação e longas noites de insônia, ele convenceu dois amigos peshmergas a voltar à área em sua companhia. Mas, então, as três irmãs haviam se mudado para morar com parentes.

Virei-me involuntariamente para olhar para a mulher. O rosto de formato perfeito era emoldurado como uma foto por aquelas longas tranças de brilhantes cabelos castanhos.

Minha prima beliscou meu braço.

– Joanna, a história ainda não acabou. Quer ouvi-la ou não?

Eu assenti.

– Sim, sim! Estou ouvindo!

– Pois bem! O bravo peshmerga estava apaixonado e não se deixava dissuadir. Ele e os amigos vasculharam a região e encontraram o vilarejo onde as irmãs haviam ido morar. Não foi preciso muito esforço para localizar a casa dos parentes, porque todos na área sabiam sobre as três beldades. Esse peshmerga era mais ousado que a maioria dos rapazes, por isso procurou o homem mais velho da família e pediu a mão da menina em casamento, oferecendo-se para esperar por alguns anos, até que ela atingisse a idade mínima para sair de casa.

"A família convocou uma reunião. Todos respeitavam aqueles bravos guerrilheiros, mas não queriam que a menina tivesse a vida difícil de esposa de guerrilheiro. Ela já havia sofrido demais, argumentavam. Além do mais, as irmãs eram lindas e prometiam beleza ainda mais exuberante com o amadurecimento, e a família contava com dotes substanciais. Por isso, o pedido foi recusado."

– Ela fugiu? – indaguei, pensando que seria essa minha atitude, caso um belo peshmerga me quisesse por esposa e meus pais recusassem o pedido.

– Não! Os guerrilheiros têm honra demais para isso – respondeu ela, irritada com minha ignorância sobre o assunto. – Enquanto o peshmerga deixava a casa desolado, a menina que ele amava se sentia mais do que curiosa em relação ao guerrilheiro que a procurara por muitos vilarejos. Então, ela se esgueirou até o jardim e passou pelo rapaz a caminho da rua, só para poder vê-lo melhor. A beleza dele era impressionante. Quando os olhares se encontraram, a jovem também se apaixonou. O restante é história. Diante do amor juvenil, a família cedeu ao ouvir da menina a promessa de se atirar em um poço e se afogar, caso não pudesse desposar seu bravo e galante herói. Os dois são noivos desde aquele dia, e o casamento será realizado em breve.

Eu me virei e olhei para as três irmãs mais uma vez.

– E o que aconteceu com as outras duas?

– Os amigos do noivo peshmerga o acompanharam e conheceram as duas irmãs mais novas, e também foram acometidos pela febre do amor. Com o passar do tempo, as outras duas também ficaram noivas. Todas se casarão com guerrilheiros peshmergas – concluiu ela, adotando um ar tão satisfeito que era de se imaginar que havia negociado pessoalmente os contratos de matrimônio.

– Quando acontecerão os casamentos? – perguntou Muna com sua voz infantil.

Eu a fitei orgulhosa. Muna estava especialmente linda naquele dia com sua pele luminosa e os olhos grandes, radiantes, únicos por conta daquele profundo tom de caramelo. Na minha opinião, ela era tão linda quanto as três irmãs. Eu desejava muito ser tão bela quanto Muna, mas não era e, provavelmente, jamais seria.

Minha prima respondeu:

– Em breve. É o que dizem. E quando elas se casarem, irão viver com os maridos nas montanhas. Também são heroínas. Passarão o resto de suas vidas lutando pela liberdade curda.

Olhei para as jovens. Elas viviam meu sonho. Desde que era muito pequena, carregava no peito o sentimento de que não teria uma vida comum, de que não seria a noiva habitual, a jovem que se vestia de branco para desposar o respeitável funcionário público.

Meu único desejo naquele momento era ser adulta, ter a beleza necessária para também atrair o olhar de um bravo peshmerga. Meu herói olharia para mim e se apaixonaria imediatamente. Ele imploraria por minha mão e, se meus pais a recusassem, eu fugiria para viver nas montanhas com meu guerreiro, para lutar ao lado dele.

Minhas pernas tremiam, e eu nem seguia Muna e minha prima, que já caminhavam tranqüilas pelo mercado. Elas se detiveram ao notar minha ausência. Muna voltou atrás e, com o rosto vermelho, exclamou:

– Joanna! Você prometeu!

Mas eu só conseguia pensar nas três belas irmãs que se casariam com seus românticos e corajosos noivos e viveriam nas montanhas curdas. E me preocupava por não ser bela. Muitos diziam que eu havia sido um bebê tão lindo que tinha de ser sempre protegida contra o mau-olhado, mas essa beleza se perdera com o tempo. Recentemente, eu me tornara objeto de deboche por ser magra demais e desajeitada.

Havia outros problemas. Por conveniência, minha mãe mantinha meus cabelos muito curtos. E eu tinha orelhas grandes que se destacavam. E era mesmo muito magra, com pernas longas demais para o tamanho do tronco. Minha pele era escura e ganhava tons ainda mais intensos a cada verão.

Em contraposição, minha mãe e minhas irmãs eram bastante claras. Até minha avó Ameena, uma mulher idosa, tinha uma linda pele clara. Outras mulheres estavam sempre elogiando esse traço tão raro em nossa região. Eu era uma criatura de pele morena vivendo em um território onde a palidez era muito valorizada.

Naquele instante, resolvi deixar o cabelo crescer. Também começaria a proteger minha pele contra os raios do sol. Carregaria um guarda-chuva! Mesmo assim, sabia que levaria anos para ter a chance de atrair o olhar de um bravo peshmerga.

Obediente, segui minha irmã de volta à casa de nossa avó.

Aquela noite deveria ter sido divertida para mim, com as mulheres e as meninas em seus vestidos mais coloridos e os homens e meninos em amplas pantalonas, ou *sharwual*, em curdo, com faixas largas amarradas em torno de suas cinturas.

Assim que o sol mergulhou no horizonte deixando um rastro vermelho no céu, todos se reuniram no pátio. O jardim era tão colorido quanto o pôr-do-sol, com belas papoulas vermelhas e narcisos brancos. As mulheres haviam preparado um banquete, e começamos a refeição saboreando figos, maçãs, peras, amêndoas e castanhas. Vasilhas fumegantes de arroz quente chamaram minha atenção, e logo a família era servida com diversos pratos quentes, incluindo *kubba* recheado com carne moída, charutos de folha de uva, frango na brasa e *kebab*.

Com a intenção de engordar, comi mais do que desejava ou necessitava. Estava cansada de ser a prima magricela. Para piorar meu humor, minhas primas adolescentes pareciam ter crescido muito e adquirido uma repentina e impressionante beleza no curto espaço de um ano. Pela primeira vez, notei que a maioria delas tinha pele clara. Tomada por uma amarga inveja, percebi que três delas conversavam e moviam as cabeças, supostamente para exibir os longos e brilhantes cabelos negros. Era o que eu pensava.

Ninguém parecia notar que eu não me portava como de hábito. Ou, se notavam, não se incomodavam com isso. Eu era só uma menina desajeitada de 10 anos de idade. Não era mais o lindo bebê, não era mais a criança espirituosa e engraçadinha, e ainda não tinha idade suficiente para ser valorizada por atributos femininos. A rejeição doía.

Um nó se formou em minha garganta e meus olhos se encheram de lágrimas, mas recusava-me a deixar que alguém me visse chorando. Quando perguntaram qual era o meu problema, respondi que havia um cisco no meu olho.

Quando todos terminaram de comer, as pessoas sugeriram música. Ra'ad encontrou algumas fitas de música curda para dançar e logo o pátio foi invadido pelas melodias que tanto adorávamos. Em pouco tempo, adolescentes e jovens adultos se levantaram para dançar.

Há um provérbio: "Quem não sabe dançar não é curdo."

E é verdade.

Logo um círculo se formou, com todos de mãos dadas, homens e mulheres juntos. A música era alta, e meu irmão Ra'ad liderava a atividade por ser conhecido por seu talento para a dança. Apesar dos insistentes convites dos primos, Muna e Sa'ad se negaram a participar, porque Muna era muito tímida, e Sa'ad era sério demais para tal frivolidade.

Ninguém me convidou a participar do círculo que se formava, mas não tinha importância, porque então eu me sentia constrangida com o cabelo curto e as pernas magras e longas. Preferia ficar sentada ao lado de minha mãe, simplesmente observando.

Os dançarinos se moviam de mãos dadas, aproximando-se do centro, pressionando ombro contra ombro. Alguns começaram a balançar lenços coloridos enquanto executavam gestos de complexidade impressionante. Mudando de direção, todos conseguiam completar os gestos sem romper o elo formado pelas mãos.

Quando os dançarinos se cansaram, já era noite alta e segui minhas primas para o salão onde dormíamos. Normalmente, essa era a hora do dia que eu mais apreciava, mas naquela noite estava triste e desanimada demais para sentir alegria com algo.

Os meninos e meninas maiores desenrolaram nossos colchões e arrumaram travesseiros e cobertores. Quando todos se acomodaram, os primos mais velhos conversavam em voz baixa, enquanto os mais novos ficavam ouvindo os sons noturnos, fazendo uma brincadeira de adivinhação, tentando identificar se eram grilos ou sapos que emitiam os sons.

Devagar, a noite foi se calando e as crianças menores adormeceram. Eu me deitei sem dizer nada, puxei o cobertor sobre o corpo e fiquei olhando para uma fatia da lua e para a luminosidade prateada que ela espalhava pelo céu. Já deprimida, senti-me ainda mais triste e insignificante sob aquele imenso céu do Curdistão.

Quando eu já começava a ouvir o som da respiração profunda de alguns primos que dormiam a minha volta, houve uma terrível explosão de sons que me pôs em pé. Pela experiência que tivera com os bandidos na estrada, eu sabia que aquilo era barulho de tiros. Antes que pudesse me lançar escada abaixo para sair da laje, fui agarrada e jogada ao chão. Fiquei sem ar em conseqüência do impacto.

Meu irmão Ra'ad protegia meu corpo com o dele. Os braços dele eram tão fortes em torno do meu corpo, que eu não podia nem tentar me mexer.

– Fiquem abaixados! Todos vocês – ordenou ele com tom firme, embora sufocado. Depois cochichou para mim: – Quieta, Joanna. Não faça nenhum ruído.

Vários primos mais novos começaram a choramingar e chamar por suas mães, mas um dos mais velhos murmurou algumas palavras de ordem, explicando que ninguém devia se levantar. Era perigoso demais.

Ra'ad instruiu:

– Ele está certo. Ninguém deve se levantar. Não correrão nenhum perigo se continuarem deitados. São nossos guerrilheiros que estão sendo perseguidos e atacados. Ninguém sabe que estamos aqui.

Ouvi gritos no meio das árvores, como se muitas pessoas dessem ordens ao mesmo tempo, mas não conseguia entender claramente o que era dito.

Olhei para o rosto de meu irmão no mesmo instante em que ele sussurrou:

– Joanna, escute, não tenha medo. Aconteceu alguma coisa. Alguns de nossos guerrilheiros apareceram na cidade. Obviamente, o exército os descobriu. Mas eles nunca encontrarão os peshmergas. Nenhum morador dessa região vai delatá-los. Além do mais, as ruas da cidade são desconhecidas para os árabes.

Uma bala perdida passou zunindo por cima de nossas cabeças. Eu estremeci de susto e medo. *Estávamos numa guerra!*

Todos se atiraram ao chão com urgência e pavor.

Houve mais tiros. Muitos disparos na escuridão. Havia confusão e pânico pairando no ar.

Permanecemos imóveis por muito tempo, até o som dos tiros se dissipar e os soldados se afastarem da nossa área. Então, tudo mergulhou num silêncio denso.

Ouvimos suspiros de alívio quando meus primos mais novos se levantaram e correram escada abaixo, para perto de suas mães.

Eu permaneci na laje, embora Ra'ad tentasse me convencer a descer. Eu não respondia. Queria que ele esquecesse minha presença ali.

O incidente despertou a ira dos primos mais velhos, muitos dos quais já decididos a se juntar aos peshmergas logo após concluírem os estudos. Eles acreditavam que seriam a geração que finalmente levaria os curdos à vitória.

– Juro que logo estarei batendo às portas de Bagdá – explodiu um deles.

– Eu também – sussurrei para mim mesma com um sorriso pálido. – Eu também.

Aquele foi um momento de transformação decisiva em minha vida. Com a mesma certeza com que reconhecia meu nome, eu sabia que eu, Joanna al-Askari, um dia viveria a vida de um peshmerga. Estava decidido.

Ra'ad, que recentemente se tornara ativo nas causas curdas, elogiou os aspirantes a peshmergas, e a conversa seguiu naturalmente para as injustiças perpetradas contra os curdos.

Olhando para o céu estrelado, ouvi cuidadosamente tudo que era dito ali. Queria saber tudo sobre meu país e o povo curdo que eu tanto amava.

A primeira significativa revolta curda ocorreu no século XIX, em 1806, quando exércitos do Império Otomano obtiveram o controle sobre nossas terras. O evento foi seguido por sucessivas ondas de combate contra os turcos. Rebeliões e guerras eram tão freqüentes que começaram a se fundir umas nas outras.

Em 1918, apenas dez anos antes de minha mãe nascer, os britânicos ocuparam nossa terra. Resistimos, e eles nos atacaram com suas armas modernas. Por ordem de Winston Churchill, que chamava os curdos de "tribos primitivas", a Força Aérea Real despejou gás venenoso sobre os curdos, e essa foi a primeira vez que nosso povo foi massacrado por armas químicas.

Em 1923, minha família curda apoiou o Xeque Mahmud Barzinji quando ele liderou uma rebelião contra os britânicos e Faisal, o novo rei do Iraque. Desafiante, Barzinji declarou-se rei do Curdistão, mas em 1924 a cidade de Sulaimaniya caiu durante a batalha com os soldados britânicos.

O Curdistão foi ocupado novamente.

Minha mãe nasceu em 1928, e uma vez ela me disse que não tinha lembranças de um tempo em que seu mundo *não* fosse dominado pela guerra. Ela dizia ter apenas a mais tênue memória do levante de 1932, mas recordava melhor o de 1943, quando forças curdas tomaram o controle de grandes faixas de terra.

Em 1946 houve uma séria rebelião, e depois dela o líder curdo Mulá Mustafá Barzani foi exilado pelo governo iraquiano e fugiu para a União Soviética. O clamor curdo por liberdade enfraqueceu depois dessa perda.

Mas em 1951 uma nova geração de nacionalistas curdos reviveu o movimento, e o Mulá Barzani foi eleito presidente, embora ainda estivesse no exílio. Em 1958, depois da deposição da família real iraquiana, houve ainda outro redespertar do clamor pelos direitos dos curdos, e nosso herói Barzani retornou do exílio, trazendo com ele a renovação da luta pela liberdade.

O Curdistão foi atacado novamente, mas os peshmergas eram mestres nas táticas de guerrilha. Venciam batalhas e mais batalhas, surpreendendo o governo iraquiano ao ocuparem e controlarem a principal estrada de Khanaqin para Bagdá, apenas 140 quilômetros distante da capital de Bagdá, algo que jamais acontecera antes. Porém, poucos anos depois dessas vitórias, tivemos de suportar ainda mais ódio e outras derrotas.

E naquela noite, em 1972, a tensão crescia novamente.

Ouvi um primo cuja idade era próxima à de Ra'ad sussurrar:

– Você conhece a verdade, não é? O crime é ter nascido curdo.

Ra'ad fez um ruído com a garganta que parecia indicar concordância.

Então, eu havia cometido um crime simplesmente nascendo? Não tinha dúvida de que, quando finalmente tivesse idade suficiente para segurar uma arma, ainda haveria muitas batalhas para eu lutar. Nossas batalhas eram eternas. A única variável era o rosto do nosso inimigo.

Nesse momento Ra'ad percebeu que eu estava acordada.

Ele se inclinou para mim, e enquanto eu admirava seu rosto de traços harmoniosos e seus olhos castanhos e profundos, lembrei que meu irmão mais velho sempre enfrentara censuras por ser parcialmente curdo por trás de uma máscara de serenidade. Ele era imbuído de uma coragem desconhecida pela maioria, e mesmo então já lutava à sua maneira contra a ocupação.

Gentil, Ra'ad me disse:

– Você deve dormir, pequena Joanna. Amanhã faremos um piquenique nas montanhas e nadaremos sob as cachoeiras.

Uma imagem feliz de saltos acrobáticos nas águas transparentes que desciam das montanhas passou por minha mente.

Ele insistiu:

– Joanna, tente dormir.

– Não estou com sono – respondi.

– Olhe para o céu estrelado.

– Estou olhando.

– Vê aquelas estrelas?

– Estou vendo.

– Joanna, quer saber um segredo sobre as estrelas?

Fui tomada por uma grande expectativa. Sempre adorei segredos.

– Qual?

– Vou lhe contar um segredo científico que poucas pessoas conhecem. Joanna, sempre que as estrelas brilham com essa intensidade, há uma razão: é que as estrelas mais cintilantes estão despejando pó de estrelas sobre o mundo. Durma, e enquanto estiver dormindo você será salpicada pelo pó de estrelas. – Sorrindo, ele afagou meu rosto com doçura. – Pó de estrelas, Joanna. Pó de estrelas. Imagine. Pó de estrelas sobre seu lindo rostinho.

Eu ainda era pequena o bastante para acreditar nele. Além do mais, para mim o Curdistão sempre havia sido a terra dos sonhos. Eu me virei de lado e fechei os olhos para dormir tranqüilamente, e meus sonhos foram salpicados por pó de estrelas.

No dia seguinte acordamos e tomamos conhecimento das notícias sobre a verdade do ataque da noite anterior. A batalha cujos sons ouvimos e que se desenrolara entre o exército iraquiano e os peshmergas girara em torno das três belas irmãs que vimos vendendo jóias no mercado. Um ninho de espiões árabes na cidade havia notificado a segurança iraquiana sobre o romance das jovens com os peshmergas. No final do dia, quando as três irmãs voltavam ao vilarejo em uma carroça puxada por um burro, houve uma emboscada e elas foram detidas por soldados iraquianos. As moças foram usadas como iscas para atrair seus três belos noivos peshmergas.

No momento em que souberam que suas noivas haviam sido detidas, eles se esgueiraram para a cidade a fim de resgatar as mulheres que amavam, mas as três já haviam sido levadas para uma prisão em Bagdá. Dois dos três guerrilheiros caíram na armadilha e foram mortos em combate. O terceiro escapou. O destino das irmãs era previsível. Seriam torturadas, depois executadas.

Lamentei pelos jovens amantes.

Quanto aos inúmeros curdos assassinados ao longo dos anos, seus sonhos de amor e casamento jamais se realizariam. Senti um tremendo ódio pelos homens que destruíram seus sonhos de amor; minha fúria fervia silenciosa como uma colméia de abelhas iradas no interior de minha cabeça. Eu caminhava com esforço lento, mas firme, na direção do meu destino.

Talvez uma chuva de pó de estrelas iluminasse meu caminho.

4

Terror baathista

BAGDÁ
Quinta-feira, 4 de julho de 1974

Os anos sempre passaram devagar na sombria Bagdá. Nada de bom acontecia lá. Até meu crescimento era lento. Esperava que em meu décimo segundo aniversário pudesse testemunhar um milagre físico, esperava ser tão bela quanto minhas primas adolescentes curdas, mas meu corpo não desabrochava. Ainda suportava deboche por minhas pernas longas, meu corpo magro, meu peito plano, uma lembrança cruel de que ainda parecia uma criança.

Contrariando o desejo de minha mãe, deixei o cabelo crescer. Ninguém poderia negar sua beleza. Negros e brilhantes, eles finalmente alcançavam minha cintura, e eu sempre os penteava em duas tranças muito parecidas com as que vi na bela jovem curda tragicamente assassinada.

A imagem daquelas irmãs sempre surgia diante de meus olhos. Como acontecera com tantos curdos, o patriotismo as levara à morte. Meu coração estava inteiro com a causa curda, como também estivera o delas, mas eu queria viver, experimentar plenamente o prazer de sobreviver à luta.

Minha família ainda me considerava uma criança, mas eu já não pensava ou agia como tal. A consciência dos problemas curdos me fez mais madura que o esperado para a idade. Sabia mais sobre a geografia e a política do Curdistão do que muitos adultos que eu conhecia.

Durante aquele verão em particular, quando eu tinha 12 anos, nossa viagem a Sulaimaniya havia sido adiada porque meu pai se encontrava acamado com uma misteriosa enfermidade. Ele padecia de fraqueza e perda de apetite. Sua doença nos perturbava e confundia, porque, além da incapacidade de ouvir e falar, meu pai sempre gozara de saúde excepcional. Mas minha mãe assegurava que, se ele continuasse melhorando, partiríamos para Sulaimaniya com apenas uma semana de atraso.

Eu estava desesperada para voltar ao Curdistão, ao paraíso.

Mas, naquele verão, não visitamos o paraíso. A viagem foi cancelada em função de um evento avassalador que modificou nossas vidas para sempre.

A tragédia eclodiu em um dia quente de julho, quando Bagdá se encontrava quieta e tensa por mais razões do que o calor intenso. Nosso governo baathista se tornava mais e mais repressivo. As pessoas já não se sentiam livres para falar com espontaneidade. Havia comentários sussurrados sobre prisões injustificadas e rumores a respeito de pessoas inocentes que sumiam. Eram muitos os desaparecidos. E o calor não ajudava a melhorar a atmosfera geral de nervosismo.

Embora vivêssemos à sombra de frondosas palmeiras, o calor envolvente do dia ia penetrando silencioso e insistente em todos os cômodos de nossa modesta casa, infiltrando-se em todos os cantos até tornar-se insuportável. Eu não conseguia ficar dentro de casa por muito tempo, incomodada com o suor que me manchava as roupas.

Só o quarto de meu pai gozava do benefício de um pouco de ar fresco, e nenhum de nós se ressentia por isso. Por mais tempo do que muitos iraquianos conseguiam recordar, os habitantes da quente Mesopotâmia haviam aprendido a utilizar um método simples de condicionamento de ar que consistia em criar molduras com folhas retorcidas de palmeira. Essas molduras ganhavam folhas adicionais que iam se cruzando, e depois a tela formada pelas folhas era coberta por uma camada de espinhos do deserto chamados *agool*. Era como fazer um sanduíche. O *agool* era o recheio entre as folhas. A moldura era colocada nas janelas. A cada seis horas, crianças despejavam água sobre elas. Ao sopro da menor brisa, o aparato refrescava o aposento em cujas janelas se encontrava. Naquela época, poucos iraquianos continuavam empregando esse antigo método, mas meu pai se apegava às tradições e, nesse caso, desfrutava do frescor.

Todos os outros buscavam o ar mais fresco da noite. Íamos para o telhado, ou para o jardim dos fundos da casa, ou para a varanda. O pôr-do-sol encontrou minha mãe, Muna, Sa'ad e eu reunidos na varanda, preparando os lençóis para irmos dormir.

Apenas recentemente o número de pessoas que habitava nossa casa diminuíra. Tio Aziz estava fora visitando outra irmã. Ra'ad não vivia mais conosco, pois iniciara o primeiro ano na universidade. Agora ele residia com nossa irmã mais velha, Alia, e com seu marido, Hady, do outro lado da cidade, no elegante distrito de Mansur. A casa de Alia oferecia a Ra'ad duas vantagens: ali ele estava mais próximo da Universidade de Tecnologia de Bagdá e gozava de maior privacidade. Alia dera o próprio quarto ao irmão, alegando que Ra'ad precisava de uma área silenciosa para estudar.

Ra'ad se preparava para ser engenheiro, como nosso pai. Nada era mais importante nos mundos árabe e curdo do que educar adequadamente o primogênito, porque um dia ele seria responsável pelo bem-estar de toda a família.

Assim que preparamos nossas camas, acomodamo-nos sem pressa para dormir, mas não adormecemos de imediato. Apesar da severidade dos dias de verão em Bagdá, as noites traziam um certo charme e um frescor reconfortante. E aquela noite não era exceção.

Quando o disco avermelhado do pôr-do-sol se desmanchou na escuridão, a noite foi lentamente sendo iluminada por uma lua cheia e brilhante que derramava sua luminosidade prateada por entre as folhas das palmeiras. Os galhos das árvores dançavam à brisa suave como longos braços delgados. Os olhos dourados e brilhantes de uma enorme coruja que fora morar em uma das palmeiras próximas da casa pareciam estar fixos em nós. Ver aquela coruja despertou em mim uma súbita saudade da companhia de Ra'ad. Muitas vezes ele havia apontado aquela mesma ave, convencendo-me a superar o velho temor relacionado à idéia de que corujas traziam má sorte.

O som de vozes chegava aos nossos ouvidos ultrapassando a barreira silenciosa das árvores: reconheci os guardas-noturnos da nossa vizinhança, homens que há muito tempo eram chamados *charkhachi*. Os guardas vestiam casacos militares longos com botões de latão. Usavam turbantes coloridos sobre as cabeças e armavam-se de rifles obsoletos, cortesia dos britânicos.

Seus velhos rifles podiam ter deixado de funcionar, mas aqueles homens nos davam um sentimento de segurança contra eventuais roubos.

As imagens e os sons da noite de Bagdá desapareceram lentamente no nada. Meus pensamentos buscavam Sulaimaniya. Meus primos deviam estar sobre a laje da casa de vovó Ameena, olhando maravilhados para aquela mesma lua cheia.

Logo eu estaria com eles. Confortada pelo agradável pensamento, eu me ajeitei melhor e logo adormeci.

Algumas horas mais tarde, meus adoráveis sonhos com Sulaimaniya foram bruscamente interrompidos por um som alarmante. Alguém tentava arrombar a porta de nossa casa!

Sa'ad se levantou de um salto. Meu irmão tinha apenas 15 anos, mas era maior e mais forte do que os rapazes de sua idade. Diante de um possível perigo, ele ordenou a todos nós:

– Fiquem aqui!

Desde que Ra'ad deixara nossa casa, Sa'ad passara a julgar-se o protetor das mulheres da família. A situação causava-me desânimo, porque eu era uma criança rebelde e não gostava de acatar ordens.

Muna obedeceu e continuou onde estava, cobrindo a cabeça e o rosto com o lençol da cama. Mas minha mãe, como eu, também era um pouco mais voluntariosa. Assim, quando Sa'ad deixou a varanda dos fundos, nós nos levantamos para segui-lo pela cozinha e pelo corredor que conduzia à grande sala de estar. Lá nós paramos e ficamos ouvindo atentamente, lado a lado.

Haveria um ladrão na vizinhança? Os guardas estavam ali para prevenir-nos?

Meu pai não se levantara, mas isso não nos surpreendia. Mesmo que não se encontrasse enfraquecido pela doença, a surdez o teria mantido alheio à comoção.

– Quem está aí? – gritou Sa'ad.

A resposta foi uma série de violentos chutes contra a porta. Pelo visto, os assaltantes haviam escolhido nossa casa!

Eu me apavorei quando aquela porta pesada começou a rachar em vários pontos, antes de se partir ao meio. Uma força poderosa investia contra nós.

As duas metades da porta caíram dentro da sala, deixando fragmentos sombrios pendurados nos batentes. O autor dos chutes havia criado uma abertura de proporções suficientes para permitir a passagem de um adulto de porte considerável. Três homens vestindo os uniformes da segurança iraquiana invadiram nossa casa, passando por cima dos pedaços de porta. Estavam tão ansiosos para pôr as mãos em nós que um deles tropeçou e caiu. Na pressa, os outros dois tropeçaram nele.

O maior deles tinha um rosto muito vermelho marcado por cicatrizes de varíola. Ele encarou meu irmão gritando:

– Você! Espião! Onde está seu rádio?

Sa'ad nunca teve medo de ninguém. E não temia aquele monstro. Com uma expressão sarcástica, ele respondeu:

– Espião? Não há nenhum espião aqui!

– Temos provas de que esta casa abriga espiões.

O homem falava e inseria a língua por entre os dentes como uma serpente. Eu estremeci de medo e repulsa.

Ele gritou:

– Dos israelenses!

Israelenses? Se eu não estivesse tão apavorada, teria rido da afirmação absurda. Pelo que sabia, ninguém em nossa família havia sequer visto um israelense. De fato, poucos árabes ou curdos residentes no Iraque naquele tempo se importavam muito com os israelenses. Enfrentávamos incertezas demais do nosso governo insano para nos envolvermos no distante conflito entre palestinos e israelenses.

O homem prosseguiu com seu discurso ensandecido.

– Esta casa apóia o Mulá Mustafá al-Barzani!

Embora sua alegação relativa a Israel fosse absolutamente ridícula, essa última acusação me encheu de ansiedade. O Mulá Mustafá al-Barzani era o mais famoso líder e lutador curdo. Inegavelmente, ele era considerado um herói em nosso lar curdo.

De repente lembrei-me do pôster pendurado na parede do quarto de Ra'ad. A imagem do herói estava lá para confirmar as afirmações dos invasores. Apesar de gozarmos do direito legal de apoiar nossos heróis curdos, direito que nos fora assegurado em 1970, eu já tinha idade suficiente para compreender que leis não representavam proteção suficiente para nós, curdos. Algo me dizia que o pôster seria nossa ruína.

Os homens estavam preocupados com Sa'ad, por isso saí da sala sem ser notada e caminhei rapidamente até o antigo quarto de Ra'ad. O pôster do Mulá Mustafá al-Barzani estava na parede, sobre a cama de Ra'ad. Aquele pôster havia feito parte da vida de meu irmão mais velho desde março de 1970, quando o governo iraquiano finalmente concluiu que devia negociar com os curdos, que derrotavam militarmente os iraquianos na fronteira ao norte. Um acordo conferiu autonomia aos curdos. Esse acordo prometia reconhecer o idioma curdo como uma língua oficial. A emenda à constituição estabeleceu que o povo do Iraque era composto por duas nacionalidades, os árabes e os curdos.

Desde aquela época, passamos a ter o direito de apoiar partidos curdos. Mas, na realidade, o governo iraquiano rompeu o acordo desde o momento em que o assinou. Os curdos que tentavam desfrutar de suas liberdades civis recém-instituídas eram perseguidos, presos e castigados de maneiras horríveis. Em sua ingenuidade, muitos curdos já haviam sido assassinados por divulgar seu apoio a líderes curdos.

Talvez Ra'ad fosse assassinado.

Eu me lembrava bem do dia em que Ra'ad trouxe aquele pôster para casa e o pendurou na parede. Meu irmão era o garoto mais orgulhoso de Bagdá enquanto escolhia o local mais adequado para seu herói Barzani. Na parte de baixo do pôster Ra'ad escrevera: "O Leão das Montanhas, e o pai dos Curdos."

Triste, subi na cama e comecei a remover o pôster da parede puxando-o pelas pontas. Arfante de medo e nervosismo, rasguei a imagem do Mulá Mustafá al-Barzani em pequeninos fragmentos, erguendo a camisola para esconder os pedaços na calcinha. Estava concluindo a tarefa quando ouvi os passos pesados dos invasores percorrendo nossa casa. Um deles, supostamente o líder, ordenou que um soldado vigiasse a escada para o telhado e a porta para que ninguém pudesse escapar dali.

Fiquei paralisada quando uma voz grave anunciou:

– Procuramos pelo espião Ra'ad al-Askari. Onde ele está?

Ansiosa, olhei em volta tentando encontrar no quarto qualquer outro material que pudesse servir para incriminar meu irmão, mas não vi nada.

Gostaria de vasculhar gavetas e armários e destruir panfletos e brochuras promovendo a causa curda, mas não tinha tempo para isso.

Os homens caminhavam pelo corredor na direção do quarto.

Horrorizada, senti que pequenos fragmentos do pôster escorregavam por minhas pernas. Olhei para baixo. A gravidade exercia sua função. Não conseguia pensar em uma solução para o problema. Seria descoberta. E o fato de ter pouca idade não me salvaria. Fui tomada de assalto por um pensamento aterrorizante: poderia acabar presa e torturada, como tio Aziz, até perder o juízo!

Sem tempo, recolhi os pedaços de papel do chão e pulei na cama, encolhendo-me sob o lençol, puxando-o até o queixo e fechando os olhos. Fingi estar dormindo.

Dois soldados se debruçaram sobre mim antes que eu pudesse respirar, e abri os olhos fingindo surpresa e espanto.

Notei que minha mãe e Sa'ad entravam no quarto logo em seguida, ambos muito surpresos por me encontrarem ali, no quarto que havia sido de Ra'ad. Os dois olharam para a parede onde antes estivera o pôster. A reação de meus familiares foi toda a recompensa que eu podia esperar. Um brilho triunfante iluminou os olhos de Sa'ad, e um alívio evidente suavizou os traços de minha mãe.

Os homens vasculhavam o quarto, e minha mãe deu alguns tapas no próprio rosto, um gesto que as mulheres curdas de sua idade repetiam em momentos de aflição. Ela não gritava nem chorava. Mamãe não entendia bem o árabe, mas era sábia o bastante para perceber o que aqueles homens procuravam.

O único objetivo da busca era reunir evidências para incriminar seu filho mais velho. E, se encontrassem alguma coisa que pudesse de fato incriminá-lo, todos ali estariam perdidos.

Para ganhar coragem, recitei silenciosamente alguns dos meus versos favoritos do hino curdo:

> *A juventude curda se ergueu como leões,*
> *Para adornar a coroa da vida com sangue*
> *Que ninguém diga que os curdos estão mortos*
> *Os curdos estão vivos*
> *Os curdos estão vivos; sua bandeira jamais cairá.*

Talvez por ser pequena demais para a minha idade e ainda ter uma aparência infantil, fui ignorada pelos soldados. Por alguma razão que desconheço, eles não me deram atenção enquanto vasculhavam o quarto, segurando livros e sacudindo-os para abrir as páginas antes de jogá-los no chão. Eles se ajoelharam para olhar sob a cama e bateram as cortinas, como se acreditassem que alguém pudesse estar escondido atrás do tecido transparente e fino. Um deles batia nas paredes. Recusando-se a ser superado pelo parceiro, o outro soldado subiu na cadeira da escrivaninha para bater no teto.

Foi perturbador. Mesmo jovem como eu era, sabia que aqueles homens tinham nosso destino nas mãos. Não fosse por esse fato, suas táticas teriam sido cômicas.

Eu observava meu irmão com atenção e cuidado. Seus olhos escuros cintilavam entre a ira e o desespero. Seus lábios estavam pálidos pelo esforço de manter-se calado.

Esperava que Sa'ad pudesse controlar seu famoso temperamento; caso contrário, ele usaria os punhos para deter os invasores. Todos em nossa família seriam presos, caso isso ocorresse.

Felizmente, Sa'ad manteve-se perfeitamente controlado, e aquele dia traumático mostrou a todos nós uma nova qualidade no temperamento de meu irmão: moderação.

"Logo", eu esperava, "os soldados iriam embora". Então poderíamos prevenir Ra'ad.

Após vasculhar cada milímetro do quarto de meu irmão mais velho, os homens foram verificar o restante da casa. Quando ouvi o barulho das panelas sendo jogadas ao chão na cozinha, eu me levantei da cama, peguei os pedaços do pôster e os escondi sob alguns papéis que os soldados haviam espalhado pelo chão. Satisfeita com a solução, fui me juntar a minha mãe e Muna, que finalmente saíra da varanda.

Formamos um semicírculo na porta e ficamos observando os soldados que espalhavam o caos pela cozinha sempre tão organizada de minha mãe. Mamãe continuava batendo no próprio rosto, enquanto Muna respirava fundo a cada prato ou utensílio atirado ao chão. Cerâmicas e vidros eram inexoravelmente destruídos.

Os homens adotavam gestos teatrais para esvaziar sacos de sal, farinha e açúcar sobre a mesa, os armários e pelo chão. Os estúpidos chegaram ao extremo de quebrar quatro ovos que encontraram em um cesto sobre o armário.

Essa atitude me confundiu. Um espião poderia ter ocultado evidências *dentro* de ovos crus? E *como* isso teria sido possível?

As ações dos soldados marcadas por pragas e ameaças contra Ra'ad al-Askari, espião israelense, causaram uma terrível comoção.

Houve um momento especialmente tenso quando a bandeja de copos de chá, os preferidos de minha mãe, foi arremessada contra a parede, provocando uma chuva de estilhaços de vidro que cobriu o chão.

Muna empalideceu. Ela cambaleou como se fosse desmaiar. Não suportava todo aquele drama. Eu temia que minha irmã perdesse a razão.

O líder do grupo ordenou rispidamente que nos sentássemos em um canto da cozinha. Obedecemos, encolhendo-nos em um canto enquanto os soldados vasculhavam o restante da casa e subiam ao telhado, iam à varanda e ao jardim. Minha mãe e Sa'ad seguiam seus passos, ela triste, ele, furioso, acompanhando a destruição de nosso lar.

Era estranho para mim que os soldados não questionassem meu pai. Supunha que os oficiais já tivessem todas as informações a respeito de nossa família e soubessem, portanto, por que meu pai não podia representar um perigo para o regime: ele não era curdo e jamais participara de nenhuma atividade política curda. A surdez também assegurava que ele não podia ser uma ameaça para o governo. Talvez fossem apenas as pílulas para dormir que minha mãe o fazia engolir na hora de ir para a cama. Meu pai devia estar dormindo tão profundamente que os soldados não conseguiram arrancá-lo de seu sono.

Concluí que, naquela noite, ser surdo tinha suas vantagens. Enquanto nós tremíamos de medo, meu pai desfrutava de um sono reparador e tranqüilo, sem sequer se dar conta dos eventos traumáticos que modificavam nossas vidas.

Algumas horas mais tarde os homens finalmente partiram. De mãos vazias, praguejando e fazendo terríveis ameaças contra nós, eles desapareceram pela porta destruída. Não encontraram em nossa casa nada que pudesse sustentar suas ridículas acusações.

Eu me juntei a mamãe e Sa'ad para assistir da varanda da frente à partida dos três soldados, que se afastaram em alta velocidade em um carro sem identificação. Era como se, de repente, tivessem de ir apagar um incêndio no palácio presidencial.

Para mim, aquela noite foi a primeira vez em que o terror adquiriu um rosto.

Ouvi em silêncio enquanto minha mãe e Sa'ad discutiam qual seria a melhor atitude a tomar.

Sa'ad disse à minha mãe:

– Vou à casa de Alia. Ra'ad deve deixar Bagdá. Ele precisa ir para o norte. Lá ele poderá esperar enquanto descobrimos qual é a origem de todo esse problema.

As palavras de meu irmão me encheram de entusiasmo. Talvez Ra'ad se torne um *verdadeiro* peshmerga. No lugar dos panfletos e do rosto sorridente, surgiria um guerrilheiro real. Tomei minha decisão imediatamente: se ele se tornasse um peshmerga, eu me juntaria a Ra'ad naquelas montanhas. Seria a mais jovem peshmerga em todo o Curdistão.

Eu me enchi de alegria quando Sa'ad olhou para mim e disse:

– Você foi muito astuta, Joanna. Aquele pôster teria alimentado a ira dos soldados e servido de evidência contra Ra'ad.

Sa'ad então correu para vestir suas roupas de sair. Quando passou por nós a caminho da porta, ele pegou alguns dinares que minha mãe oferecia, o suficiente para pagar a corrida de táxi.

Todo meu corpo tremia enquanto eu contemplava o novo perigo que rondava minha família. Os eventos daquela noite haviam sido um teste pessoal para mim. Se queria mesmo ser uma guerreira, então devia aprender a manter a calma em momentos de crise.

Minha mãe tomou-me em seus braços, segurou meu queixo e fitou-me nos olhos.

– Joanna, você foi uma menina muito esperta.

Sim, eu havia sido aprovada em meu primeiro teste. Peshmergas deviam reagir rapidamente mesmo sob pressão de uma investigação.

Minha mãe e Muna ficaram sentadas e quietas enquanto eu era consumida pela agitação. Olhava em volta e via minha casa destruída, e isso ia aos poucos me inflamando mais e mais.

Mamãe suspirou.

– Temos de limpar e arrumar tudo isso. Seu pai *não* deve saber sobre esta noite. Teremos sérios problemas se ele descobrir que Ra'ad corre perigo. Manteremos todos os eventos dessa noite em sigilo. Seu pai e Aziz não saberão de nada.

Minha mãe estava certa. Se soubesse das ameaças que sofremos naquela noite, meu pai iria imediatamente ao escritório local da segurança iraquiana para acertar as contas. Ele nunca tivera medo. Nunca. Haveria uma luta, um confronto físico, e ele acabaria na prisão. E apesar de ser ainda jovem, eu sabia que no Iraque vivíamos tempos de grande perigo. O atual governo não era uma piada. Se os baathistas pegassem meu pai, ele poderia não sobreviver à detenção.

E tio Aziz? Também precisava ser protegido. Caso contrário, poderia facilmente recair em um lugar escuro e inatingível.

– Joanna, seu pai se sente mais forte. Ele pode fazer o chá amanhã de manhã.

Pelo que me lembro, até sua recente enfermidade, meu pai sempre se levantou com o sol para preparar um bule de chá matinal. Ele precisava beber chá e comer pão e geléia todas as manhãs, um hábito civilizado que importara da França.

A voz de minha mãe soou desolada.

– Temos de arrumar toda essa bagunça.

Eu me atirei à tarefa.

Minha mãe levou Muna para a cozinha.

Quando eu devolvia os objetos a seus devidos lugares na sala de estar, ouvi passos estrondosos se aproximando da varanda. Preparei-me para fugir, certa de que aqueles homens horríveis haviam voltado.

Para meu alívio, era apenas Sa'ad, mas ele tinha o rosto muito vermelho e os olhos escurecidos pela fúria. Ele passou por mim procurando por mamãe.

Joguei uma almofada sobre o sofá e o segui para a cozinha, onde mamãe recolhia açúcar do chão com uma colher.

– É tarde demais.

– Tarde?

– Eles pegaram Ra'ad. E levaram Hady também.
– Levaram?
– Sim! Devíamos ter imaginado. As buscas foram coordenadas. Ao mesmo tempo em que aqueles oficiais estiveram aqui, cinco homens da mesma unidade apareceram na casa de Alia. Eles destruíram tudo por lá, procurando por evidências que pudessem ser usadas contra Ra'ad. Eles afirmam ter encontrado documentos incriminadores, e por isso partiram levando Ra'ad e Hady.

Muna gritou.

Minha mãe fraquejou pela primeira vez. Ela cambaleou, seus joelhos se dobraram, e ela se agarrou ao encosto de uma cadeira para não cair.

– Pegaram meu filho?

Eu estava paralisada. Ra'ad? Preso? Tio Aziz estivera na prisão. Pensamentos desagradáveis passavam por minha cabeça. Ra'ad voltaria para nós mentalmente debilitado, também?

E Hady? O que aconteceria com Hady?

Hady, parente antes mesmo do casamento com Alia, era um homem bondoso. Meu cunhado era tão apaixonado pela esposa que suportava o deboche de outros homens por mimar Alia, um comportamento incomum em nossa cultura. Eles tinham dois filhos pequenos: Shaswar, de 4 anos, e Shwan, de 2 anos. Os meninos ficariam infelizes sem o pai.

Minha mãe se recuperou rapidamente.

– Sa'ad, vá procurar Fátima. Conte a ela o que aconteceu. Depois procure Othman. Ele pode nos ajudar.

A irmã de meu pai, Fátima, a mulher que havia me dado a boneca negra, era muito influente no Iraque e se casara com um homem proeminente. Tio Othman era o irmão mais novo de meu pai e era bem relacionado.

Minha mãe tocou o braço de Sa'ad.

– Antes de ir dormir, seu pai avisou que voltará ao trabalho amanhã. É possível que ele encontre algum oficial da segurança nessa área. – A voz dela soava segura, protetora. – Devemos manter tudo isso em sigilo. Seu pai não pode saber sobre o que aconteceu aqui.

Sa'ad entendeu tudo sem maiores explicações.

Depois de meu irmão sair pela segunda vez, minha mãe e eu limpamos a casa mais depressa do que eu teria imaginado ser possível. Muna nos seguia, querendo ser útil, mas estava perturbada demais para ter alguma utilidade.

O sol se erguia no céu quando Muna e eu voltamos para a cama. Eu tinha a impressão de que uma vida inteira se passara em algumas poucas horas. Havíamos sentido um medo quase incontrolável. Nossa casa fora devastada. E Ra'ad e Hady estavam presos.

Mas Sa'ad já trabalhava para libertá-los. Minha mãe e eu arrumamos a casa e a devolvemos à condição impecável de sempre. Não restava nenhuma evidência de nossa noite aterrorizante, exceto pela porta arrombada. Eu não imaginava o que minha mãe diria a meu pai para explicar a porta destruída.

Como era de se esperar, minha mãe não conseguiu dormir. Quando fechei os olhos, ela abriu seu tapete de orações, olhou em direção a Meca, pôs-se sobre os joelhos e as mãos e orou.

Quando acordei, algumas horas mais tarde, Muna ainda dormia a meu lado. Nossa casa estava silenciosa e triste. Foi um alívio descobrir que meu pai voltara ao trabalho depois de dez dias em casa.

Encontrei um bilhete de Sa'ad sob um bule na mesa da cozinha. Meu irmão dizia para nos cuidarmos, embora avisasse, de maneira enfática, que era para não sairmos de casa.

Muna e eu quase não conversamos. Procurei por comida e achei pão seco e um pedaço de queijo, mas era difícil engolir o alimento.

Não estávamos habituadas a ficar em casa sozinhas, por isso Muna e eu vagávamos pelos cômodos sem saber o que fazer. Vimos que as partes destruídas da porta haviam sido removidas, mas o vazio deixado pelo arrombamento ainda estava ali. Felizmente, eu ainda dormia quando meu pai se deparara com as condições daquela porta.

Eu andava de um lado para o outro, tentando escapar dos nossos problemas, mas a imagem do rosto de Ra'ad me seguia. Eu me sentia vazia e assustada, temendo por seu destino. Meus irmãos mais velhos sempre haviam cuidado de mim com carinho e dedicação, protegendo-me e mimando-me, e nenhum deles me havia mimado mais do que Ra'ad. Havia bons motivos para isso.

É difícil acreditar, mas minha mãe tentou acabar com minha vida quando descobriu que estava grávida de mim. Sobrepujada por problemas graves e variados, ela, que já tinha quatro filhos, se sentia incapaz de enfrentar outra gravidez. Pouco depois de mamãe ter dado à luz os gêmeos em 1953, a fábrica de móveis de meu pai foi destruída durante a revolução. Meus pais empobreceram de repente. Minha mãe não sabia como eles poderiam sustentar outro filho. Desesperada, ela adotou medidas drásticas para se livrar de mim. Ela se atirou escada abaixo e pulou de cima da mesa de jantar. Frustrada em seu propósito, ela engoliu pílulas que, segundo o médico, chegaram muito perto de envenenar e matar nós duas.

Minha mãe admitia tais atos.

Quando o médico informou meu pai e meus irmãos mais velhos a respeito do objetivo de minha mãe, todos ficaram horrorizados e chocados. E todos se uniram para vigiá-la e garantir minha segurança. Quando nasci saudável, todos ficaram tão aliviados que passaram a mimar-me.

Ra'ad foi a presença mais marcante em toda minha vida. Desde que eu era um bebê, fui como uma pequena sombra para ele, seguindo-o até quando saía de casa para ir ao Tigre. Era comum que me sentasse à margem do rio para admirá-lo nadando; ele era tão ágil na água que muitos observadores o apelidaram carinhosamente de "crocodilo do Tigre".

Ra'ad, o irmão que eu tanto amava e admirava, fora tirado de mim. Imagens da tortura a que ele podia estar sendo submetido me seguiam miseravelmente. Lágrimas inundaram meus olhos e correram por meu rosto deixando marcas em minhas faces sujas da arrumação da noite anterior.

Se eu soubesse que Ra'ad e Hady estavam naquele momento presos em um poço na região leste da cidade, envolvidos em uma luta de morte com o escaldante sol de Bagdá que castigava suas cabeças, eu não teria suportado a agonia. Mas não sabíamos de nada. Por isso, restava-nos apenas nossa imaginação.

Devagar, o primeiro mês se desenrolou em outro. Dois meses, e ainda desconhecíamos seus destinos.

O verão passou.

O calor arrefeceu.

As preces de minha mãe eram levadas pelo ar frio.

E a espera angustiante preenchia os vazios de nossa casa.

5

O retorno de Ra'ad e Hady

BAGDÁ
Outubro de 1974

Minha mãe sempre dizia que a verdadeira alegria é uma prece atendida. Por isso, não me surpreendi por ser ela a primeira a ver Ra'ad e Hady descendo de um táxi estacionado não muito longe da casa de Alia, porque ela estivera orando continuamente desde que eles foram levados. Minha mãe deu gritos de alegria que só podiam ter um significado. Ao ouvi-la, Alia e os dois filhos, Sa'ad e Muna saíram correndo da casa.

Mas os gritos alegres de minha mãe sofreram uma pausa. E logo depois se calaram completamente.

Meu irmão não guardava a menor semelhança com o rapaz que havia sido antes. Pálido, parecia um fantasma. E estava tão inclinado que era como se pretendesse se ajoelhar. A última vez em que eu vira Ra'ad, ele se mantinha ereto e era alto, imponente, mas seu corpo musculoso e forte atrofiara. As roupas estavam tão gastas que era difícil identificar o que ele vestia. Seria uma camisa rasgada? Ou os restos do pijama que ele usava ao ser preso? Era impossível dizer.

Sa'ad finalmente correu para nosso irmão, e Ra'ad agarrou-se em seu braço, movendo-se sem grande segurança, como muitos aleijados ou velhos que eu via perambulando pelas ruas de Bagdá. Mas esses seres patéticos teriam parecido saudáveis e prósperos comparados a meu irmão.

Meus olhos captaram um leve movimento atrás de Ra'ad, e lá estava Hady, cuja aparência era muito semelhante à de Ra'ad. Seu rosto era pálido e inexpressivo, desprovido do antigo sorriso.

Apesar da lamentável condição do marido, minha irmã não continha a euforia por vê-lo. Ela se soltou do braço de minha mãe e correu na direção dele. Quis gritar para preveni-la da fragilidade de Hady, mas só consegui emitir um som sufocado, engasgado.

Lágrimas se formaram em meus olhos quando vi minha mãe correr para seu primogênito e segurar seu rosto entre as mãos. Ela o puxou para perto. Mamãe não o via há quase três meses, e passara boa parte desse período corroída pelo temor de Ra'ad ter sido morto e enterrado.

Aqueles longos meses haviam sido uma espera excruciante, e durante esse período minha mãe, Alia, Sa'ad e outros parentes se empenharam para descobrir seu paradeiro e o de Hady. Eles foram finalmente localizados no sistema prisional. As negociações começaram, e no início daquele dia muitos milhares de dinares iraquianos foram arrecadados entre nossos parentes para comprar sua liberdade. Embora não houvesse nenhuma garantia de libertação imediata, nós nos sentimos compelidos a ir esperá-los na casa de Alia mesmo assim.

E foi para lá que eles retornaram, finalmente. Vivos, mas em péssimas condições.

Quando Ra'ad finalmente chegou à varanda, ele ofegava como um homem que havia participado de uma corrida de longa distância. Tudo em meu irmão, antes impecável, agora era desalinho. O cabelo era longo e emaranhado, e a barba comprida o deixava ainda mais abatido. O lábio inferior estava tão rachado que sangrava e pendia flácido, expondo os dentes, que antes eram brancos e brilhantes, mas agora eram recobertos por resíduos de três meses de detenção.

Eu não suportava olhar para ele, mas examinava Hady, cujos olhos vermelhos e inchados estavam fixos em Alia. O rosto, antes viçoso, agora era inexpressivo e emaciado.

Os dois beberam um pequeno copo de água cada um. Visivelmente abalada com a condição do irmão e do cunhado, Muna fora providenciar a água e trouxera os copos nas mãos trêmulas. Minha mãe e Alia levaram os dois jovens para dentro da casa, onde poderiam desfrutar de alguma privacidade e tomar um banho, fazer uma refeição e descansar.

Muna e eu nos olhamos, incapazes de falar. Muna finalmente entrou, mas continuei sentada na varanda por quase meia hora, sozinha, tentando superar minha dor e revolta.

À tarde, o humor de todos melhorou e nós nos reunimos na sala de estar de Alia. Um clima de celebração foi tomando conta da casa. Vários parentes foram informados sobre o retorno de Ra'ad e Hady e apareciam para ver os prisioneiros libertados. Mais importante para mim, tia Aisha também estava lá. Quando Ra'ad havia sido levado, ela viajara de Sulaimaniya para dar apoio a minha mãe e havia enfrentado ao nosso lado cada momento da dolorosa espera. Eu amava aquela tia mais do que tudo, e me aninhei contente a seu lado.

Minha mãe mandou uma prima à nossa casa para dizer a meu pai que Alia não se sentia bem, e que não retornaríamos até tarde da noite.

Surpreendentemente, e apesar de toda atividade envolvida na busca e na libertação de Ra'ad e Hady, minha mãe obtivera sucesso em sua intenção de esconder de meu pai todos os fatos relacionados à prisão de meu irmão. Nossa vida diária se transformara em uma confusa teia de mentiras, com meu pai convencido de que a pobre Alia estava sempre doente, o que explicava nossas freqüentes visitas à casa dela, e de que Ra'ad havia tido a sorte de obter uma permissão para viajar para a Europa, o que justificava sua longa ausência. Mas viver essa mentira era desgastante, porque nos preocupávamos constantemente com a possibilidade de alguém revelar alguma coisa acidentalmente, e eu esperava ansiosa pelo dia em que Ra'ad recuperaria a saúde e nós poderíamos voltar a nos comportar normalmente na presença de meu pai.

Depois de todos se acomodarem no sofá e em volta dele, Hady, antes tão bem-humorado, ficou estranhamente silencioso enquanto Ra'ad começava a falar.

– Vou contar os detalhes.

Apertei a mão de minha tia Aisha. Ela afagou meus cabelos com a mão livre.

Foi horrível ouvir Ra'ad falar com aquela voz rouca e tensa, tão diferente do tom animado que conhecíamos.

– Na noite em que fomos presos, todos haviam ido para a cama. Alia, Hady e os meninos dormiam no jardim, e eu estava na laje, ainda acordado. Ouvia a rádio Monte Carlo olhando para a lua que parecia dançar entre as folhas de palmeira. De repente, senti que havia alguém comigo no telhado. Pensei que Hady podia ter lembrado algo que precisava me dizer, mas, para meu espanto, eu me virei e vi cinco homens, todos desconhecidos, todos vestindo roupas civis e empunhando rifles automáticos. Não sabia quando ou como eles haviam entrado na casa, porque não fora alertado por nenhum ruído incomum. Não tive tempo para falar. Três dos cinco invasores saltaram sobre mim e começaram a me agredir enquanto me levantavam do chão. Um homem se apoderou do rádio e o destruiu. Eles gritavam ameaças, exigindo que eu os levasse ao meu quarto. Praticamente me atiraram escada abaixo. Eles já haviam detido Hady, e a pobre Alia e os dois meninos eram testemunhas aterrorizadas daquela cena hedionda.

"Quando eu estava sendo arrastado para meu quarto, ouvi Hady perguntar aos homens quem naquela casa havia cometido algum erro. Foi quando escutei a primeira de muitas acusações sem fundamento: o líder dos invasores disse que eu espionava para os israelenses! E para os curdos! Respondi que, se ele se referia à minha filiação à União dos Estudantes Curdos, ela era legal pelo acordo de março de 1970. Porém, nada do que eu dizia era registrado por aqueles homens enlouquecidos. Eu já tinha ouvido comentários sobre outros estudantes serem perseguidos por se declararem curdos, então presumi que eles estavam abordando todos os membros da União dos Estudantes Curdos. Mas, em seguida, me lembrei de que, alguns dias antes, eu havia sido abordado por membros da Organização dos Estudantes Baathistas. E me recusei a ingressar na agremiação, é claro. Talvez essa recusa houvesse provocado a investigação. Aqueles homens começaram a revirar meu quarto enquanto eu ficava ali parado, impotente, assistindo a tudo ainda de pijama. Eles se negaram a permitir que eu mudasse de roupa ou vestisse um robe. Consegui apenas calçar os chinelos."

Eu assenti ouvindo o relato de Ra'ad. Havíamos enfrentado a mesma indignidade.

Enquanto Ra'ad bebia uma xícara de chá quente, Hady tentou falar.

– Não havia nada ilegal na casa. Eles encontraram um panfleto que Ra'ad estivera redigindo, no qual contava a história dos curdos e elogiava o governo por ter permitido o uso do idioma curdo e o estudo das tradições curdas. Quando eles começaram a brandir aquela folha de papel, eu soube que estávamos perdidos. Fomos vendados, primeiro Ra'ad, depois eu. Alia gritava, suplicando para que não nos levassem, mas aqueles homens pareciam ser surdos. Fomos levados para o quartel da inteligência da segurança na área de Mansur. Já havia visto aquele lugar muitas vezes. Fica numa casa velha.

Hady foi dominado por um violento ataque de tosse e teve de deixar a sala. Ra'ad assumiu o posto de relator novamente.

– Fui empurrado sobre uma cadeira e a venda foi removida. Estava diante de um interrogador muito agressivo. Ele era cruel e estúpido. Afirmava que havia denúncias contra mim, algo sobre eu transmitir informações por um rádio sem fio. Tentei imaginar de onde eles poderiam ter tirado uma impressão tão absurda e falsa. Então lembrei o dia em que Hady me emprestou o carro para ir à casa de tia Fátima. Quando desci do automóvel, percebi que a antena estava solta e a removi para repará-la mais tarde. Estava ali parado, com a antena na mão, quando notei um vizinho andando de um lado para o outro e olhando para mim. Devia ser um baathista. E aquele homem certamente foi a fonte das falsas acusações.

"O interrogador disse que, quando eu segurava aquela antena, alguém me ouvira falar em hebraico com os israelenses. Ele ainda acrescentou que, mais tarde, quando levei a antena para o quintal e a coloquei em posição diferente, mudei também de idioma e falei em curdo com a base do partido Barzani."

Vários membros da família riram da idéia de um homem poder espionar para dois grupos tão distintos e ser estúpido o bastante para falar em dois idiomas estrangeiros diante de testemunhas.

Ra'ad sorriu, mas era um sorriso fraco.

– As acusações eram tão absurdas, que perguntei ao homem por que eles não me haviam detido naquele local, quando eu usava a antena, o que eu certamente teria feito se fosse um oficial e surpreendesse um espião em atividade. De fato, disse a ele que, se fosse mesmo um espião, seria muito ineficiente! Pedi para ser informado sobre dia e hora exatos da ocorrência. O homem mencionou uma data qualquer, um dia diferente daquele em que eu estivera visitando tia Fátima, mas eu consegui recordar com prontidão onde estivera nesse dia. Fora nadar no rio e depois jogara uma partida de futebol com amigos. Havia 22 nadadores e jogadores que podiam confirmar o que eu afirmava. Insisti que eles fossem chamados a depor. Quando o homem chamou um assistente para anotar todos os nomes, lamentei imediatamente o que estava fazendo. Quando fui recrutado para me unir à União dos Estudantes Curdos, fui prevenido de que, em caso de detenção, *jamais* deveria revelar nomes ou locais. Um dos membros mais experientes dava conselhos sábios naquele dia: "Separe-se de sua cabeça, nunca de seus segredos." Eu decidi que seria melhor manter-me calado.

Ra'ad prosseguiu:

– Ao perceber que me recusava a falar, o interrogador tocou uma sineta. Dois homens desconhecidos entraram na sala e afirmaram que me viram naquele dia, o dia em que eu dizia ter ido nadar e jogar futebol. Eles me acusavam de estar mentindo, porque fora visto fazendo transmissões por uma antena e falando em hebraico e em curdo. Respondi que nunca sequer tinha ouvido uma palavra em hebraico, e que não reconheceria o idioma caso alguém o empregasse para falar comigo. Então, eles abriram a porta e empurraram Hady para dentro da sala, questionando-o sobre seu relacionamento comigo. Ele confirmou que era meu cunhado. Os homens o acusaram de ser simpatizante dos curdos. Hady admitiu ser curdo, mas disse que era um marido pacato, um amante da paz e um pai devotado que exercia sua profissão de engenheiro para sustentar a família. Mas os homens sabiam que o irmão de Hady era um peshmerga, e que Hady havia ido recentemente ao norte para trazer o carro do irmão de volta a Bagdá. Fomos vendados novamente, retirados daquele edifício e transportados de carro para outro lugar. Eu só conseguia pensar em tio Aziz, em como ele havia sido torturado e, especialmente, em como ficara pendurado de cabeça para baixo por uma semana, apanhando. Esperava algo parecido e temia aquela surra.

"Logo o carro parou e as vendas foram removidas de nossos olhos. Alguém nos empurrou para uma área cercada por muros muito altos. Presumi ser o pátio de uma prisão. Hady e eu recebemos ordens para ficarmos em pé, lado a lado, e eu pensei que seríamos fuzilados e enterrados em local desconhecido. A lua cheia iluminava a cena. Notei que estávamos parados ao lado de um grande alçapão de metal. Um dos homens se aproximou de nós carregando uma escada. A tampa de metal foi removida, e vi o poço escuro e profundo. O guarda colocou a escada dentro do poço. Hady e eu fomos obrigados a descer. Pensei que seríamos jogados em um covil de serpentes."

Hady retornou à sala nesse momento e tomou novamente a palavra. Sua voz soava cansada.

– Teria sido melhor enfrentar as cobras. Aquilo foi como entrar em minha própria sepultura.

– Exatamente – confirmou Ra'ad.

Minha mãe estava chocada. Ela se aproximou de Ra'ad para massagear-lhe as costas e os ombros.

– Talvez seja melhor contar tudo isso mais tarde, filho.

– Preciso falar enquanto ainda lembro todos os detalhes. Talvez um dia o mundo se interesse por saber como inocentes iraquianos e curdos sofreram sob esse governo insano.

Ele continuou:

– Lá estávamos nós, vivos no túmulo, em pé em um poço escuro. O momento mais aterrorizante foi quando alguém fechou a tampa de metal. A escuridão foi total.

Hady protestou:

– Não, isso não foi o pior. Eu já estava apavorado e confuso, e então... ouvi! Uma respiração ofegante, acelerada. Perguntei quem estava ali, porque não podia enxergar nada naquela escuridão. Mas podia ouvir. E sentir aquele cheiro. Um odor insuportável! Alguma coisa ou alguém se aproximava de nós. Acreditei que estávamos em um poço com animais selvagens, cerrei os punhos, pronto para enfrentar homens ou feras. Então, uma voz humana disse: "Não tenham medo. Também sou prisioneiro. Estou sozinho aqui há muitas semanas. Sou de Al-Najaf."

Sabíamos sobre Najaf, uma grande cidade ao sul de Bagdá. Era onde se localizava o poder xiita, cidade considerada sagrada por esse povo. Ali se localizava a tumba do Imã Ali, genro do profeta Maomé. Os xiitas haviam lutado com bravura contra os poderes sunitas em Bagdá, mas o atual governo baathista era o mais repressor de todos. Obviamente, o companheiro de poço de meu irmão pertencia à seita xiita.

Hady continuou:

– Fiquei tão aliviado por estarmos em companhia humana, que nem me incomodei mais com aquele cheiro terrível. De fato, cheguei a sentir vontade de abraçar aquele homem.

Ra'ad riu.

– Ele relatou sua história rapidamente. Seu irmão era um ativista político xiita, membro do partido Al-Dawa, que, como todos sabemos, tornou-se recentemente ainda mais ativo contra os baathistas. Quando soube que seria preso, esse ativista fugiu para a França. Nosso pobre companheiro de poço, que nunca exercera uma única atividade política em toda sua vida, era mantido refém no lugar do irmão. Os oficiais informaram que, caso seu irmão não se apresentasse para cumprir a sentença de morte, ele morreria na prisão no lugar dele. Conversamos durante toda aquela noite, em parte para nos distrairmos da miséria de estarmos presos naquele buraco, mas a disposição daquele homem era tão negativa, que ele não nos fez sentir melhor. Ele continuava repetindo que estava escrito que nós três morreríamos ali, no poço escuro. E ele previu que eu seria o primeiro a morrer. Dizia que os estudantes não estavam habituados às dificuldades e que sempre sucumbiam primeiro. Ele seria o segundo, porque já estava enfraquecido pelo longo período de detenção. Hady, segundo ele profetizou, sobreviveria por muitas semanas antes de perecer.

Ra'ad prosseguiu:

– Pensávamos estar vivendo o pior dos tormentos, mas tudo ficou pior com o nascer do sol. Fritávamos sob aquela tampa metálica. O calor intensificava o ranço de dejetos humanos. O poço era uma latrina que jamais fora limpa. O cheiro era indescritível. Percebi então que, de fato, o prisioneiro de Al-Najaf estava certo. Morreríamos ali. Eu não me sentia capaz de suportar nem um dia. Naquele primeiro dia, fui o mais desanimado dos três, porque ainda me restava suficiente intelecto para raciocinar. Acreditava que minha vida estava basicamente encerrada, de um jeito ou de outro. Sabia que, uma vez detido no Iraque, meu destino estava traçado. Estaria para sempre à sombra daqueles oficiais da inteligência. Nunca mais teria a chance de me mover com liberdade. Mais tarde, ainda naquela manhã, eles abriram a tampa de metal para baixar uma jarra plástica contendo água morna. A jarra estava presa a uma corda. Boa parte da água se derramou na descida. Recebemos um pão para dividir entre os três, mas eu não conseguia comer nada. Não naquele primeiro dia. Hady tentou se alimentar, mas não foi capaz, e assim nosso companheiro comeu sua parte e a nossa, o que o deixou mais animado.

Hady interrompeu o relato.

— Aquele homem não tinha mais nenhum dente. Os interrogadores os haviam arrancado como parte da tortura.

Ra'ad acrescentou:

— Também haviam arrancado suas unhas das mãos e dos pés. Eu esperava passar pelo mesmo. — Meu irmão coçou a cabeça. — Piolhos — confirmou com tom pesaroso, desculpando-se.

Olhei apavorada para tia Aisha. Piolhos? Na cabeça de Ra'ad?

— Os dias foram passando e perdemos a noção do tempo. O calor e o fedor não terminavam nunca. E a espera. *Nada* era pior do que aquela horrível espera.

Ra'ad olhou para Hady com grande carinho.

— Para ser franco, eu estava mais preocupado com Hady. Todos os dias pensava que aquele seria o último para ele.

Hady riu com tristeza.

— E eu pensava o mesmo sobre você.

— E eu fui o primeiro a entrar em colapso. Um dia, simplesmente desabei. Estávamos sempre com fome, o que me enfraquecia, e então, quando estava ali pensando em como poderíamos mandar notícias sobre o nosso paradeiro, desmaiei — disse.

Hady continuou:

— Ra'ad desmoronou. Parecia morto. Eu gritei pelos guardas, enquanto nosso companheiro tentava sentir sua pulsação e disse que ele estava morto. Aquele foi o pior de todos os momentos. Eu não conseguia chamar a atenção dos guardas, então peguei algumas pedras do chão e comecei a arremessá-las contra a porta de metal. Os oficiais apareceram, e gritei que Ra'ad al-Askari estava morto. Eles o removeram do poço. Jogaram água em seu rosto. Logo eu os ouvi anunciar que o prisioneiro ainda respirava. No instante seguinte, a porta se fechou novamente sobre nós. Eu não sabia o que aconteceria com Ra'ad.

Ra'ad prosseguiu:

– Era dia 14 de julho, data da comemoração do aniversário da revolução que levou os baathistas ao poder. Os guardas bebiam cerveja e áraque e dançavam. Eles me levaram para as festividades e me acorrentaram a uma palmeira. Fiquei ali assistindo àquele bando de idiotas se embriagando e dançando.

Sa'ad fez um gesto de repugnância. Ele era o mais religioso de meus irmãos. Nunca deixava de fazer suas preces e zelava pela moral das irmãs. A idéia de oficiais do governo bebendo e dançando era algo que o incomodava demais.

– Minha cabeça caía sobre o peito, mas vi pés se aproximando de mim. Era um oficial bêbado que, abrindo a calça, caminhava em minha direção. Ele ia urinar em mim. Encontrei forças para gritar, assustando-o. Ele me viu acorrentado e disse: "Por Deus! Conheço você, homem! É Ra'ad al-Askari!" Ele me havia visto no Al-Aadamiya, o clube onde eu jogava basquete. Disse a ele que precisava de ajuda, que estava sendo acusado injustamente, e ele me respondeu que ocupava um posto muito baixo, que não podia ajudar sequer os próprios parentes, alguns presos, como eu. Sugeri que ele ao menos avisasse minha família, mas o guarda balançou a cabeça, dizendo que, se tentasse entrar em contato com alguém em meu nome, acabaria acorrentado a meu lado. Ele se afastou, e continuei ali, amarrado à palmeira. O sol anunciou a chegada de um novo dia. Era a primeira vez que podia ver aquele espaço com clareza, e o que foi que eu vi? Centenas de poços cobertos por tampas metálicas. Cada uma delas representava a mais intensa miséria humana.

Ra'ad ainda falava.

– Os sons da angústia e da dor brotavam daqueles poços, unindo-se como um único lamento, um grito de agonia que ia corroendo minha esperança de sair do inferno com vida. Fiquei ali por dois dias, acorrentado e esquecido, torturado por aqueles gritos de socorro, até que, finalmente, alguém me libertou e levou para o interior do prédio, onde fui novamente interrogado. Dessa vez me vi diante de outro interrogador, um homem que parecia ser ainda mais perigoso que o primeiro. Ele estava armado, e brandia sua pistola como se nem soubesse manejá-la, o que o tornava ainda mais perigoso. De repente ele a aproximou de minha cabeça, acusando e ameaçando, me chamando de cão miserável e afirmando que eu era seguidor de Barzani. "Você é um mutante!", o sujeito gritava. "Por que não confessa e me poupa do trabalho de arrancar essa confissão de você?" Seu desequilíbrio era claro.

Ele foi interrompido quando alguém jogou outro prisioneiro para dentro da sala. O homem gritava em curdo pedindo por socorro. Meu interrogador saiu. Tornei-me imediatamente cauteloso, porque sabia que uma das táticas dos oficiais era aproximar prisioneiros com as mesmas lealdades. Presumi que esperavam que eu confiasse naquele homem, que confessasse trabalhar para os israelenses ou alguma bobagem parecida.

"Perguntei ao homem por que ele estava preso. Ele contou que havia sido pego ouvindo transmissões da rádio dos curdos. Pelo que sei, ouvir emissoras curdas deixou de ser crime depois de 1970, mas me mantive calado. Eu não estava preparado para o que aconteceu em seguida.

"De repente, a porta se abriu e três homens muito musculosos entraram na sala. Sem dizer nada, eles atacaram aquele pobre homem, surrando-o violentamente. Ouvi sons ofegantes, gemidos... depois o silêncio. Creio que ele morreu. Os homens removeram seu corpo inerte da sala. Outro oficial entrou em seguida. Ele falava em um tom tão baixo que eu mal conseguia ouvi-lo. Havia uma janela coberta por cortinas. Ele as abriu. O bosque de palmeiras era visível de onde eu estava. Olhei para as árvores, pensando em todos os homens enterrados vivos naquele lugar terrível. Bilhões de pessoas em todo o mundo cuidavam de suas vidas, numerosos governos estrangeiros eram simpáticos a Saddam e aos baathistas, e tudo isso enquanto inocentes iraquianos estavam à mercê de um governo ensandecido, eram atirados em buracos no chão, torturados e mortos por nenhuma razão. Onde *estava* todo mundo? Por que *ninguém* se incomodava?"

Meu irmão seguiu com seu relato:

– Aquele oficial me olhou com olhos estranhamente tristes. Ele me perguntou por que eu havia cometido um ato tão corrupto contra meu próprio país, e me preveniu quanto à inutilidade de tentar negar a acusação. Havia testemunhas que confirmavam que eu possuía um aparato sem fio e que o utilizava para entrar em contato com os israelenses e espionar para eles. De acordo com esses depoimentos, eu também havia entrado em contato com os curdos no norte, e tudo para prejudicar meu próprio governo. Não sei por quê, mas decidi apelar para aquele oficial. Expliquei que falava curdo porque minha mãe era curda. Só por isso. Admiti ser ativo na União dos Estudantes Curdos, mas só porque havia adquirido esse direito depois de 11 de março de

1970, quando o governo iraquiano e os curdos assinaram um acordo. Contei que nunca havia saído do Iraque em toda minha vida. Nunca havia sequer conhecido um israelense. E concluí afirmando que tudo que ele havia lido a meu respeito no relatório simplesmente não era verdade. Senti que estava conseguindo algum progresso com ele, por isso expliquei que, quando dizia a verdade, todos se zangavam comigo. Porém, se eu mentisse e confessasse as coisas de que me acusavam, seria só para contentá-los. Comentei que ele parecia ser um homem inteligente e que, por isso, não desejaria ouvir mentiras. Repeti tudo que havia dito antes sobre ter ido nadar e jogar futebol no dia em questão, acrescentando que teria sido fisicamente impossível ter estado em dois lugares ao mesmo tempo. Ele não reconheceu uma palavra do que eu disse. Mencionou o nome de tio Jafar, dizendo que eu devia honrar a memória do homem que havia sido o primeiro ministro da defesa do Iraque, o homem que havia ajudado a formar o Iraque moderno. Ele afirmava que tio Jafar ficaria envergonhado se soubesse que o sobrinho se envolvia em atividades de traição. Sem esperar por uma resposta, ele então declarou que o movimento curdo era composto por criminosos e espiões israelenses.

Ra'ad prosseguiu:

– Para meu desespero, fui mandado de volta ao poço. Hady temia que eu estivesse morto, por isso, quando me viu de volta, ficou muito contente. Eu também fiquei feliz por vê-lo ainda vivo, é claro, mas sentia profundamente estar outra vez naquele buraco fétido. Enquanto eu estivera fora, Hady também havia sido interrogado e espancado. Depois de tudo que eu havia testemunhado, sentia-me feliz por estarmos ambos vivos.

– Ah, graças a Deus por isso! – murmurou Hady.

– Passamos mais cinco dias naquele buraco. Nosso companheiro estava quase morto. Então, no sexto dia, eles foram nos tirar de lá. Ainda viveríamos dias de horror, mas era uma alegria saber que estávamos livres do poço malcheiroso.

Tia Aisha perguntou:

– E aquele pobre homem de Al-Najaf?

Hady respondeu:

– Quando nos tiraram do poço, os oficiais nos substituíram por outros três prisioneiros. Mas aquele pobre homem já estava lá havia quatro ou cinco meses. Não falava mais. Apenas erguia a cabeça quando o pão e a água eram baixados, depois caía agarrado ao seu pedaço de pão. E havia perdido o controle sobre o intestino. Já deve estar morto.

Minha mãe estava visivelmente abalada.

– O que aconteceu depois disso, filho?

– Fomos forçados a usar óculos com lentes cobertas durante todo o tempo em que estivemos em movimento, mas descobri que, se mantivesse a cabeça num certo ângulo, poderia enxergar um pouco pelas laterais. Fomos levados na direção oeste, para fora de Bagdá. A viagem durou cerca de uma hora. Eu conhecia aquela região. Eu esperava estar enganado, mas logo percebi que nosso destino era a prisão de Abu Ghraib. Naquela altura, perdi toda a esperança que me restava.

Mesmo segura nos braços de tia Aisha, estremeci. Todos os iraquianos conheciam a história da notória Abu Ghraib. Os britânicos haviam construído o presídio mais ou menos na época do meu nascimento, no início dos anos 60. Era um complexo muito grande, uma cidade independente, com cinco grandes unidades. A prisão agora servia quase exclusivamente para receber presos políticos, como curdos exigindo os direitos de seu povo, xiitas clamando por liberdade religiosa, ou até mesmo sunitas insatisfeitos com os baathistas.

Desde o dia em que o presídio fora erigido, o nome Abu Ghraib havia sido ligado a tortura e morte. Mas nenhum de nós vira o interior daquele lugar, não até Ra'ad e Hady terem sido detidos, pelo menos.

Ra'ad descreveu o lugar para nós.

– Eles nos registraram e levaram para uma cela lotada. Havia curdos, xiitas, sunitas e até pessoas de fora do Iraque, como libaneses e palestinos, todos reunidos em nosso bloco. Conhecemos até um jornalista espanhol que estava ali havia mais de um ano. As celas possuíam grades que permitiam a visão dos prisioneiros em outras celas. Podíamos inclusive conversar com eles quando os guardas não nos escutavam. Não havia privacidade. Um único e pequeno recipiente servia de sanitário.

Hady interferiu:

– Era o paraíso.

– Tem razão. Por mais terrível que tenha sido em Abu Ghraib, nada se compara àquele buraco no chão. Foi realmente o paraíso, pelo menos no início. Ouvimos dizer que havia um refeitório, uma sala de ginástica e até uma sala de orações, mas tudo não passava de uma piada. Aquilo não era um clube. E, até onde sabíamos, nenhum prisioneiro podia circular por essas áreas. Logo depois de nossa chegada, fomos informados de que três coisas poderiam acontecer, e uma delas certamente ocorreria: seríamos libertados; seríamos sentenciados à prisão perpétua; ou seríamos executados. A decisão seria tomada em alguns poucos dias. Para mim, aqueles foram os dias mais angustiantes. Não sabia se viveria ou morreria, se voltaria a vê-los...

Olhei para Hady. Alia estava sentada a seu lado, bem perto dele. Ela segurava o filho mais novo, Shwan, enquanto o mais velho, Shaswar, estava sentado do outro lado do pai. A imagem era a de uma família perfeita. Tive de me esforçar para conter as lágrimas.

– Depois de mais de sete semanas naquele lugar, ainda desconhecíamos nosso destino. À nossa volta, prisioneiros eram regularmente levados à execução. Então, um dia, fui levado à presença de um médico. Ele me examinou e perguntou se eu precisava de algo. Outros prisioneiros haviam me prevenido sobre médicos que receitavam comprimidos letais ou injeções venenosas. Por isso disse a ele que estava bem, que só precisava da minha liberdade. O médico foi sincero. Ele respondeu: "Filho, quando um prisioneiro é trazido até mim, normalmente está para ser libertado. Mas há uma coisa que não deve esquecer. Nunca conte a ninguém sobre as coisas a que foi submetido, ou sobre o que viu nesse lugar. Não diga a ninguém. Se falar, você voltará." Então, fui levado de volta à minha cela. Foi inquietante descobrir que Hady havia sido removido dali durante minha ausência. Para onde o levaram? Mas não tive muito tempo para me preocupar com Hady. Assim que a porta da cela se fechou atrás de mim, todos os meus companheiros começaram a me arranhar. Era como se todos houvessem enlouquecido ao mesmo tempo! Talvez tivessem recebido ordens das autoridades carcerárias para me assassinar.

"Eu lutei, mas foi inútil. Eles me jogaram no chão, me viraram de barriga para baixo e começaram a puxar a blusa do meu pijama, ou o que restava dela, considerando que a usava havia quase três meses. Supliquei por misericórdia. Um deles sussurrou: 'Acalme-se! Quando um prisioneiro é levado ao médico, normalmente está para ser libertado. Mantemos uma caneta escondida para essas ocasiões. Vamos anotar os números dos telefones de nossas casas em suas costas. Quando sair daqui, peça a alguém de sua família para copiar os números. Munido dessa lista, procure por um telefone público, ligue para cada um dos números e conte a quem atender que você esteve em Abu Ghraib, no bloco dos presos políticos. Eles saberão de quem é a mensagem. Não diga nada além disso.'"

Curiosa, eu me libertei do abraço de tia Aisha e fui me posicionar ao lado da cadeira onde meu irmão estava sentado. Olhei para sua nuca e, logo abaixo dela, vi os primeiros números anotados em suas costas.

– Sa'ad vai anotar esses números mais tarde – anunciou Ra'ad. – E nós vamos telefonar para essas pessoas. É o mínimo que podemos fazer.

Olhei para meu irmão mais velho com um misto de admiração e fascínio. Eu o amava.

Ra'ad sorriu.

– Pequena Joanna – disse ele. – Estou muito feliz por vê-la.

Meu rosto corou. Havia muitas coisas que eu queria dizer a Ra'ad. Queria contar sobre a coruja de olhos grandes e dourados, sobre como eu estivera olhando para a lua no mesmo momento em que ele a estivera fitando.

Apesar dos piolhos em sua cabeça, eu me aproximei para beijar seu rosto. Depois me sentei para ouvir o final de seu trágico relato.

– Isso aconteceu hoje. De manhã. Hady nunca retornou à nossa cela, e por isso suas costas não foram utilizadas como caderno de recados.

Foi uma alegria ouvir a risada de meu cunhado; ele voltava à vida.

Hady reportou:

– Não retornei à cela porque fui levado ao meu local de trabalho. Os guardas alegaram que precisávamos da garantia de uma companhia iraquiana de que eu seria empregado, caso fosse libertado. Deviam ter visto a cara dos meus empregadores quando entrei no escritório! Após uma ausência longa e sem explicação, eu reapareço cercado por guardas penitenciários, vestindo um pijama rasgado e espalhando à minha volta o odor característico de um corpo que não é banhado há muito tempo. Mas eles assinaram a garantia e me orientaram a retornar ao trabalho o mais depressa possível.

– Graças a Alá – murmurou minha mãe numa reação automática. Muitas empresas se recusavam a readmitir ex-prisioneiros.

De repente, Ra'ad parecia ter pressa para concluir a história.

– Há algumas horas, Hady e eu fomos jogados para fora dos portões da prisão. Nosso sonho de liberdade se realizou. Fomos liberados. – Ele estalou os dedos. – Assim! E lá estávamos nós, barbudos e cabeludos, vagando pelas ruas como dois lunáticos, vestindo pijamas rasgados, fracos, famintos e sofrendo com a luz do sol em nossos olhos. Nenhum táxi atendia aos nossos sinais. Pelo contrário, os carros pareciam se afastar apressados quando nos viam. Finalmente, um homem idoso teve piedade de nós e parou seu táxi. Explicamos a ele que havíamos sido injustamente detidos, e ele não duvidou do nosso relato, porque, conforme nos contou, seu filho havia sofrido a mesma ignomínia um ano antes. Dono de um coração bondoso, ele nos trouxe até aqui. E é isso. Sobrevivemos.

Minha mãe, Alia, tia Aisha e várias outras tias se levantaram para servir o chá em copos que colocaram nas mãos de Hady e Ra'ad. Nossos dois homens estavam em casa, sãos e salvos, de volta ao lugar a que pertenciam. Nada mais importava para nós.

A celebração começou.

Desde aquele momento, meu coração pulsa de energia e esperança, certo de que os problemas terão um fim. Mas, estranhamente, Ra'ad e Hady ficaram sentados e quietos, de olhos baixos, incapazes de sentir prazer com a festividade.

Hoje, pensando naquele dia, creio que meu irmão e Hady olhavam para o abismo, e nele viam o futuro do Iraque. O nosso futuro. Aquele episódio aterrorizante não havia sido o fim, mas o começo. Nossos problemas estavam só começando.

PARTE DOIS

Joanna cresce

6

Morte

BAGDÁ
Outubro de 1976

Mesmo que eu vivesse cem anos, jamais esqueceria como Ra'ad e Hady conseguiram escapar por pouco daqueles criminosos baathistas.

Depois de recuperar a saúde, Ra'ad retomou os estudos na universidade, mas era solicitado a submeter-se a um humilhante procedimento de segurança a cada seis semanas. Ele se apresentava nos escritórios da segurança para responder perguntas e preencher relatórios, documentando que nunca mais "cometera atos criminosos contra o Estado". Se Ra'ad ainda participava da União dos Estudantes Curdos, nós não sabíamos.

Meu irmão, um homem absolutamente honesto e seguidor da lei, sentia-se mortificado por ser tratado como criminoso.

A ansiedade de Alia quanto à segurança do marido pairava sobre seu lar como uma névoa densa. Hady retornava do trabalho com ar cansado e perdido, e Alia contara a mamãe sobre os pesadelos que o despertavam no meio da noite. Ele sonhava estar novamente no poço escuro e se contorcia na cama, suando frio e gritando. Shaswar e Shwan também estavam sempre assustados, sofrendo com pesadelos constantes. Os dois meninos, antes alegres e cheios de vida, agora choravam mais do que riam. A única alegria era que, grávida do terceiro filho, Alia estava bem perto de dar à luz.

O tormento de Muna era doloroso de se ver. Minha irmã, tão tímida, agora estava também traumatizada pela experiência do irmão. Ela se sentava alquebrada e, aos poucos, ia se encolhendo até parecer uma bola.

Sa'ad havia nascido com a religião nas veias, mas, desde a detenção de Ra'ad, se tornara ainda mais dedicado e obediente. Nunca deixava de fazer sequer uma oração. E insistia em levar os dois filhos de Alia à mesquita de vez em quando, mesmo sabendo que, com 4 e 6 anos de idade, eles ficavam inquietos durante as preces. Eu acreditava que Sa'ad se tornaria um clérigo.

Tal decisão teria dado alegria a minha mãe, também devota, embora eu me sentisse menos entusiasmada com essa perspectiva, já que o fervor religioso de meu irmão o conduzia a uma conduta autoritária. Não queria nem precisava de um guardião para a minha moral.

Apesar de esforçar-se para aparentar calma, minha mãe tinha o coração ferido. Eu sabia disso. Notava as rugas de preocupação em torno de seus olhos e da boca. A vida na Bagdá baathista envelhecia minha bela mãe. Apesar de tudo que Ra'ad enfrentara, ela não deixava de apoiar a causa curda.

Sentia-me aliviada com isso, porque a essa altura eu tinha planos claros para o meu futuro. Quando tivesse idade suficiente, eu me juntaria à causa curda. Ninguém poderia deter-me. Contudo, minha mãe nos alertava sobre estarmos entrando em um período novo e ainda mais perigoso de nossa história curda com aqueles brutais baathistas no poder. Dizia que cada um de seus filhos deveria se tornar o próprio vigia, cuidando de cada palavra dita ou escrita, cauteloso com cada uma de suas ações. Prometi a minha mãe que, quando atingisse a idade mínima necessária para filiar-me a um partido político curdo, eu seria muito cuidadosa.

Só meu pai ignorava nossas preocupações. Com sua linguagem de sinais aperfeiçoada após anos de casamento, minha mãe o convencera de que ladrões haviam arrombado a porta de nossa casa aos chutes, mas fugiram ao ver Sa'ad armado com uma faca de cozinha. Meu pai, que era mestre artesão e carpinteiro, logo providenciou uma porta mais sólida equipada com fechaduras de segurança. Eu jamais havia visto nada parecido. Um tanque militar poderia derrubar aquela porta, talvez, mas pés humanos... Nunca!

Certamente, a vida nunca seria a mesma para mim. Quando um carro desconhecido aparecia diante da nossa casa, eu corria ofegante para espiar por trás das cortinas, preparada para gritar um aviso a todos que estivessem no jardim ou no quintal. Eu até praticava para ganhar velocidade. Orgulhava-me de precisar de apenas um minuto para gritar, pegar minha bolsa de emergência que ficava pronta e escondida sob uma mesa no quarto de Ra'ad e chegar ao muro do jardim.

Praticava essa corrida diariamente. Minha mãe e meus irmãos trocavam sorrisos condescendentes, como se eu estivesse apenas brincando, me divertindo como qualquer criança do mundo, mas eu acreditava que a preparação poderia salvar-nos um dia.

Foi com surpresa que ouvi minha mãe contar que muitos cidadãos do nosso país apoiavam o presidente baathista, Ahmed Hassan al-Bakir, e o segundo homem no comando, Saddam Hussein, conhecido então como "Sr. Vice" pelos iraquianos. Supostamente, Sr. Vice era o verdadeiro poder no Iraque daquele período, mas minha mãe desprezava a idéia de que houvesse alguma diferença entre os dois homens, dizendo que quando uma galinha bota os ovos e outra os choca, ambas são mães dos pintinhos.

Algumas pessoas diziam que os iraquianos nunca haviam estado tão bem, com novas leis do governo assegurando os direitos das mulheres. Uma nova lei, chamada Campanha Nacional para Erradicar o Analfabetismo, havia sido aprovada e exigia que todos os iraquianos fossem educados. Pessoas idosas dos vilarejos mais afastados, gente que nunca havia sequer pisado em uma escola, de repente eram obrigadas a freqüentar aulas de leitura. Sem dúvida, essas reformas sociais eram benéficas, mas a atmosfera repressiva e o medo de prisões e tortura faziam oscilar a balança da maioria dos iraquianos contra os baathistas.

Em 1976, comemorei meu 14º aniversário me sentindo crescida. Aproveitei o verão, como sempre, mas fiquei satisfeita por voltar à escola em setembro. No mês seguinte, outubro, justamente quando eu sentia que a família podia estar superando o terror da prisão de Ra'ad, a morte veio nos fazer uma visita.

No momento em que ouvi a notícia, fui tomada pela mais insuportável agonia. Por alguma razão inexplicável, minha primeira reação foi tirar os sapatos e jogá-los para longe. Olhares chocados seguiram essa minha reação, mas eu não me importava. Perturbada, rasguei papéis da escola e os atirei ao vento. Então ouvi gritos excruciantes e tentei identificar de onde vinham, sem me dar conta de que aqueles gritos eram meus. Corri pela casa indo de cômodo em cômodo, virando cadeiras e mesinhas. Atravessei a cozinha, empurrei a porta dos fundos e corri para o jardim. Gritava tão alto, que os vizinhos olhavam alarmados por cima dos muros de casa, perguntando o que havia acontecido, gritando para que alguém fosse alertar a polícia sobre um massacre na residência dos Al-Askari. Eu não me importava.

Fui me esconder atrás de uma das maiores palmeiras do nosso jardim. Encostada no caule espinhoso da árvore, eu batia com as mãos abertas contra minha testa. Olhei para cima, por entre as folhas, vi o céu azul de Bagdá e não consegui acreditar que tudo estava como antes, como no dia anterior. A Terra ainda girava em torno do Sol, que ainda brilhava no céu azul, que ainda tinha nuvens brancas e fofas. O céu, o sol e as nuvens deviam estar negros. De luto.

Minhas costas escorregaram pelo tronco da árvore e eu caí no chão de terra. Em minha angústia, rolei pelo chão sentindo a areia penetrar nos poros de meu rosto. Eu não me importava.

A areia solta entrou em minha boca quando eu dizia sem poder acreditar:
– Pai! Pai! Pai!

Dez dias antes, ele havia desfalecido no escritório da companhia ferroviária e fora levado às pressas para o hospital. Quando a notícia chegou em casa, minha mãe, Sa'ad, Muna e eu corremos para a rua, pegamos um táxi e atravessamos a cidade na direção do Hospital Al-Numan, em Adhamiya. Minha mãe olhava para frente e rezava. Sa'ad permanecia silencioso, sombrio, e Muna tremia. Eu estava paralisada, tomada por um estupor gélido, sentindo uma enorme vontade de gritar, mas seca por dentro, incapaz de derramar uma lágrima.

Alia nos encontrou no hospital, apesar de ter tido seu terceiro filho poucas semanas antes. Mais um menino. Seu nome era Shazad. Nunca antes havia visto minha irmã tão perturbada, nem mesmo por ocasião da prisão de Hady.

Quando fomos conduzidos ao leito de meu pai, vimos seus traços contorcidos pela dor, um lado de sua boca mais baixo que o outro. Ele parecia triste. Inquieto, tentava em vão mover o corpo parcialmente paralisado.

De repente, revelava-se para mim um novo e terrível lado da vida. Meus pais podiam adoecer, morrer e me deixar. Tentei segurar a mão de meu pai, mas mamãe me impediu dizendo:

– Depois, Joanna. Depois.

Tentei olhar nos olhos dele, mas ele sentia muita dor; nem me notava ali.

Aflita, encolhi-me atrás de minha mãe, esperando impacientemente por um médico enquanto ouvia o som de crianças cansadas chorando no corredor. Finalmente, um médico baixinho e corpulento, com uma grande papada, apareceu no quarto.

Meu pai sobreviveria, ele garantiu. Porém, no instante seguinte, ele explicou que o quadro subseqüente ao severo derrame o deixara desorientado e com muitas dores.

Disse a mim mesma que, se ele sobrevivesse, eu passaria cada segundo a seu lado, fazendo tudo que fosse necessário para seu conforto. Nenhuma tarefa seria muito difícil. Nenhum fardo seria pesado demais.

Quis ficar no hospital, mas não cabia a mim decidir. Minha mãe permaneceu ao lado de meu pai, enquanto Sa'ad, Muna e eu fomos mandados para casa. Tia Aisha em breve viria de Sulaimaniya para ficar conosco.

Não tive o conforto de conversar com meu pai antes de deixá-lo; beijei-lhe as mãos e o rosto e toquei seu ombro a fim de transmitir uma mensagem secreta de meu amor. Saí do hospital inundada pela ingênua crença de que, em breve, tudo voltaria ao normal.

Mas o médico mentira para nós. Ele sabia que meu não ia se recuperar.

Naqueles dias, pelo menos no Iraque, os médicos achavam melhor não revelar verdades amargas.

Aquela noite no hospital foi a última vez em que vi meu pai.

Dez dias mais tarde, quando voltava da escola, encontrei vários parentes entristecidos reunidos em nossa casa. Meu coração logo me disse que a reunião inesperada tinha relação com a enfermidade de meu pai. Naquele momento eu soube que nada seria como antes. Nunca mais.

Desejando evitar as novidades que certamente me aguardavam, considerei a idéia de ir me esconder na casa de alguma amiga, mas um parente me viu e correu em minha direção, abraçando-me e dizendo que meu pai estava morto. Morto!

Ninguém conseguia me fazer parar de gritar, nem mesmo meu querido tio Aziz, cujo rosto preocupado pairava diante do meu.

– Joanna! Joanna! – repetia ele chorando.

Levantando-me do chão, ele me carregou nos braços até o quarto e colocou-me na cama, cobrindo-me com um cobertor.

Houve uma comoção ensurdecedora com todos falando ao mesmo tempo, oferecendo conselhos sobre o que devia ser feito comigo, uma menina desolada que gritava suplicando para ver o pai pela última vez. Pedi para falar com minha mãe, mas ela ainda estava no hospital onde meu pai havia falecido. De lá seguiria com meus irmãos para o cemitério, onde tomaria todas as providências para a realização do funeral no dia seguinte. Os muçulmanos devem ser sepultados em até 24 horas após sua morte. Sendo assim, ninguém sabia dizer a que horas minha mãe estaria em casa.

Tia Aisha chegara de Sulaimaniya. Ela correu para se sentar a meu lado. Foi a única que conseguiu confortar-me. Firme, ela ordenou que todos saíssem do quarto.

Eu queria ficar sozinha com as lembranças de meu pai.

Ele nunca pudera me contar nada sobre sua vida por causa da incapacidade para falar, mas eu aprendera muito a seu respeito por intermédio de minha mãe, Ra'ad e Alia, e por parentes mais velhos que o conheciam desde que ele nascera. Meus pensamentos o traziam de volta à vida, mesmo que só em minha mente.

Diferentemente de nós, meu pai tivera uma infância privilegiada. A família Al-Askari era muito poderosa em 1914, ano em que meu pai nasceu. Mais tarde, a família aliou-se politicamente e também pessoalmente à família real, que governou o país desde o fim da Primeira Guerra Mundial até a revolução de 1958.

Meu pai cresceu em uma casa espaçosa na área de Aiwadiya em Bagdá, uma vila graciosa à sombra de frondosas palmeiras iraquianas. Meu pai e seu irmão mais novo, Othman, passavam muitas horas às margens do antigo Tigre, um lugar de sonhos para os homens desde o início da civilização. Lá eles ficavam apreciando a beleza do rio, sonhando com os dias em que tomariam o lugar a que tinham direito na sociedade de Bagdá. Mas os sonhos de meu pai chegaram ao fim quando ele tinha apenas 7 anos de idade.

O primeiro sinal de problema chegou depressa. Numa determinada manhã, sua garganta estava tão inchada e dolorida que ele nem podia engolir. Em seguida veio a febre. Alta. Os pais dele logo notaram uma mancha vermelha que cresceu rapidamente na nuca e no peito do garoto. Diziam que a textura dessa extensão de pele vermelha lembrava uma lixa. Sua língua ficou inchada e vermelha. Logo ele começou a oscilar entre os estados de consciência e inconsciência. Ele se recuperou, mas, quando os pais se aproximaram para verificar sua condição, meu pai gritou: "Não ouço nada!"

Mesmo repentinamente surdo, meu pai ainda não havia perdido a capacidade de falar, e ele começou a soluçar, os gritos de pânico ganhando força até se transformarem numa franca expressão de seu desespero e ecoarem por toda casa. O pai dele, um homem fisicamente gigantesco, mas muito bondoso, segurou as pequeninas mãos do filho e chorou com ele, enquanto a mãe permanecia quieta e imóvel, os olhos castanhos ganhando profundidade, a pele ainda mais pálida que de costume.

Meus avós paternos eram ricos e consultaram todos os especialistas que puderam encontrar em Bagdá. Nenhum deles oferecia esperança.

A angústia de meu pai cresceu quando ele começou a perder também a capacidade de articular as palavras propriamente, porque, quando ficam surdas, as crianças geralmente perdem também a capacidade de falar. Envergonhado de sua enfermidade, ele se retraiu para um estado de constante isolamento.

Em 1921, ano em que meu pai ficou doente, o Iraque não era um país equipado para lidar com tais problemas médicos. Muitas crianças acometidas por calamidades similares eram abandonadas em uma área oculta da casa e ignoradas por seus familiares, que consideravam uma vergonha e um fardo ter entre seus frutos um indivíduo incapacitado.

Mas meu pai era mais abençoado que outros. Sua família era rica e muito bem-educada. Mais importante, ele era sobrinho do renomado Jafar Pasha al-Askari, um admirado gênio militar da Primeira Guerra Mundial, diplomata em franca ascensão e amigo querido de muitos líderes da Europa e do Iraque. Não conheci esse tio, porque ele morreu 26 anos antes do dia em que eu nasci, mas era evidente que o homem era excepcional.

Jafar Pasha anunciou que seu sobrinho incapacitado devia ser educado e treinado em uma carreira produtiva. E, assim, o futuro de meu pai foi magicamente arranjado.

Quando ele tinha 11 anos de idade, foi enviado para uma escola francesa especializada em surdos-mudos. Lá ele prosperou, tornando-se mestre na arte de entalhar madeira e graduando-se em engenharia. Ele gostou tanto da França, que ficou lá por 12 anos, e só voltou para atender relutante a um chamado da família quando seu adorado tio Jafar Pasha foi assassinado em 1936.

O assassinato do tio de meu pai foi só a primeira de uma longa série de desgraças na família. Em 22 de março de 1937, aproximadamente cinco meses depois da morte de Jafar Pasha, o pai de meu pai, meu avô Ali Ridha, suicidou-se. Dominado pela depressão provocada pelo assassinato de seu irmão Jafar Pasha, ele atirou na própria cabeça.

Sua morte foi um golpe horrível para todos na família, em especial para meu pai. O golpe seguinte aconteceu em 14 de julho de 1958, quando a família real foi massacrada. Durante o mesmo levante, sua promissora e próspera fábrica de móveis foi destruída. Com a destruição de sua indústria, meu pai foi condenado a ser pobre para sempre.

Na manhã seguinte, meu pai saiu do hospital e voltou para casa, mas não como eu havia esperado ou imaginado. Ele voltou para nós em um caixão de madeira que foi colocado no meio da nossa sala de estar.

Nossa casa estava tomada por parentes chorosos, amigos e conhecidos que chegavam para prestar suas últimas homenagens ao cavalheiro respeitado e querido que meu pai havia sido. Mas a única coisa que eu conseguia ver era aquele caixão. O rosto de meu pai não era visível, porque o esquife foi mantido fechado, mas minha imaginação levou-me para dentro com ele.

Eu não suportava pensar que meu pai, um homem tão atlético, estava preso no espaço restrito daquela caixa retangular. Recusei-me a deixá-lo, por isso fiquei rodando por ali, pela sala, observando tudo através de um véu de lágrimas, vendo os rostos dos presentes, distinguindo o movimento dos lábios das pessoas que falavam de sua dor, mas sem ouvir o que diziam.

Alia estava inconsolável. Quando viu aquela caixa de madeira, minha irmã perdeu completamente o controle e atirou-se sobre o caixão, chorando e gritando para que papai voltasse para ela. Hady e Sa'ad tiveram de unir forças para arrancá-la dali. Minha mãe e várias tias tentaram consolá-la.

Eu fiquei com meu pai. Aproximei-me um pouco mais, olhando para aquela caixa e sussurrando:

– Papai...

Queria convencê-lo a voltar à vida, a abrir os olhos e usar seus braços tão fortes para empurrar a tampa do caixão e levantar-se, olhar para mim, sorrir, abrir os braços e acolher-me.

Mas ele continuava lá dentro. Naquela caixa tão pequena.

Continuei na sala até que os homens que carregariam o caixão chegaram para levar meu pai ao cemitério Xeque Maroof al-Karkhi.

As mulheres em meu país não compareciam a sepultamentos, embora pudéssemos ir visitar o túmulo posteriormente. Mesmo assim, eu sabia exatamente o que ia acontecer: no cemitério, eles poriam meu pai dentro de um buraco no chão e o cobririam com terra.

Fui desencorajada por minhas tias, mas, mesmo assim, segui o cortejo rua abaixo, olhando para o caixão até ele desaparecer de vista. E meu querido pai havia partido, simplesmente assim, para nunca mais voltar.

7

Minha mãe e meu pai

BAGDÁ
Outubro-Novembro de 1976

O generoso coração de meu pai era cheio de riquezas, mas ele morreu pobre.
    Depois de sua morte, a apreensão quanto ao futuro manteve nossa casa em constante tensão. A urgência por dinheiro era tão grande que, depois do funeral, minha mãe, Alia e tia Aisha vasculharam os pertences de meu pai. Elas encontraram apenas 60 dinares iraquianos. Para mim, elas encontraram outros itens muito mais importantes, que revelavam o que meu pai verdadeiramente apreciava. Havia uma pilha de antigas fotografias de seus filhos, de seus pais e de outros parentes mortos, tudo delicadamente envolvido em papel de seda amarrotado. Sob as fotos ele reunira bilhetes escritos pelos filhos ao longo dos anos. Como não podia ouvir ou falar, interagíamos sempre por meio de mensagens escritas.
    Sessenta dinares nos manteriam por algumas poucas semanas. Minha mãe tinha quatro filhos ainda na escola. Somente Alia era casada e não precisava mais da mãe para suprir suas necessidades. Com os problemas financeiros crescendo, nossos parentes curdos sugeriram que minha mãe retornasse com sua família para a casa onde crescera no Curdistão, pois assim poderíamos nos beneficiar da numerosa e calorosa família que tínhamos lá.
    Eu, é claro, insisti com minha mãe para que nos mudássemos para o Curdistão. Mas, por ser ainda muito jovem, ninguém se importava com minha opinião.

Alia me ouviu suplicando, mas aconselhou-me a não desejar tal mudança, alegando que viveríamos de maneira muito diferente no norte. Os baathistas tornavam-se cada vez mais brutais com os curdos no Curdistão. A violência crescia em nossa terra dividida, com invasões promovidas pelo governo, ataques e assassinatos de muitos curdos inocentes.

Eu tinha muito em que pensar. De repente, descobria que nada era fácil na vida adulta.

Minha mãe estava ansiosa, temendo que o governo ordenasse que desocupássemos nossa casa, já que vivíamos em um imóvel que pertencia à ferrovia; como funcionário, meu pai tinha direito àquela moradia.

Antes da revolução, minha família vivia em uma casa muito espaçosa e adorável no distrito de Salyiya, mas depois da revolução em 1958 meus pais perderam tudo, incluindo a casa e a moderna fábrica de móveis. Por sorte, meu pai conseguira arrumar rapidamente uma indicação para o cargo de engenheiro mecânico na Ferrovia Iraquiana. Um dos benefícios decorrentes desse emprego foi a casa designada no despretensioso bairro onde cresci.

Em nossa família, sempre fomos muito unidos e nunca nos importamos muito com questões relativas à privacidade, porque estávamos mesmo sempre juntos, e gostei de crescer no modesto bangalô de tijolos amarelos e espaços reduzidos. O imóvel havia sido construído na década de 1940 por oficiais britânicos. Muitos ingleses viveram no Iraque durante os anos em que comandaram o país por intermédio do rei por eles indicado, Faisal.

Porém, quando os britânicos finalmente deixaram o país, tiveram a consideração de deixar para trás nosso aconchegante bangalô com seu jardim cercado por *yass* com uma fragrância cítrica que, na época da florada, perfumava toda a vizinhança. A casa possuía uma pequena varanda frontal que se abria para uma sala de estar com sofás arranjados perto das paredes. Havia também três dormitórios e um banheiro. Uma escada estreita dava acesso ao telhado, muito útil durante os meses de verão, quando iraquianos e curdos geralmente dormiam ao ar livre, sobre as lajes de suas casas. Minha mãe preparava nossa comida na pequena cozinha que ficava ao lado do aposento mais popular de nossa casa, uma ampla varanda mobiliada com mesas largas e muitas cadeiras. Melhor de tudo: a casa ficava situada no coração de um vasto jardim com palmeiras tão altas que bloqueavam os raios do escaldante sol de Bagdá.

Nós nos preocupávamos com um possível despejo, por isso foi uma agradável surpresa quando oficiais do governo anunciaram que poderíamos continuar vivendo ali enquanto minha mãe fosse viva. Além disso, mamãe teria direito a uma modesta pensão paga pela companhia ferroviária. Teríamos o dinheiro necessário para a comida e o vestuário. Em poucos anos, Ra'ad se formaria na universidade e, como filho mais velho, assumiria automaticamente a responsabilidade por nosso bem-estar. De repente, nosso futuro parecia menos sombrio.

Com todas essas boas notícias, minha mãe decidiu que permaneceríamos em Bagdá.

Depois do funeral, nossos parentes curdos mais próximos continuaram conosco por alguns dias. Uma noite, depois do jantar, quando as mulheres se reuniram num grupo cansado na varanda dos fundos, tia Fátima, irmã de minha mãe, mostrou-se inesperadamente animada e começou a provocar minha mãe.

– Kafia, é hora de secar as lágrimas e retomar a vida.

Senti-me aturdida com aquela conversa, porque não conseguia me imaginar sentindo alegria novamente. Nunca mais. Meu coração órfão de pai estava mortalmente ferido.

Tia Fátima sorria, e seus olhos castanhos brilhavam quando ela encarou minha mãe e perguntou:

– Kafia, alguma vez você contou a suas filhas sobre o imenso amor de seu marido por você?

Minha mãe ergueu os ombros, visivelmente desconfortável, recusando-se a reconhecer a questão imprópria.

Minha mãe possuía muitas qualidades excepcionais; era totalmente desprovida de egoísmo, esposa dedicada, muçulmana devotada e excelente cozinheira. Recebia tão bem os visitantes que nossa casa estava sempre cheia de parentes, pessoas que preferiam nossa casa à deles.

Os filhos sempre se orgulharam dela, cada um à sua maneira. E ela era uma beldade: sua pele clara contrastava com os olhos escuros e vivos. Ela era alta, tinha abundantes cabelos negros que causavam inveja às irmãs e filhas, e até suas mãos eram lindas, com dedos longos e unhas de formato perfeito.

Não me surpreendia saber que ela conquistara o afeto do marido, apesar de seu casamento ter sido arranjado.

Tia Fátima olhou em volta, encarando as mulheres do grupo, e disse:

– Ora, Muhammad era tão apaixonado por Kafia que certa vez chegou a se atirar sob as rodas de um ônibus!

Eu me interessei pela conversa. Ainda não conhecia essa história.

Minha mãe olhou para Alia, Muna e eu, cobrindo a boca com as mãos num gesto embaraçado, eu supus, por suas filhas perceberem que ela era uma mulher desejável.

Tia Fátima bateu palmas.

– Se Kafia não quer contar essa história, eu conto. Meninas, tenho certeza de que já ouviram falar sobre a mãe de Muhammad, Mirriam. Todos em Bagdá sabiam que ela era maliciosa com as noras, mas que odiava Kafia mais do que todas as outras, e que tornava sua vida miserável. Quando Kafia ficou grávida, o que fez Mirriam? *Ameaçou* a nora, prometendo proibir um médico de assisti-la em seu primeiro parto! – Tia Fátima olhou para todas nós. – Agora me digam, que tipo de mulher deseja o sofrimento de outra durante o parto?

Um murmúrio horrorizado percorreu o grupo.

– Aos 16 anos, Kafia ficou apavorada com a idéia de ter o primeiro filho assistida por uma sogra cruel, uma mulher capaz de quase tudo. Mirriam sempre expressava seu ódio por bebês do sexo feminino, o que dava a Kafia bons motivos para estar apreensiva. Se seu primeiro filho fosse uma menina, sua sogra não hesitaria em causar-lhe mal.

Tia Fátima prosseguiu:

– Um dia, quando Mirriam descansava, Kafia saiu sorrateiramente e enviou uma carta para nossa mãe em Sulaimaniya, jurando que se ela não mandasse alguém para salvá-la da sogra, ela se atiraria no Tigre.

Olhei para minha irmã Alia, pensando que ela, como eu, também havia corrido grande perigo antes mesmo de nascer. Alia fora ameaçada de afogamento, e eu quase fora envenenada. Era um milagre que estivéssemos ambas vivas.

– Como podem imaginar, a carta de Kafia criou a maior comoção em Sulaimaniya. Como o envelope não possuía carimbo postal determinando a data do envio, minha mãe se desesperou pensando ser tarde demais. Sem tempo para fazer as malas, Mehdi e eu embarcamos no primeiro ônibus que partiu para Bagdá. Chegamos quando Muhammad ainda estava no trabalho. Vocês deviam ter visto a cara de Mirriam quando dissemos que estávamos ali para levar Kafia. Ela protestou veementemente, determinada a manter a detestada nora em sua esfera de influência. Mas Mehdi, nosso irmão mais sábio, foi diplomático. Não acusou Mirriam de crueldade, o que eu desejava fazer, preferindo enfatizar a juventude de Kafia e sua inexperiência, alegando que era justo e esperado que uma jovem esposa estivesse com a mãe quando tivesse o primeiro filho. Mirriam cedeu, embora relutante. Certa de que Mirriam mudaria de idéia e a impediria de partir, deixamos aquela casa com tanta pressa, que Kafia esqueceu Muhammad.

Tia Fátima riu.

– Quando deixamos a casa, vimos um daqueles ônibus vermelhos passando pela rua. Tomei isso como um sinal e gritei para todos corrermos. Nós nos lançamos numa corrida frenética. Kafia levantava o vestido e se movia com a elegância de uma pata! Estávamos entrando no ônibus, quando Muhammad virou a esquina e nos viu. Ele deve ter pensado que Kafia o estava abandonando para sempre. Não esqueçam que aquele era um homem que não podia gritar para se fazer notar. Então, ele fez a única coisa em que conseguiu pensar: largou seus pacotes, correu para a frente do ônibus, ainda parado, e se atirou sob as rodas da frente.

Tia Fátima sorria e balançava a cabeça.

– O pobre coitado chegou ao extremo de posicionar a cabeça exatamente na frente de uma das rodas! O tumulto foi imediato. Furioso, o motorista buzinava sem parar, enquanto nós tentávamos saltar do ônibus. Uma multidão se formou rapidamente na calçada. Todos gritavam. Ninguém sabia que o suposto suicida era surdo, que não podia ouvir uma palavra do que estavam dizendo. Levamos alguns minutos para atravessar o mar de gente que se formara rapidamente em volta do ônibus, mas, finalmente, conseguimos ver Muhammad. Meninas, aquela imagem foi realmente estranha! O pai de vocês estava ali deitado no chão, com os braços cruzados sobre o peito e os olhos fechados, assim – disse tia Fátima, imitando a posição.

Todas nós rimos. Nem minha mãe conseguia se manter séria. Ela tinha no rosto uma expressão sonhadora, distante.

– Àquela altura, Mirriam já ouvira sobre a comoção na rua. Alguém devia ter reconhecido Muhammad e correu para informá-la. Aquela mulher era como um tanque abrindo caminho entre as pessoas. Tive a impressão de que, a qualquer momento, ela agiria como um artista de circo e começaria a levantar as pessoas e jogá-las longe. – Tia Fátima pulou da cadeira e disse: – Assim!

Eu gritei quando ela me levantou da cadeira e me jogou do outro lado da sala. Todas acharam a cena engraçada. Menos eu.

– Quando Mirriam constatou que o suposto suicida era realmente seu filho, o que ela fez? Enlouquecida, atirou-se sobre ele batendo em seus braços!

Eu me afastei de tia Fátima, temendo ser vítima de mais uma demonstração.

Tia Fátima continuou:

– Kafia se abaixou como pôde, considerando o tamanho de sua barriga. E lá estavam elas, a esposa e a mãe, ambas puxando Muhammad. Estranhamente, ele se recusava a abrir os olhos. Seus lábios se moviam. O pobre homem devia estar fazendo suas últimas preces! Preparando-se para encontrar seu Deus! Pois bem, Mirriam não hesitou nem por um segundo. Com os dedos, ela abriu os olhos do filho à força. Ao ver que sua esposa estava ali, Muhammad a encarou com expressão de acusação. Afinal, ele a julgava culpada de o estar abandonando. Kafia já dominava a linguagem dos sinais e explicou o que estava acontecendo. Disse que sua partida não seria permanente. Ela só ficaria com a mãe até o nascimento do bebê, porque queria contar com sua ajuda. Depois, ela retornaria. Subitamente esperançoso, Muhammad levantou o tronco apoiando-se sobre os cotovelos. É claro que o incidente alimentou a amargura e o ódio de Mirriam. Ficou óbvio que Muhammad amava muito sua esposa, tanto que se dispunha a morrer para não ter de enfrentar a vida sem ela.

A história de tia Fátima cumprira seu propósito.

Eu esqueci, mesmo que por pouco tempo, que meu pai se havia separado de mim para sempre. Senti-me mais animada, como se refletisse a felicidade que meu pai e minha mãe haviam conhecido com o casamento. Mais tarde, pela primeira vez desde a morte de meu pai, consegui me deitar e dormir sem chorar.

Ainda não era madura o suficiente para compreender que os ventos da fortuna mudam de direção continuamente. Não podia imaginar que logo teria um encontro que seria o evento mais importante da minha vida.

8

Amor em terra de chamas

BAGDÁ
1977

Era uma quinta-feira, à noite, quando Alia telefonou para minha mãe para queixar-se de sua vida. Basicamente, minha irmã estava exausta. Com dois filhos pequenos em idades próximas e um bebê, Alia envelhecia prematuramente. Ela era a preferida das três filhas de minha mãe, que rapidamente sugeriu que Alia "ficasse" comigo e com Muna. Seríamos como presentes para a mais amada. Minha mãe informou que Muna e eu deveríamos ir cuidar dos filhos de Alia nos próximos dias, mesmo que, para isso, tivéssemos de perder aulas na escola.

Na tarde seguinte, meus três sobrinhos cochilavam quando ouvi vozes alteradas. Senti muito medo. Minha primeira idéia foi instantânea: a polícia retornara para prender Hady e Ra'ad. Meu coração disparou e fiquei encostada na parede, ouvindo. Eram três vozes. A de Hady, que discutia a crescente tensão imposta aos curdos sob o regime baathista, a de Alia, que interrompia com alegria o que parecia ser uma disputa amigável, e a de um terceiro homem.

Os três estavam na cozinha. Tomada por uma mistura de alívio e curiosidade, percorri o corredor para verificar quem era o dono daquela voz tão elevada, quase estridente.

Parei a alguns passos da porta. Reconhecia o visitante. Era o sobrinho de Hady, Sarbast. Eu o via próximo de nosso círculo familiar no Curdistão desde pequena, mas só agora o notava realmente.

De repente fiquei impressionada com sua boa aparência. Sentia-me cativada. Meu rosto corou, senti um frio na barriga, e meu coração batia mais depressa do que o normal. O que estava acontecendo?

Lembrei a história do belo peshmerga apaixonado pela linda jovem curda, uma história trágica de amor que terminou em prisão e morte. Naquele momento tive um estranho e delicioso pressentimento.

Tentei recordar tudo que sabia sobre Sarbast, o que não era muito. Eu o vira com pouca freqüência em nossas férias de verão em Sulaimaniya; ele havia crescido no Curdistão, e era mais velho que eu cinco ou seis anos.

E ele era *muito* bonito. Não muito alto, mas o suficiente. O corpo era compacto, mas proporcional, com um peito largo e braços musculosos. O rosto era harmonioso, a pele era morena e o bigode era cheio como o de um adulto, encobrindo o lábio superior. Mais impressionante, o rosto perfeito era emoldurado por abundantes e brilhantes cachos negros. Os olhos castanhos sugeriam entusiasmo e seriedade sob o cenho franzido.

Sarbast expressava suas idéias em voz alta e com tom enfático. Hady, por outro lado, respondia de forma mais calma. Sarbast parecia inexplicavelmente obstinado diante do tio, mas eu considerava sua paixão encantadora.

Ele gesticulava enquanto dizia:

– Não temo o governo iraquiano. Escute, Hady, o truque está em *esperar* a morte. Então, se você sobrevive, a vida é um bônus. Lutarei contra eles até a morte!

Toda minha vida transformou-se naquele instante.

Sim! Ali estava um verdadeiro peshmerga!

De repente, minha felicidade dependia de um homem que eu mal conhecia.

Foi então que vi minha irmã sorrindo para mim com ar perceptivo, sábio. Decidi me retirar rapidamente, mas, antes que eu pudesse me virar e voltar ao quarto, Alia estendeu a mão em minha direção.

– Joanna, querida. Venha dizer olá a Sarbast.

Os homens pararam de falar. Senti o olhar de Sarbast em meu rosto.

Naquele dia eu usava os cabelos soltos, sem nenhum cuidado especial. Passei a mão nos cabelos e tentei ajeitar a saia, que nem era uma das minhas favoritas. Não queria conversar com Sarbast naquela condição de desalinho.

Alia era persistente.

– Joanna?

Sarbast manifestou-se, e suas palavras impensadas penetraram como uma adaga em meu coração.

– Alia, essa é sua irmãzinha? – Ele olhou para mim e sorriu. – Olá! Ah, sim! Joanna! *Essa* é a *mesma* Joanna levada que conheci?

Ele se aproximou e me estudou mais atentamente antes de rir.

– A pequena Joanna ainda é magricela! – Debochado, olhou para Alia. – Ninguém alimenta essa criança?

Lágrimas inundaram meus olhos. Aos 15 anos de idade, sentindo-me adulta, era sempre provocada por parentes que comentavam sobre minha aparência, dizendo que eu parecia não ter mais que 12 ou 13 anos, embora fosse muito alta.

Sarbast não só me tratava como criança. Dizia que eu era uma criança *magricela*!

Alia riu e respondeu:

– Joanna é naturalmente esguia. Ela sempre será magra.

Olhei para minha irmã com um misto de mágoa e acusação. Naquele momento eu a *odiava*!

As lágrimas corriam, mas ninguém parecia notar. Felizmente, Hady estava tão envolvido na conversa que nem se dava conta da minha presença. Ele puxou uma cadeira e disse ao sobrinho:

– Considere minha sugestão, Sarbast. Primeiro termine a faculdade. Depois, se ainda não houver paz, você poderá lutar. Mas, se houver um acordo aceitável com Bagdá, se não existirem mais razões que justifiquem uma guerra, você terá uma profissão. Pense nisso. – Ele ergueu os dois ombros num gesto eloqüente. – Estará mais bem preparado para ajudar a construir o Curdistão.

Sarbast olhou para o tio e deu-lhe um amigável tapa nas costas.

– Vocês, os homens mais velhos, desistiram da luta – disse em voz alta, denotando grande afeto.

Hady riu com alegria e olhou para a esposa.

– Alia, não existe animal mais selvagem do que um homem jovem e furioso.

Pela primeira vez desde que se casara, Alia ignorou o marido. Ela olhou para mim, para Sarbast, e novamente para mim. Depois me abraçou, secou minhas lágrimas com o dorso da mão e murmurou:

– Joanna...

Relutante, deixei que ela me levasse até a mesa. Sentei-me diante de Sarbast. Alia afagou-me os ombros e sorriu antes de ir preparar o chá. Em seguida, ela arranjou um prato com doces, ocupando as mãos, mas mantendo os olhos fixos em mim.

Eu não conseguia deixar de olhar para Sarbast. Até as mãos dele eram perfeitas! Estavam apoiadas na mesa, a poucos centímetros das minhas.

Eu poderia tê-las tocado, se ousasse. Mas não ousava. Em vez disso, ouvia atentamente tudo que ele dizia.

Sarbast crescera no pequeno vilarejo de Hady, Qalat Diza, no norte do Iraque. Ele era filho de uma das irmãs de Hady. Concluíra o colégio na primavera, e obtivera notas tão altas que fora admitido imediatamente no curso de engenharia da Universidade de Bagdá. Porém, ele havia declarado que preferia lutar contra o governo nas montanhas com os amigos de infância a se sentar nos bancos de uma sala de aula.

Naquele momento tomei conhecimento da melhor de todas as notícias: Sarbast se mudaria em breve para a casa de Alia e Hady. Na semana seguinte! Minha mente foi tomada de assalto pelas possibilidades que tal mudança me traria.

Alia estava mesmo cansada. E vivia muito ocupada. Precisava de ajuda com os três filhos pequenos. Fiz planos para me esforçar ainda mais durante a semana a fim de manter minhas notas altas na escola. Minha mãe ficaria contente se eu me oferecesse para ajudar minha irmã com as crianças.

Tentando atrair a atenção de Sarbast, reuni coragem para anunciar que um dia iria para o Curdistão e me tornaria uma guerreira da liberdade. Mas, antes que eu pudesse falar, ele se levantou de um salto, e despediu-se, dizendo que tinha um compromisso. Antes de sair, ele pegou dois biscoitos do prato sobre a mesa e os guardou no bolso de trás da calça.

– Voltarei dentro de alguns dias com minhas roupas e meus livros – concluiu, sorrindo para o tio.

Minhas emoções estavam dominadas pelo caos. Queria que ele me notasse, que se despedisse de mim. Porém, achava melhor que ele não se aproximasse muito. Não quando eu estava tão desarrumada, até mesmo feia.

Mas ele me surpreendeu quando, já na porta da cozinha, virou-se e olhou primeiro para mim, depois para Alia.

– Ela é uma criança agora, mas será uma mulher esplêndida – declarou.

Sorrindo, Sarbast piscou para mim e saiu, desaparecendo como uma miragem. Um arrepio dominou todo meu corpo.

Hady seguiu o sobrinho, ainda conversando.

Eu me levantei da cadeira e girei pela cozinha.

– Esplêndida! Esplêndida! Um dia serei esplêndida!

Alia balançou a cabeça e riu.

– O que está acontecendo, Joanna?

Continuei girando e dançando, negando-me a confirmar o que minha irmã já havia adivinhado. Eu estava apaixonada!

Felizmente, Alia era uma irmã leal. Até onde sei, ela nunca contou meu segredo a ninguém. Nem mesmo a Hady.

Ao longo dos dias seguintes, enchi minha irmã de perguntas sobre Sarbast, arrancando dela todas as informações possíveis.

Ele tinha 11 irmãos. O motivo pelo qual dedicava-se com tanto fervor à causa curda era o sofrimento suportado por sua família. Curdos, eles haviam vivido em exílio no Irã por vários anos, depois de o governo iraquiano ter atacado seu vilarejo com gás napalm. Mais importante, ele ainda não era comprometido. Alia confortou-me com a notícia de que a família de Sarbast ainda não havia começado a procurar uma esposa para o rapaz, uma prática comum na cultura curda. Assim que o rapaz concluía o colégio, a família dava início à tarefa de procurar uma esposa para ele. Para minha felicidade, havia sido estabelecido que Sarbast se concentraria antes nos estudos. Também soube que ele era muito talentoso, que desenhava retratos e compunha poemas. Um artista. Sarbast era perfeito.

Os dias se arrastavam lentamente. A imagem de Sarbast dominava minha mente. Como seria maravilhoso se ele voltasse para visitar o irmão antes de eu voltar para casa e retomar minhas aulas!

Se isso acontecesse, eu queria estar bem para recebê-lo. Por isso passei a acordar cedo, vestir minhas melhores roupas, pentear o cabelo e morder os lábios para mantê-los rosados. Quando estava sozinha, ia ao quarto de minha irmã para me examinar diante do espelho. Ainda era muito magra, mas já havia uma sugestão de seios brotando sob minha blusa. Em breve eu seria uma mulher.

Fiz uma descoberta inegável a respeito do amor romântico: o sentimento era perturbador. Em um momento eu me sentia desanimada e miserável pela falta de esperança, certa de que Sarbast nunca me veria como uma bela mulher, que seria para sempre a irmãzinha de Alia a seus olhos. No instante seguinte, era tomada de assalto pela energia gerada por uma mistura de esperança e certeza. Um dia me tornaria uma linda mulher, e, quando esse feliz dia chegasse, Sarbast me pediria em casamento. *Tinha* de ser assim.

Tornei-me tão irritável e imprevisível que Alia passou a debochar de mim.

– Joanna, se não tomar cuidado, essa sua condição pode ser fatal! Se *não* conquistar Sarbast, morrerá de tristeza. Se realmente conseguir conquistá-lo, vai acabar morrendo de felicidade.

Sem perceber que Muna estava na cozinha arrumando panelas e vasilhas na despensa, fiz uma confissão ousada:

– Alia, serei o que tiver de ser, e farei tudo que for necessário para conquistar o coração de Sarbast.

Panelas caíram provocando um terrível estrondo. Muna levantou-se com o rosto dominado pelo choque, os olhos muito abertos buscando primeiro os de Alia, depois os meus. Ela gritou:

– O quê? O quê?

Alia riu. Eu também sorri. Era evidente que Muna temia que a irmã mais nova houvesse enlouquecido. Se nunca estivera apaixonada, como poderia entender?

Eu belisquei suas faces rosadas, brincando com ela.

– O amor é maravilhoso, Muna.

E saí da cozinha sem olhar para trás.

O amor *era* maravilhoso, mas *não* era fácil, porque estava apaixonada por um homem que não correspondia a esse amor.

O plano de ajudar minha irmã com as crianças serviu para assegurar encontros constantes entre mim e Sarbast, mas ele me tratava como se eu fosse uma menina, apesar de todo o meu esforço para parecer mais velha. Tentava até participar das conversas que ele tinha com Hady sobre política, determinada a alertá-lo de que minha mente, embora ainda jovem, era tão obstinada e determinada quanto a dele.

Se não estava com ele, sonhava com ele, refletindo interminavelmente sobre seu rosto lindo e sua personalidade envolvente. Sua intensidade sempre promovia cenas desagradáveis, porque Sarbast nunca se esquivava de uma boa discussão política. Cheguei a vê-lo brandindo os punhos cerrados para Hady, um homem que nunca erguia sequer a voz. Considerava essa paixão pela política muito atraente. Mas, para ele, eu não era mais do que a irmãzinha de Alia.

Sabendo que nunca amaria outro homem que não fosse Sarbast, sofria por perceber que, talvez, ele jamais me amasse. Meu único consolo provinha do fato de ele nunca ter mencionado outra mulher. Apesar disso, um relógio imaginário corria ruidoso em minha mente. Sarbast atingia a idade em que todas as famílias insistiam em casar seus filhos. Nossa cultura exigia que homens e mulheres se casassem e tivessem filhos.

Mas havia uma pequena esperança. O espelho já anunciava mudanças físicas. Até minha mãe oferecia incentivo. Quando me queixava sobre ser magra demais, ela comentava que várias tias haviam mencionado recentemente que eu crescia depressa, superando aquele estágio de desproporção e falta de graça. E todas diziam que eu estava ficando muito bonita.

Em breve poderia ser tão bela quanto minha mãe, Alia e Muna, e, quando isso acontecesse, Sarbast certamente se interessaria por mim. Eu já havia percebido que ele prestava muita atenção à beleza feminina.

Após cuidadosas considerações, decidi usar uma tática diferente com Sarbast. Seria indiferente. Em minha próxima visita à casa de Alia, fingi total desinteresse quando ele entrou na sala onde eu estava. Bocejei, pedi licença e me retirei quando Sarbast e Hady começaram o costumeiro debate sobre a discriminação absurda sofrida pelos curdos iraquianos. Pôr o plano em prática exigiu grande esforço e muita determinação.

Depois de vários dias, Sarbast fez um pedido inesperado: ele começou uma conversa com Alia, olhando primeiro para ela e depois para mim.

– Alia, já notou que Joanna tem um rosto incomum e interessante? Gostaria de retratá-la. Com sua permissão, é claro.

Eu me mantive em silêncio, aturdida. Meu plano surtira o efeito desejado! Talvez os sonhos se realizassem, afinal.

Em um dia inesquecível algumas semanas mais tarde, Sarbast pegou seu bloco de desenho, seus lápis, e colocou um banco diante de uma parede branca. Ele me orientou a ficar ali sentada.

Fiz como ele pedia. Sarbast ia desenhar meu retrato. Pela primeira vez, estava inteiramente concentrado em mim.

Eu me sentia no paraíso. Nunca antes tivera a total atenção desse homem. E desfrutava de cada momento. Havia longos silêncios rompidos apenas quando eu movia ligeiramente a cabeça ou os ombros, e ele me reprimia com palavras firmes que eu jamais esqueceria.

– Joanna, deve ficar *totalmente* quieta! A juventude não acontece duas vezes, sabe? – ele acrescentava sorrindo.

Descobri que Sarbast era um artista talentoso. Meu ombro tocou acidentalmente o dele quando me aproximei para examinar o desenho. Era difícil acreditar que o rosto desenhado no papel era o meu.

Sorri com total aprovação enquanto fitava aqueles olhos profundos. Ele também sorriu, mas de um jeito fraternal, como um amigo. Mesmo assim, eu me sentia consumida pela maior de todas as felicidades.

Mas aquela breve alegria se dissipou quando recebemos a notícia de novos tumultos ao norte, no Curdistão.

Sarbast começou a falar em largar os estudos e ir para as montanhas lutar pelo Curdistão.

Então, mergulhei numa terrível e profunda depressão. Não era fácil viver em uma terra dividida por uma guerra contínua. E experimentar o amor em uma terra dividida era duas vezes mais desafiador.

9

Guerra

BAGDÁ
Outubro, 1980

O pior havia acontecido. Bagdá era bombardeada pelo Irã.

Eu estava a menos de um ano de começar meu primeiro ano na Universidade de Bagdá, na Faculdade de Engenharia Agrícola, e visitava o campus quando começou o bombardeio. Em pânico, tomei a decisão estúpida de tentar chegar em casa, mas a multidão enlouquecida transformou a tentativa de atravessar a cidade em uma espécie de luta de rua. Todos os quarteirões estavam cheios de gente, massas densas que corriam em todas as direções. De início, a polícia local tentou controlar o povo, mas depois desistiu e saiu de cena. Estavam tão pouco preocupados com as pessoas que deviam proteger que um deles chegou a me pisotear, esmagando meus dedos com sua bota.

Quando finalmente cheguei em casa, eu mancava, tinha os cabelos soltos e suados e o rosto sujo de poeira e fuligem. Desanimada, descobri que havia perdido um sapato.

Ofegante, contei a minha mãe:

– Fui pega em espaço aberto. Havia muitos aviões iranianos. – Apontei para o meu pé. – E fui pisoteada.

Minha mãe estava chocada. Ela começou a falar de forma incoerente.

– Joanna, vou lhe dizer uma coisa. Hoje em dia, ninguém no Iraque deve sair sem limpar sua casa.

Olhei para ela e ri de nervoso. O país estava mergulhado na mais terrível confusão, e ela falava sobre limpar a casa? O que estava acontecendo? Ela havia perdido completamente a razão?

O país estava em guerra com o Irã desde 22 de setembro, mas nunca imaginamos que nossa capital seria bombardeada. E não era preciso ser um gênio para saber que estávamos em um caminho arriscado. Lutávamos contra um país cuja população era três vezes maior do que a nossa, um país governado por fanáticos mulás que consideravam uma glória morrer como mártires.

Eu estava confusa e furiosa com nosso governo. Sentia que Saddam Hussein, que havia substituído Ahmad Hassan al-Bakir na presidência há apenas um ano, havia disparado seu primeiro tiro, apesar de todas as propagandas divulgando o contrário. Nossa mídia falava sobre o líder iraniano Aiatolá Khomeini por meio de caricaturas, reduzindo-o a uma figura grotesca e ridícula. Mas eu não ousava expressar minhas idéias e opiniões, não para pessoas alheias ao nosso círculo familiar, porque todo e qualquer iraquiano denunciado por criticar a guerra era sumariamente executado. Já havia rumores sobre pais iraquianos executados por amaldiçoarem o governo que enviara seus filhos para a morte no front.

E havia muitos outros problemas com uma guerra. O Irã era uma nação xiita, e o exército iraquiano era formado principalmente por muçulmanos xiitas. Durante os últimos anos, a tensão progredira até atingir um nível elevadíssimo e constante entre o governo baathista, que era dominado por uma minoria sunita, e os clérigos xiitas. Havia até um decreto religioso promulgado contra o governo baathista pelo Aiatolá Sadr, o mais popular clérigo xiita no Iraque. O Aiatolá Sadr havia determinado que o regime baathista não era islâmico, e que seus seguidores xiitas estavam proibidos de manter qualquer tipo de associação com o governo. O partido xiita Al-Dawa foi então banido por Saddam, e muitos membros do Al-Dawa foram executados durante os primeiros meses de 1980.

Que motivo teria um xiita para lutar por Saddam Hussein?

Havia rumores de que nos primeiros dias de luta integrantes xiitas do exército do Iraque chegaram a apontar suas armas contra os próprios superiores. Se essa situação persistisse, perderíamos a guerra.

E havia ainda a situação dos curdos. Todos os iraquianos tinham motivos para preocupação naquele período obscuro, mas os curdos se preocupavam mais do que a maioria. Muitas vezes no passado, os curdos iraquianos haviam recorrido ao Irã buscando proteção contra o governo em Bagdá. Com Bagdá agora enfrentando Teerã, havia um enorme perigo para os civis curdos. Cidades e vilarejos curdos ficavam localizados basicamente na fronteira iraniana. Sulaimaniya, onde moravam minha avó, minhas tias e meus primos, ficava a poucos quilômetros da fronteira, como Halabja, onde vivia tia Aisha. Com dois grandes exércitos se enfrentando na região, os civis curdos corriam grande perigo.

Mais uma vez, ouvi o barulho dos aviões lançando bombas. Agarrei a mão de minha mãe e corremos juntas para nosso pequeno banheiro, onde encontramos Muna encolhida no chão, o rosto entre as mãos numa tentativa de sufocar gritos desesperados. Sentamos ao lado dela, uma de cada lado. Eu agarrei as mãos de Muna para tentar acalmá-la. Não havia abrigos em nossa área, e nossa pequena casa oferecia apenas uma modesta medida de proteção.

Pensei em Sa'ad, que já havia sido enviado ao front e se encontrava em uma área onde ocorria luta intensa. Ele estava na província iraniana do Cuzistão, um povoado rico pela abundância do petróleo. Sua divisão sitiava Ahwaz. Sa'ad fora especialmente treinado para prover a velocidade do vento e a localização das divisões de artilharia do Iraque que, de acordo com as notícias que recebemos, atacavam território iraniano. Não havia dúvida de que a vida de meu irmão corria perigo nesse exato momento.

Se há um ano alguém me houvesse dito que agora eu estaria fazendo preces intermináveis pela segurança de Sa'ad, eu não teria acreditado. Desde que cheguei à adolescência, Sa'ad e eu nunca mais tivemos um relacionamento fácil. Ele era um jovem de hábitos simples e desejos moderados, mas assumira como seu dever sagrado guardar a honra das mulheres. Meu irmão conservador era como muitos homens iraquianos, absolutamente controlador em relação às mulheres de sua família. Sempre me recusei a acatar suas ordens, e por isso passamos a nos indispor.

Durante anos, Sa'ad supervisionou minhas roupas. Ele era tão severo que chegava a medir o comprimento de meus vestidos, forçando-me a cobrir os braços e usar um véu negro sobre os cabelos. Mas ele não conseguia supervisionar todos os meus movimentos. Por isso, eu me vestia de maneira conservadora em casa, mas era liberal na escola. Saía de casa com a cabeça coberta por um véu e com a saia bem comprida, mas, assim que me afastava, removia o véu e enrolava a saia na cintura até obter um comprimento mais moderno.

Apenas alguns meses antes de Sa'ad ser recrutado pelo exército, tivemos uma briga séria. Ele ficou tão zangado comigo que tive de sair de casa e ir morar com minha irmã Alia por várias semanas.

O inquietante incidente ocorreu quando conquistei uma honra ao mérito na escola, obtendo o segundo lugar em uma competição de francês que envolveu estudantes de todo país. O governo iraquiano e o Ministério da Educação na França ofereceram ao primeiro e ao segundo colocados uma viagem à França com todas as despesas pagas.

Nunca me senti tão entusiasmada. Jamais havia saído do Iraque. Mas Sa'ad, como cabeça de nossa casa, proibiu-me de ir, dizendo:

– Não. Joanna é jovem demais. Mulheres não devem viajar sem um guardião.

Eu não conseguia acreditar na decisão de Sa'ad. Meu irmão estava dizendo que eu *não* poderia ir à França! Fiquei furiosa, gritei, chorei e criei uma tremenda comoção. Havia trabalhado duro por muitos anos para manter notas altas. Eu merecia o prêmio.

Mamãe e Alia ficaram tão tristes por mim, que conspiraram para me ajudar a viajar, afinal. Para Sa'ad, elas diriam que eu passaria alguns dias na casa de minha irmã.

Parti para a França na data prevista, e Sa'ad não questionou minha ausência por acreditar que eu estava na casa de Alia. Amei tudo na França: a beleza do país, o povo, a história e a língua. O prazer daquela viagem ficará para sempre gravado em minha memória e em meu coração. Mas a mentira seria revelada a Sa'ad de maneira bizarra.

Antes de deixar o Iraque, nós, os vencedores, fomos orientados a colocar em nossa bagagem um traje étnico. Ao chegar em Paris, fui fotografada em meu tradicional vestido curdo. Como quis o destino, aquela foto foi publicada na primeira página de muitos jornais iraquianos no mesmo dia em que retornei a Bagdá. Eu sabia que, como muitos iraquianos, Sa'ad raramente lia os jornais locais, porque nada era mais tedioso do que ler os periódicos que eram obrigados a imprimir em suas páginas a propaganda governista. Sendo assim, orei pelo melhor.

Minha mãe, Muna e outros familiares e amigos foram prevenidos para esconder aquela edição em especial, impedindo assim que Sa'ad visse a foto. Mas foi como se Deus conspirasse contra mim.

Naquele dia, Sa'ad saiu para ir nadar no Tigre, como era costume, e deitou-se na margem para descansar um pouco depois de seu treino. De alguma forma, a primeira página do jornal foi carregada pelo vento, percorreu ruas inteiras e aterrissou bem em cima de seu rosto! Sem interesse nenhum, Sa'ad levantou a folha de papel, abriu os olhos, e o que ele viu? Ali, na primeira página, sua irmã caçula, Joanna, exibindo orgulhosa seu tradicional traje curdo em Paris, na França!

Sa'ad levantou-se de um salto. Estava tão agitado que esqueceu de vestir a calça, assustando e chocando diversos transeuntes enquanto corria de volta para casa vestindo apenas o calção de banho. Ele entrou em casa como um furacão, batendo a porta da frente e sacudindo o jornal.

Eu havia chegado poucas horas antes. Paralisada, olhei com terror para a expressão no rosto dele. Tive o bom senso de fugir dali gritando por minha mãe, que estava na cozinha. Sa'ad correu atrás de mim.

Minha mãe e Muna interferiram colocando-se entre mim e Sa'ad, impedindo-o de cometer um ato de que se arrependeria mais tarde. Foi uma terrível confusão. Sa'ad tentava me agredir, eu gritava, Muna chorava, e minha mãe berrava exigindo que meu irmão me deixasse em paz. Fiquei surpresa por nossos vizinhos não chamarem a polícia.

Minha mãe gritou:

– Joanna! Corra! Vá para a casa de Alia!

Enquanto elas continham Sa'ad, eu fugia apavorada, pegava um ônibus e seguia para a casa de minha irmã.

Felizmente, Ra'ad tinha uma atitude mais moderna em relação às mulheres. Ele ficou do meu lado, e Sa'ad finalmente se acalmou, pelo menos aparentemente, porque ele jamais se colocaria contra o irmão mais velho.

Porém, pouco tempo depois, Sa'ad foi mandado para uma trincheira, e agora enfrentava um exército de guerreiros dispostos a matá-lo. Todas as velhas rusgas e os eternos conflitos foram esquecidos. Eu amava meu irmão e aceitaria de bom grado seu autoritarismo irritante, se ele voltasse para casa vivo.

Depois de os aviões iranianos finalmente desocuparem o espaço aéreo de Bagdá, ligamos a televisão para assistir aos jornais. Âncoras furiosos gritavam sua ira contra os vilões iranianos.

– Os criminosos foram expulsos do espaço aéreo iraquiano, mas prometemos que todo o povo do Iraque vai fazer sacrifícios para enterrar nossos inimigos!

Enquanto eu ouvia o inútil discurso inflamado, percebi que o Irã não era o inimigo que mais temia. Nosso governo baathista havia sido tão brutal desde seu primeiro dia no poder que se tornara um movimento espiritualmente morto, mas ninguém além dos curdos ousava reconhecer a verdade. Ainda não.

Creio que um dia a história vai mostrar que nenhum grupo no Iraque lutou mais obstinadamente contra os baathistas do que os curdos. Nunca desistimos.

Naquele momento, porém, minha principal preocupação era pela sobrevivência de todos nós àquele período terrível. Sabia que outros homens da família corriam o risco de ir se juntar a meu irmão nas trincheiras.

Ra'ad graduara-se como engenheiro da Universidade de Tecnologia de Bagdá. Aos 26 anos de idade, ainda não era casado, mas administrava um negócio próspero. Podia ser recrutado a qualquer momento. Hady, marido de Alia, tinha 43 anos de idade e era pai de três filhos pequenos, mas ainda podia ser considerado jovem o bastante para lutar. E Sarbast? Aos 22 anos, ele só teria mais um ano na escola de engenharia. Felizmente, a família o pressionara para obter o diploma, convencendo-o de que uma ou outra guerra estaria sempre esperando por ele no Curdistão. Assim, Sarbast permanecera em Bagdá.

Nosso governo garantiu a seus cidadãos que a guerra não iria além do próximo mês, e que os universitários obteriam dispensa de estudante para que pudessem concluir seus cursos. Mas ninguém sabia quando essa política poderia mudar.

Eu sabia como Sarbast reagiria a uma convocação militar. Ele era um homem que lutava por seus ideais, mas odiava demais os baathistas para lutar por eles. Se fosse pressionado para integrar o exército iraquiano, ele fugiria na primeira oportunidade para ir se juntar aos peshmergas nas montanhas.

Exaustos pelo trauma do dia, nós nos recolhemos cedo, mas eu não consegui dormir. Sarbast dominava meus pensamentos, apesar de nada ter mudado entre nós. Eu ainda não conseguira me igualar a minha mãe e minhas irmãs em beleza, finalmente deixara para trás a infância. Tinha 18 anos de idade e me desenvolvera fisicamente, transformando-me em uma mulher que muitos consideravam atraente. Era alta e magra, tinha longos cabelos negros e um rosto interessante que Sarbast ainda julgava digno de ser desenhado. Apesar dessas mudanças físicas, porém, ele permanecia distante, embora fosse amigável e jamais sequer tenha tentado falar de amor comigo.

Infelizmente, nunca pude conversar com ele sobre meus sentimentos. Lutava contra muitas coisas em minha cultura conservadora, mas nunca tive a ousadia de dar o primeiro passo. Tal atitude arruinaria minha reputação para sempre. E por isso eu esperei.

Para minha felicidade, tinha algumas lembranças que me serviam de conforto. Era verdade que Sarbast certa vez dissera à sua tia Alia, minha irmã, que eu "o motivava", que meu rosto bonito e minhas maneiras entusiasmadas o tentavam a pegar o bloco de desenho. Era verdade que Sarbast sempre me envolvia em discussões políticas, compreendendo finalmente que eu partilhava seu amor pelo Curdistão. Era verdade que passávamos momentos maravilhosos juntos discutindo livros que tratavam de assuntos variados, e por conta dessas discussões eu me tornara leitora ávida. Era verdade que eu testemunhara um lampejo de prazer em seus olhos quando ele soubera que eu havia sido aceita e já me matriculara na escola de engenharia agrícola.

Era verdade que, mesmo depois de anos de amor não correspondido, meus sentimentos ainda eram os mesmos por aquele homem.

Alia considerava a situação impossível, sem esperanças. Ela me prevenia:

– Joanna, você marcou a si mesma. Marcou-se para ser uma mulher com o coração partido. Nada de bom pode advir disso.

Era fácil para ela falar. Minha irmã, uma mulher de sorte, era casada com um homem que a idolatrava.

10

As trincheiras

CAMPO DE BATALHA DE AHWAZ
Primavera de 1981

Gritos terríveis me acordaram no meio da noite. Fiquei tão assustada que precisei de alguns instantes para perceber que os gritos eram de Muna. Os episódios de depressão se tornavam mais freqüentes nesse período, com tréguas cada vez mais raras. A saúde mental de minha irmã deteriorava-se visivelmente desde o início da guerra, no ano anterior.

Pulei da cama no mesmo instante em que minha mãe se aproximou de Muna, aninhando sua cabeça entre os braços para acalmá-la. Mesmo assim, minha irmã não parava de gritar chamando por Sa'ad. Sua histeria progrediu, e num dado momento ela exclamou desesperada:

– Sa'ad não pode respirar! Sa'ad está sufocando!

Um arrepio percorreu minha espinha.

Minha mãe estava perturbada, era evidente. Ela respondeu:

– *Na! Na!* Você teve um pesadelo, Muna. *Na! Na!* Sa'ad não está sufocando!

Nada acalmava minha irmã. Ela tremia, chorava e continuava gritando:

– Sa'ad! Sa'ad!

A histeria prosseguiu noite adentro até eu começar a pensar que ela enlouquecia por conta do sofrimento.

Muna tinha uma ligação muito forte com seu irmão gêmeo. Era algo misterioso, sobrenatural. Ela sempre experimentara as alegrias e tristezas dele como se fossem dela mesma. Desde que Sa'ad partira para a guerra, Muna sofria tanto que eu temia que ela acabasse fugindo para o front a fim de se juntar a ele naquelas trincheiras. Lamentava pela pobre Muna.

Com o raiar de um novo dia, Muna finalmente adormeceu.

Eu andava inquieta, indo e voltando, percorrendo a distância entre meu quarto e a cama de Muna, me certificando de que ela ainda respirava. Mantinha-me ao lado dela bem quieta, afagando seus cabelos, pensando em minha irmã e admirando sua beleza. Aos 23 anos de idade, Muna ainda guardava a delicadeza e a doçura de uma boneca. A pele era clara como porcelana, com um toque de rosa nas faces e nos lábios. Muna tinha muitos encantos físicos, mas era tão frágil em espírito que eu me tornara obcecada por seu bem-estar desde ainda muito jovem.

Em nossa cultura, Muna era considerada velha demais para permanecer solteira, mas era tão linda e doce que recebera inúmeras propostas de casamento, muito mais do que a maioria das jovens. Sua submissão era conhecida na região, e em nossa cultura essa era uma qualidade muito valorizada nas esposas. Obediência.

Nenhuma proposta fora aceita porque, tímida, Muna preferia o celibato e a vida ao lado de nossa mãe. Mas parentes e vizinhos já começavam a falar, comentando que, se não se casasse logo, Muna acabaria solteirona e dependendo da boa vontade dos irmãos.

Até minha mãe questionava se devia permitir que Muna continuasse adiando o casamento. Mas eu era da opinião de que minha irmã não devia se casar. Nunca.

Pelo que sabia, apesar de muitos iraquianos serem amorosos e gentis durante o namoro e o noivado, quase sempre se tornavam maridos egoístas, difíceis e até insolentes depois do casamento. Não queria esse tipo de situação para nossa querida Muna. Ninguém poderia amá-la, protegê-la e mimá-la como nós. Havia muito com que se preocupar.

Mais tarde, naquele mesmo dia, sofremos um violento choque. Soubemos que havia acontecido uma batalha atroz em Ahwaz e que milhares de homens haviam sido feridos e mortos. Meu coração quase parou de bater. A última carta que recebêramos de Sa'ad havia sido enviada desse lugar.

Minha mãe e eu nos olhamos em pânico. Era óbvio que pensávamos a mesma coisa. Se o sonho de Muna havia sido um aviso, um presságio, uma premonição... Seria verdade que Sa'ad estivera sufocando? Tentamos descobrir tudo sobre a batalha em Ahwaz.

Localizada às margens do rio Karun, Ahwaz era parte de uma área de fronteira rica em petróleo ao longo do Shatt al-Arab. O território era disputado entre Irã e Iraque desde que o Iraque se formara como país. No primeiro dia de guerra, seis divisões do exército iraquiano haviam atacado Ahwaz e várias outras cidades na fronteira. Depois, seguiram rapidamente em frente e ocuparam milhares de quilômetros de território iraniano. Após aqueles primeiros e vitoriosos dias, porém, houve uma estagnação. Nenhum dos lados conseguiu realizar uma ação militar particularmente decisiva.

Por isso Sa'ad estava na fronteira. Milhares e milhares de jovens iranianos e iraquianos permaneciam encolhidos nas trincheiras, esperando para matar uns aos outros.

A vida humana tornara-se barata para o nosso governo. De fato, famílias eram reembolsadas por seus mortos. Saddam Hussein decretara que uma vida valia dois meses de salário e uma pensão, além de um terreno e um aparelho de televisão. Mais tarde, com a continuação da guerra, Saddam elevou esse valor, incluindo um Toyota e um pagamento, em dinheiro, no valor de 15 mil dólares.

Mas, mesmo pobres como éramos, não queríamos esses benefícios. Queríamos apenas nosso Sa'ad de volta.

Mas teria a sorte dele se esgotado? Meu irmão sobrevivia ao inferno de lama há seis meses, enquanto muitos de seus amigos já haviam tombado diante de seus olhos.

Sa'ad enviava cartas freqüentes, mas, recentemente, ele deixara de comunicar-se conosco. Não recebíamos cartas há várias semanas.

O silêncio seguido pelo sonho de Muna e pela notícia da terrível batalha alarmava todos na família. O pesadelo de Muna havia sido realmente telepatia?

Quando Ra'ad foi chamado ao Hospital Militar Al-Rasheed, para onde eram levados os feridos de guerra, quase sofri um colapso. A família se reuniu na casa de Alia para esperar por notícias. Estávamos todos muito nervosos.

Após um período miserável de angústia e ansiedade, Ra'ad retornou com más notícias, boas notícias e notícias surpreendentes. As más notícias eram que Sa'ad era paciente no hospital e seu quadro era grave. Ele quase morrera nas trincheiras. A boa notícia era que ele sobreviveria. O surpreendente era que o sonho de Muna havia sido, de fato, um caso de telepatia.

Enquanto relatava a triste história de Sa'ad, Ra'ad movia as mãos num gesto nervoso.

– A batalha em Ahwaz tornou-se tão violenta que Sa'ad não conseguia deixar a trincheira, nem mesmo para ir ao banheiro. As botas, ensopadas por conta do lodo e da umidade nas trincheiras, começaram a se dissolver em seus pés. O banheiro dele era uma lata vazia de leite em pó. O suprimento de comida se esgotava. Durante um intenso bombardeio, um grande amigo dele, um rapaz que lutava a poucos metros de nosso irmão, foi atingido e decapitado. As bombas caíam incessantemente, e ninguém na trincheira se atrevia a erguer a cabeça nem para remover o cadáver. Sa'ad ficou lado a lado com um corpo em decomposição por muitos dias.

Meu irmão continuou:

– Depois de quase uma semana nesse horror, todos na trincheira estavam mortos, exceto Sa'ad. Só ele sobreviveu. Não havia como conter os soldados iranianos, muito menos obrigá-los a recuar. Sa'ad assustou-se ao ouvir soldados inimigos falando em farsi muito perto de onde ele estava. Um dos oficiais iranianos ordenou que seus homens matassem todos os iraquianos que encontrassem. Sa'ad constatou que estava isolado; o oponente optara por não fazer prisioneiros, e ele foi deixado acidentalmente atrás da linha inimiga. Ele fechou os olhos e contorceu o corpo numa posição absurda, quase impossível, enganando os iranianos. O inimigo julgou-o morto. Por sorte, os soldados iranianos deram apenas uma rápida olhada em sua trincheira antes de seguirem em frente na busca ávida por sobreviventes iraquianos. Sa'ad saiu da trincheira para fugir, mas percebeu movimento atrás dele. Sua única alternativa era se esconder. Pirâmides muito altas de cadáveres chamaram sua atenção. Os mortos iraquianos haviam sido empilhados. Ele decidiu se esconder sob aqueles corpos.

Meus pensamentos voltaram na noite em que Muna nos despertara com seus gritos, exclamando que Sa'ad não conseguia respirar.

– Contei a Sa'ad sobre o pesadelo de Muna. Ele confirmou que havia realmente sentido medo de sufocar, porque respirar era difícil naquelas condições.

Nessa hora, minha mãe e eu demos um grito. Fiquei ofegante, e pus a mão na garganta, sentindo como se fosse sufocar. *Jamais* entenderia aquela misteriosa ligação entre os gêmeos!

– Sa'ad contou que teria morrido ali, sob aqueles cadáveres, e nós nunca teríamos tomado conhecimento de seu destino, não fosse por nossos bravos soldados que ainda lutavam, tentando desesperadamente retomar o território que haviam acabado de perder. Porém, quando os iraquianos alcançaram sua posição, Sa'ad estava tão enfraquecido que não conseguia se mover. Depois de um tempo, os corpos começaram a ser removidos da pilha para serem sepultados. Um soldado iraquiano mais atento notou um leve movimento. Era Sa'ad, tentando respirar. Ele foi libertado poucos segundos antes de ser atirado em uma cova coletiva. Uma ambulância o transportou do campo de batalha para Bagdá e para o Hospital Al-Rasheed.

Os médicos informaram que a saúde de Sa'ad estava seriamente comprometida. Mediante o relatório médico do quadro, o exército iraquiano liberou meu irmão de seu dever militar. Estávamos aliviados por Sa'ad não ter mais de voltar às trincheiras, é claro, mas agora tínhamos outra preocupação, a de que ele pudesse morrer ainda jovem.

Antes de podermos absorver inteiramente essa informação tão perturbadora, recebemos ainda outra má notícia.

Agora Ra'ad era o centro de nossa apreensão. Ele recebera uma convocação para apresentar-se para um exame físico em uma base militar.

11

Ra'ad nos deixa

BAGDÁ
1982-1983

Minhas mãos tremiam enquanto eu arrumava a mala. Ra'ad, minha mãe, Muna e eu deixamos Bagdá a caminho da Europa. A viagem poderia ser nosso fim.

A intensificação do conflito com o Irã aumentava a instabilidade interna no Iraque. Iraquianos eram proibidos de deixar o país. Mas o país era tão corrupto, que um suborno generoso pago ao oficial apropriado relaxava temporariamente a restrição, pelo menos para nossa família. Muitos iraquianos queriam deixar nosso perigoso território, mas não podiam, e assim nossas "férias" iminentes causavam inveja e suspeitas em vizinhos e amigos.

E eles estavam certos. De fato, *não* saíamos de férias, como afirmamos na entrevista com as forças da segurança. Viajávamos com um propósito ilegal. E se nosso plano fosse descoberto e fôssemos detidos antes de deixar o país, poderíamos ser executados.

Ra'ad fugia do Iraque, possivelmente para nunca mais voltar. Meu irmão planejava começar uma nova vida na Europa. Essa nova vida exigia certa quantia em dinheiro. A lei iraquiana permitia que cada membro da família que viajava transportasse o equivalente a 1.500 dólares americanos. Éramos quatro, o que somaria 6 mil dólares para que Ra'ad sobrevivesse até que pudesse encontrar um trabalho ou obter permissão para estudar.

Nada seria agradável ou divertido naquela viagem tensa. Suportaríamos um vôo exaustivo, desembarcaríamos na Europa, entregaríamos a Ra'ad o dinheiro que transportávamos, e depois retornaríamos ao Iraque para enfrentar possíveis problemas com a segurança local.

Como explicaríamos o retorno repentino, e sem um dos membros do grupo original? Mas, apesar do perigo, estávamos dispostas a enfrentar todos os riscos para ajudar Ra'ad a fugir do país.

Havia duas boas razões para a fuga de meu irmão. A mais urgente estava relacionada à guerra.

Quando se apresentara em resposta à convocação, Ra'ad relatara seu desejo de ser piloto. Ele ouvira o suficiente sobre as trincheiras para saber que seria melhor evitar a infantaria. Durante o exame médico, porém, foi descoberto um problema até então desconhecido com sua coluna. Ra'ad recebeu uma licença médica que o revoltou, apesar da alegria da família.

Mas o perigo não havia sido superado inteiramente. Com a continuidade da guerra, os soldados tornavam-se escassos. Homens jovens anteriormente considerados inadequados ao serviço foram reconvocados. Incapaz de obter a qualificação para piloto, nosso rabugento Ra'ad logo seria enviado ao front, para um buraco lamacento, para enfrentar hordas de soldados inimigos.

Imagine nossa surpresa quando descobrimos que muitos de nossos inimigos iranianos eram extremamente jovens, e avançavam na batalha sem armas tradicionais. Suas únicas armas eram as do tipo espiritual: chaves para o paraíso penduradas em seus pescoços.

Não podíamos deixar de sentir pena daqueles pretensos soldados, alguns muito jovens, meninos de 9 anos de idade, crianças que haviam sido arrancadas dos braços de suas mães e atiradas de maneira irresponsável em um campo de batalha. Lá eles eram destroçados por metralhadoras ou marchavam sobre campos minados, encontrando a morte de maneira dolorosa e implacável.

Por mais cruel que fosse nosso governo, pelo menos não descia tanto a ponto de enviar crianças ao front. Felizmente, nós, os iraquianos, não vivíamos esse tipo particular de horror.

A segunda razão pela qual Ra'ad queria partir era seu negócio. Depois de formado, Ra'ad lecionara na universidade por um ano. Em seguida, formara uma sociedade com quatro ex-colegas de faculdade para fundar uma empresa na cidade de Ramadi, no Iraque central, cerca de 100 quilômetros a oeste de Bagdá. Meu irmão aprendera a habilidade organizacional com meu pai, que havia sido treinado na Europa, e Ra'ad impressionara os sócios obtendo muitos contratos. Era raro que alguém alcançasse o sucesso no Iraque sem a interferência de um dos homens de Saddam, mas meu irmão e seus sócios conseguiram o impossível, pelo menos no início.

Quando seus quatro sócios foram convocados e enviados ao front, os pais deles se envolveram no negócio e se mostraram indignos dos filhos honestos que tinham. Em pouco tempo, eles começaram a roubar os lucros de Ra'ad. Quando Ra'ad se negou a abrir mão do que pertencia a ele, seus novos sócios recorreram ao famoso tio de Saddam Hussein, Khairullah Tulfah. Com a ascensão do sobrinho ao poder, Khairullah usava a nova posição de Saddam como proteção para roubar e assassinar iraquianos. E ele não costumava pedir. Ra'ad foi instruído a entregar suas ações e os lucros da empresa, ou tudo lhe seria tomado pela força. Recusar-se a acatar essa ordem poderia levar meu irmão à prisão ou até a uma execução.

Jamais esquecerei o dia em que Ra'ad chegou em casa desesperado, sem saber o que fazer para salvar o que era dele por direito. Ele andava pelas margens do Tigre, o lugar que mais amava em Bagdá, e lá descobriu que perdera a fé em seu país. O Iraque deixara de ser um bom lugar para um homem de princípios. Essa constatação o levou à dolorosa decisão de deixar o Iraque, talvez para sempre.

Nossa família começava a se desintegrar. Depois de perder meu pai e quase perder Sa'ad, não queria perder Ra'ad. Temia ser meu destino perder todos os homens que amava.

Até Sarbast havia partido. Não o via há um ano, desde que ele escapara para o norte, para o Curdistão. Como eu temia, o universitário havia sido convocado e declarado em perfeitas condições físicas pelo médico que o examinou. Não haveria dispensa para Sarbast.

Embora não pudesse evitar o treinamento militar, *nada* teria sido capaz de forçá-lo a se juntar às fileiras de seus odiados inimigos no campo de batalha. Ele fugiu de sua unidade militar e seguiu para o Curdistão. Lá, uniu-se à União Patriótica do Curdistão (PUK), uma organização formada por Jalal

Talabani, ex-membro do Partido Democrata do Curdistão (KDP), a primeira organização política do peshmerga curdo.

Mas ele me deixou com uma doce recordação que me confortou durante os dias vazios de sua ausência.

Antes de deixar Bagdá, Sarbast surpreendeu-me com um pedido. Ao passar por mim no corredor da casa de Alia, ele me chamou de lado. O sempre solene Sarbast mostrava-se jovial, como se não tivesse nenhuma preocupação no mundo, apesar de saber que em breve seria um fugitivo do governo em Bagdá e poria ele próprio e a família em perigo. Mas sua corajosa família o incentivava, bem como a seus irmãos, a lutar contra Saddam, dispondo-se a perder tudo para fortalecer a causa curda.

Mas, naquela manhã em particular, Sarbast estava feliz como uma criança.

– Joanna – murmurou ele alegre –, logo estarei partindo. Porém, antes de ir, tenho de cuidar de alguns assuntos na universidade. Gostaria de ir comigo?

Seus olhos brilhavam e ele tinha um sorriso radiante no rosto. Os cabelos escuros eram longos demais para um homem, com aqueles caracóis brilhantes dando a impressão de que ele havia corrido contra o vento.

Olhei para ele sem responder, segurando as mãos para conter o impulso de afagar aqueles cabelos. "É bom demais para ser verdade", pensei, sacudida por um violento arrepio de antecipação. Estava certa de que Sarbast finalmente falaria em casamento.

– Gostaria, é claro – concordei afinal.

Juntos e sozinhos após anos de paixão juvenil, aquele dia mágico se desenrolou como eu havia fantasiado por tanto tempo. Rimos e corremos para pegar o ônibus, e a caminho da universidade ele olhou pela janela, guardando na memória todos os detalhes da cidade, abrindo-me os olhos para a vitalidade da vida urbana de Bagdá. Eu nunca havia notado os absurdos da galeria de contrastes dos personagens locais: ricos mercadores ambulantes escondendo seu dinheiro, esposas apressadas gritando com seus filhos desobedientes, jovens meninos equilibrando fardos pesados demais para seus corpos ainda pequenos, amantes tímidos trocando sinais discretos, mulheres de idade com corpos espantosamente redondos, homens velhos sentados ao sol, abrindo e fechando suas bocas como o peixe *masgouf*, que era uma iguaria deliciosa servida nos cafés mais requintados às margens do rio em Bagdá.

Sarbast me fez rir muito, e nossa alegria criava uma camaradagem com os desconhecidos no ônibus, pessoas que nos olhavam com afeição. Deviam imaginar que éramos recém-casados retornando da lua-de-mel.

Cada pequeno gesto de Sarbast me enchia de alegria, e eu sorria até mesmo enquanto, sozinha, esperava que ele concluísse seus assuntos na universidade. No caminho de volta para a casa de Alia, nós dois pensávamos em um meio de prolongar o dia, e foi assim que acabamos entrando em uma livraria. Paramos na seção de ficção, e eu tocava as lombadas dos livros sem desviar os olhos dele. Sua voz era tão sedutora e doce que, quando ele revelou que gostava do meu cabelo longo, cheguei a pensar que estivesse apaixonado por mim.

Bagdá não era um lugar onde se pudesse falar abertamente, por isso ele se aproximava de mim e sussurrava, o rosto muito próximo do meu e os olhos cheios de vida, brilhantes. Ele me contou que não tinha medo de morrer, mas queria viver, trabalhar, ter um lar confortável, saber o que era ser casado com uma bela mulher e segurar um filho nos braços.

Se havia no mundo essa coisa chamada felicidade, naquele momento eu a vivia plenamente.

Ofegante, aproximei-me ainda mais dele, esperando ouvir as palavras que, eu sabia, viriam em seguida. Sarbast certamente revelaria que não podia mais viver sem mim.

Minha resposta seria sim, claro. Minha imaginação febril já produzia imagens do momento em que eu diria adeus a todos os conhecidos e, levando apenas uma pequena mala, deixaria Bagdá para seguir meu marido para o Curdistão. Viveríamos em um vilarejo peshmerga. Eu o apoiaria em tudo que ele quisesse fazer. Em tudo que fosse necessário.

Eu estava tão sorridente que ele parou de falar de seus sonhos. Mas eu o estimulava:

– Continue! Continue!

Na nossa cultura, aquele não era o método tradicional de começar um noivado. Mas eu acreditava que a conexão entre nossas famílias tornava tudo muito mais simples. Diferentemente da maioria das mulheres, eu conhecia Sarbast há anos. Já sabia que o amava.

E continuava esperando pelas palavras mágicas. Esperando... Esperando... Finalmente, Sarbast olhou para a porta da livraria e disse:

– Temos de ir embora. Está ficando tarde.

Lutando para me manter controlada, eu o segui para a rua sem saber o que havia acontecido, tão ansiosa que quase declarei meu amor por ele, quase revelei que não suportava saber que ele deixaria Bagdá sem mim. Quase disse que queria me casar com ele.

Mas não podia dizer nada. Para manter intacta minha honra, sabia que tinha de me conter. Apesar de poderem ser ousadas em muitas coisas, as jovens mulheres curdas não devem ser atrevidas nessas questões de amor.

Eu já havia feito tudo que podia para demonstrar meus sentimentos por Sarbast. Passara o dia com ele. Ouvira atentamente cada uma de suas palavras. Sorrira. Até rira. Uma jovem curda não podia fazer mais do que isso.

Meus pensamentos eram uma confusão. Esperançosa, concluí que Sarbast podia estar planejando me raptar, um método bastante comum para acelerar os procedimentos de um casamento. Meu espírito se renovou com essa expectativa.

Pensei em dizer a Sarbast que ele não precisava se dar ao trabalho de me raptar. Eu o seguiria espontaneamente, se ele pedisse. Mas não disse nada. Nem ele.

Em vez disso, Sarbast retraiu-se no trajeto de volta. O que havia acontecido? Nada do que eu dizia ou fazia era suficiente para recuperar a antiga jovialidade. Ele olhava para tudo e todos, menos para mim.

Em que estaria pensando? Teria pensado estar apaixonado e, durante o dia de convivência, descoberto que não me amava, afinal, ou que eu era menos digna de seu interesse do que julgara de início?

Eu me inclinei para frente e apoiei o queixo em uma das mãos, tomada por um tipo todo especial de incerteza e agonia. Meus pensamentos se atropelavam. Ele partiria no dia seguinte. Talvez nunca mais o visse.

Sarbast precisava me pedir em casamento! Precisava! Mas não pedia.

Nas horas silenciosas da noite, meu coração ansioso dispersou o sono. Na manhã seguinte, Sarbast deixou Bagdá depois de um adeus rápido e sem nenhum sentimento.

Não o vi mais depois disso. Não recebi cartas. Durante aquele período houve combates esporádicos, mas violentos, entre os peshmergas e o exército iraquiano. Eu não tinha meios de saber se Sarbast estava vivo ou morto. Mesmo assim, meu amor por ele nunca arrefeceu.

12

O fim da esperança

BAGDÁ
1984

Pelo menos tudo acabou bem em relação a Ra'ad e sua fuga do Iraque. Nenhum de nós foi detido ao voltarmos da Europa, apenas 48 horas depois de termos deixado o país, sem ele. O Iraque vivia um período de tumulto tão intenso após quatro anos de guerra, que nossa escapada de risco nem foi notada. Essa foi uma das poucas vezes na vida em que tivemos sorte.

Em um ano Ra'ad já prosperava na Suíça. Era empregado de uma companhia de prestígio e logo obteria residência. Sua meticulosidade, tão parecida com a de nosso pai, enquadrava-se perfeitamente nos padrões suíços, no apreço local pela precisão.

Sentia saudades de Ra'ad, mas finalmente compreendi que havia sido melhor para ele deixar um país destroçado. A igualdade militar prolongada significava que ninguém sabia quem seria o vencedor do confronto. Os americanos apoiaram Saddam no primeiro ano de guerra, basicamente uma demonstração do ultraje e do ressentimento dos Estados Unidos diante da situação dos reféns americanos no Irã. Muitos iraquianos se sentiam confortados pela crença de que os americanos jamais permitiriam a vitória iraniana. Mas a guerra prosseguia.

Sarbast ainda estava vivo, mas partira meu coração. Minha esperança de desposá-lo, viver ao lado dele a vida de esposa de guerrilheiro e criar seus filhos finalmente morrera. Tudo acontecera rapidamente e de maneira inesperada.

Eu ainda estava na faculdade e, mesmo depois de mais de um ano sem ver Sarbast, ainda lamentava sua ausência. Meu amor por ele persistia, apesar de minha família já ter recebido algumas propostas de casamento para mim. Os pretendentes eram homens atraentes, agradáveis e promissores, mas, para alarme dos meus familiares, eu os recusava.

Apenas Alia e Muna entendiam meu comportamento. Só elas conheciam meu segredo, compreendiam que eu não podia me casar com um homem amando outro. Desafiando os costumes do casamento adotados por minha cultura e em meu país, passei os anos da faculdade esperando.

E então, uma tarde, cheguei à casa de Alia e lá estava ele!

Sua aparência física era a prova de que a vida nas montanhas era cheia de provações e sacrifícios. Sarbast ainda era belo como eu lembrava, mas estava magro demais, e havia linhas profundas em torno de seus olhos e da boca.

Fiquei tão feliz por vê-lo que não conseguia parar de sorrir. A atração era mais forte do que nunca.

Logo notei que Sarbast sofrera outras modificações. Parecia subjugado. Era agradável, amistoso, mas não o bastante, e alegava estar em Bagdá por razões políticas, uma explicação no mínimo vaga.

Durante nossa longa guerra contra o Irã, muitos curdos haviam se ligado aos soldados iranianos, tal a intensidade do ódio que sentiam pelo governo do nosso país. Preferiam apoiar os iranianos, um povo contra o qual nós, os iraquianos, lutávamos pela sobrevivência. Saddam Hussein considerou essa situação humilhante e intolerável. Tentando estabelecer um acordo com os curdos a fim de impedir que eles se aliassem aos iranianos, Saddam autorizara um raro cessar-fogo com os curdos no final de 1983, uma trégua que se estendera por quase todo ano seguinte. Durante esse período, guerrilheiros peshmergas receberam anistia, o que significava que podiam deixar as montanhas e visitar as cidades. Por isso Sarbast pudera ir nos ver.

Apesar de sua atitude indiferente, eu tinha certeza de que ele viajara a Bagdá com um único propósito: rever-me. Obcecada pela idéia de persuadi-lo a me pedir em casamento, fiz planos.

Não permitiria que Sarbast deixasse Bagdá sem antes termos uma séria conversa sobre o nosso futuro. Eu tinha quase 22 anos e logo me formaria na universidade. Estava pronta para me casar, mas só se meu marido fosse um homem especial. Dos 4.770.104.443 habitantes do mundo naquele ano de 1984, dos quais a metade era composta por homens, só *ele* serviria.

Primeiro, tentei conversar perguntando sobre suas aventuras, mas Sarbast se mantinha estranhamente distante. O amor cobre muitas faltas, por isso justifiquei sua relutância em falar presumindo que a vida de guerrilheiro era tão dura, que ele não se sentia capaz de comentá-la.

Certa tarde, quando ele estava sentado à mesa na cozinha da casa de Alia bebendo chá, reconheci minha oportunidade. Sentei-me com ele sem esperar por um convite e perguntei:

– Sarbast, se essa trégua acabar, você vai voltar ao norte?

Reservado, ele respondeu:

– Vou.

Houve um longo silêncio.

Ele bebia o chá e olhava para as mãos que, para meu desânimo, agora eram marcadas por inúmeras cicatrizes. Que tipo de trabalho ele estivera fazendo com aquelas belas mãos?

Desviando o olhar, disse a mim mesma que não devia me distrair. Respirei fundo. O momento era esse. Diria qualquer coisa para conseguir o que queria.

Eu declarei:

– Quero ir também. Posso lutar. *Quero* lutar.

Sabia que ao longo da história curda apenas as mulheres turcas, nunca as iraquianas, haviam lutado lado a lado com seus homens, mas, mesmo assim, decidira que, se tivesse uma oportunidade, eu aprenderia a atirar e poderia atuar com mensageira. Seria útil de alguma maneira.

Sarbast explodiu numa gargalhada amarga. Quando percebeu que eu falava sério, ele me apontou o dedo indicador e disse:

– Não tem idéia do que está dizendo, Joanna. É uma vida perigosa. Estamos sempre correndo para uma ou outra batalha, fugindo dos soldados ou dos jahshs. A morte nos ronda. Já perdi muitos amigos. Bons amigos.

Eu sabia que os jahshs eram os vira-casacas curdos, homens que, para evitar o serviço militar iraquiano, aceitavam subornos de Bagdá para espionar seus irmãos curdos. Esses eram os curdos mais desprezíveis, os que causavam a captura e a morte de muitos de nossos guerrilheiros e de simpatizantes civis.

Eu me recusava a desistir.

– Sarbast, sempre soube que um dia eu apoiaria os peshmergas. Sempre. Desde menina.

A resposta dele demonstrava irritação.

– Na. Na. Joanna, essa vida não é para você! É uma garota da cidade, acostumada a tudo isso – argumentou ele abrindo os braços, referindo-se às modernas instalações da casa de Alia. – A vida nas montanhas é feita de sacrifício. Escute, como a mesma coisa todos os dias. Comida *ruim*, devo acrescentar. Durmo ao relento, no frio, sem um cobertor. Aviões jogam bombas todos os dias. Há sempre o perigo de sermos alvejados. Estamos sempre machucados. Os médicos foram proibidos de cuidar de nós. Muitas pessoas morrem de ferimentos e enfermidades tratáveis, porque dispomos de poucos médicos e cuidados rudimentares.

Quando ele se debruçou para chegar mais perto e dar ênfase à argumentação, tive de fazer um grande esforço para não tocar seu rosto.

– Joanna, a verdade é muito simples: unir-se aos peshmergas significa que muitos homens farão tudo que puderem para *matá-la*!

– Não me importo – retorqui, sentindo que perdia a força dos meus argumentos e que logo seria empurrada de volta para aquele insuportável vácuo de intolerável espera. – Não me importo! – repeti, batendo com o punho na mesa.

– *Na!* Chega! – Antes de se levantar e ir despejar na pia o que restava do chá, ele bateu a xícara contra a mesa com tanta força que ela rachou. Sarbast saiu da cozinha sem sequer olhar para mim.

Como eu temia, o cessar-fogo chegou ao fim. Os curdos acreditavam estar combatendo um líder cercado por dificuldades e, por isso, estavam certos de que Saddam logo seria deposto. Não havia razões para ceder a suas exigências. Logo ele sairia de cena. Confiantes na remoção de Saddam, líderes curdos guardaram nos bolsos os planos de vitória e esperaram.

Sarbast deixou Bagdá às pressas para retomar a luta. E ele nem se despediu de mim.

Voltei para a casa de minha mãe. Meu amor por Sarbast era uma forma de loucura. Apesar de seu comportamento me fazer sofrer muito, eu não sabia como deixar de amá-lo.

Três dias mais tarde, Alia deixou os três filhos aos cuidados de uma vizinha de confiança e atravessou a cidade de ônibus para ir me encontrar. Eu estava sozinha em casa, porque mamãe fora ao mercado e Muna visitava uma amiga.

A televisão berrava ao fundo enquanto eu passava a ferro um vestido que usaria para ir à faculdade no dia seguinte. Eu nem ouvia o telejornal. As emissoras de Bagdá eram tremendamente repetitivas naqueles dias, pois todos os programas focavam a guerra e Saddam Hussein. Mais nada. Lembro-me de que o jornal transmitia uma reprise de um discurso de Saddam convocando os soldados iraquianos a "arrancar cabeças iranianas". Ele aconselhava nossos soldados a "atacarem com toda a força, porque os pescoços que cortavam pertenciam a colaboradores do lunático Khomeini". Ele chamava os rapazes de "espadas de Alá na Terra".

Olhei para a tela da tevê e vi Saddam sentado atrás de uma mesa. Como eu odiava aquele homem! Ele era a razão de Ra'ad não estar mais conosco. Por causa dele, Sa'ad ainda sofria com problemas de saúde. E ele era o motivo pelo qual Sarbast vivia a vida de um peshmerga nas montanhas, tão distante de mim.

Muitas vezes rezei para que Saddam morresse, resolvendo assim nossos problemas. Parei de passar o vestido para estudar sua imagem por alguns momentos. Infelizmente, nosso perseverante ditador exibia uma imagem de saúde perfeita.

Foi então que Alia entrou em casa sem bater à porta.

Eu sorri ao vê-la, mas meu sorriso desapareceu rapidamente. A expressão grave no rosto de minha irmã me enchia de medo. Cenários horríveis desfilaram por minha mente.

Sarbast! Estaria morto?

– Joanna, sente-se – sugeriu Alia, me empurrando para o sofá. – Joanna, Sarbast... – Minha irmã tinha dificuldade para transmitir a mensagem.

Eu não suportava a incerteza.

– Ele está... morto?

— Morto? Oh, não! Ele está vivo. – Alia fez uma pausa e olhou pensativa para mim. – Bem vivo, de fato.

— Ferido, então...?

— Não, Joanna.

Alia curvou-se e me agarrou pelos braços, encarou-me e falou de um só fôlego:

— Joanna, me escute. Sarbast pediu uma mulher em casamento.

Eu inclinei a cabeça para o lado. Devia ter ouvido mal.

— O que foi que disse?

— Por isso ele veio a Bagdá. Para pedir outra mulher em casamento.

— O quê?

— Sarbast quer se casar, Joanna, mas não com você.

— Quem...? – gemi.

— Você não a conhece, querida. Ela estudou com Sarbast na universidade. Foram colegas de classe.

— Como se chama?

— Não sei. Tudo que sei é que ele propôs casamento a uma ex-colega de classe, uma garota curda.

Eu estava tão atordoada que não conseguia entender o que Alia dizia.

— Joanna? Você está bem?

Eu *não* estava! Tentei me levantar, mas as pernas não me sustentavam.

Alia abraçou-me dizendo:

— Talvez seja melhor assim. Desde que o conheceu, ele tem sido apenas um tormento em sua vida. Agora sabe que não está nos planos de Deus uma união entre vocês. Pode escolher outro homem.

Eu resmunguei:

— De certo modo, Sarbast *está* morto.

Alia me segurou pelos ombros e fitou-me nos olhos.

— Você é uma mulher bonita, Joanna. Quantos pedidos de casamento já recusou? Cinco? Seis? Dez?

Lágrimas lavavam meu rosto, prejudicando a visão. Mas encontrei forças para me levantar, girei os ombros e me livrei das mãos de minha irmã. Não queria piedade. Saí de casa correndo pela rua.

Só parei de correr quando cheguei à margem do Tigre. Então, me atirei na encosta de relva macia e, sem me dar ao trabalho de secar as lágrimas, olhei para as águas turvas, para a correnteza forte e sinuosa. Um grupo de adolescentes nadava no rio. Eles me olharam curiosos, e desviei o olhar.

Sarbast ia se casar com outra mulher. Não queria se casar comigo. Nunca quis. Eu não significava nada para ele. Por isso ele estivera tão distante em sua última visita a Bagdá. Enquanto eu me atirava em seus braços, ele já estava envolvido com outra mulher.

A vergonha ficou ainda mais insuportável quando me lembrei daquele dia na cozinha, em que praticamente implorei para ir com ele para as montanhas.

Quem era essa mulher que Sarbast amava? Como ela conquistara seu coração? Quando ele se apaixonara por ela, se eu estivera perto dele o tempo todo? Se ele podia me ter a qualquer momento?

Senti um lampejo de raiva. Sarbast devia ter usado o tempo na universidade para estudar. E agora eu sabia... Ele só se matriculara para conhecer possíveis noivas.

Meu peito estava cheio do mais incontrolável ciúme. Quem era ela? Quem era ela? Quem era ela? Essa mulher o amava?

Uma coisa eu sabia com certeza. Quem quer que fosse, ela jamais amaria Sarbast como eu o amava. Nunca o conheceria como eu o conhecia. Ao longo dos anos, eu o estudara atenta a cada pequena mudança de disposição, adivinhando cada sonho. Às vezes, quando ele começava uma frase, eu a terminava sorrindo. Ele era um homem decorado, memorizado. Por mim!

Inclinei-me para frente e pus a cabeça sobre os joelhos dobrados. E gemi. Ele não me amava! Amava outra mulher. Ergui o rosto inteiramente destruída. Arrasada.

Sentia-me completamente sozinha, mesmo com os sons e as imagens da cidade de Bagdá à minha volta.

Uma mulher idosa passou por mim com uma expressão carrancuda. Ela me olhou com ar de desaprovação, e pude ouvir seus pensamentos: uma jovem sozinha na margem do rio está procurando encrenca. Sustentei seu olhar com ousadia, ardendo de desejo de me levantar e esbofeteá-la por suas deduções precipitadas e absurdas. Rapazes passavam por ali, seus dishdashas brancos flutuando ao vento. Fiquei furiosa por eles não estarem no front, lutando por seu país. Condutores de burros incitavam ruidosamente os animais carregados. Eu os queria presos por maltratarem os pobres bichos. Um grupo de colegiais passou por mim com sua habitual alegria barulhenta, limpas em seus uniformes bem passados, apesar de terem ficado o dia todo na escola. Elas olhavam tímidas para os garotos no rio, mas viravam as cabeças e riam quando eles demonstravam interesse.

Aquelas meninas eram idiotas, como eu! Odiava todos que estavam ao alcance da minha visão.

Só quando a total escuridão ameaçou-me e o Tigre começou a refletir a luz amarelada da lua, encontrei forças para me mover. Cansada, levantei-me da relva e, devagar, voltei para casa, onde minha mãe, Muna e Alia esperavam ansiosas.

Alia havia informado minha mãe, presumi. Contara a mamãe que sua filha caçula amava um homem que não correspondia seu amor.

Eu era uma mulher desprezada. Mas não tinha importância.

Olhei para as três mulheres que mais me amavam no mundo.

– Não posso falar sobre isso hoje – sussurrei ao passar por elas. Ouvindo os gritos desesperados de Alia e os protestos de minha mãe, fui para o quarto, fechei a porta e usei um pesado baú de metal para travá-la. Fiquei ali parada, olhando para o meu reflexo no espelho.

Eu estava muito pálida, quase como Muna, algo que sempre havia desejado. Mas, enquanto seu rosto de porcelana era lindo, o meu tinha uma aparência matizada, doentia. O espelho não refletia nenhuma beleza.

Mesmo assim, olhei para minha imagem patética, sabendo que tudo estava perdido. Não tinha escolha. Teria de suportar o insuportável. O fato irrefutável era que Sarbast pedira outra mulher em casamento. Minhas esperanças e sonhos de conquistar seu amor haviam sido a força propulsora em minha vida desde os 15 anos de idade, há sete anos.

Eu não tinha mais nada a perder.

13

A polícia secreta

BAGDÁ
1985-1986

Por dois anos, quase tudo em minha vida foi infelicidade. Eu era uma jovem de 23 anos gozando de excelente saúde, formada na universidade e alvo de atenção de muitos solteiros cobiçados, mas nada me fazia feliz. De fato, estive tão melancólica durante aqueles dois anos que, em alguns momentos, cheguei a orar pela morte.

A guerra infernal contra o Irã era interminável. E tornava-se pior a cada dia. Nossos jovens morriam em números chocantes, saturando todo o país com caixões.

Havia outras perdas que eram quase tão trágicas. Um de meus primos favoritos na família de meu pai, Sadik Osman, filho de tio Othman, era dado como desaparecido na batalha. Temíamos que ele fosse um prisioneiro de guerra.

O Irã afirmava ter 50 mil soldados inimigos detidos em suas masmorras, enquanto nós tínhamos menos de 10 mil homens prisioneiros. Havia uma razão para tão grande desequilíbrio entre os números de prisioneiros. Dizia-se que os soldados iranianos não se rendiam, sorrindo extasiados e enlouquecidos quando enfrentavam de peito aberto os tanques em movimento, erguendo as mãos para o céu buscando a morte certa.

O ódio pelo presidente Saddam Hussein inspirava tantos inimigos em sua própria casa que os atentados contra sua vida passaram a ser rotineiros, o que motivava a segurança iraquiana a transformar todo o país em um único e gigantesco *gulag*. Quase todos os habitantes viviam aterrorizados, com medo do próprio governo.

E em março de 1985, Irã e Iraque começaram a Guerra das Cidades contra os civis. Bagdá, Kirkuk, Basra e cidades iranianas correspondentes foram atingidas por bombardeios e por mísseis de superfície. Retaliação era a ordem do dia e nós, civis inocentes, nos víamos esmagados sob um céu raivoso de onde chovia morte.

Em relação a Sarbast, eu sentia raiva e desapontamento. Sabia que nenhuma mulher poderia amá-lo como eu o amava.

Por acaso, tive chance de ver o objeto do desejo de Sarbast, o que aumentou meu tormento. Isso aconteceu em uma tarde em que eu havia ido à universidade com uma de minhas primas. Ela não sabia sobre meu amor por Sarbast, mas, conhecendo a ligação entre ele e minha irmã Alia, cutucou-me e fez um sinal com a cabeça indicando uma determinada direção.

– Ali, Joanna. Aquela é a garota que Sarbast pediu em casamento.

Virei-me para vê-la. Minha rival era linda. Tinha pele clara e perfeita e cabelos louros e lisos, o que era uma raridade em nossa região. Senti um ódio profundo. Aproximei-me, e foi um terrível susto ouvi-la falar. Sua voz era tão rouca e profunda, que fiquei boquiaberta.

Sempre ouvira dizer que Deus não dá todas as bênçãos a uma só pessoa, e a voz horrível daquela mulher era prova disso. Apesar de sua beleza loura, todo apelo feminino desaparecia quando ela falava. Meu ciúme deu lugar ao espanto. Como Sarbast podia se sentir atraído por alguém com aquela voz?

Algum tempo depois, soube que o pedido de casamento de Sarbast havia sido recusado, afinal. A beldade loura se negava a desposá-lo, a menos que ele cumprisse certas condições. E ela fazia exigências inesperadas para uma mulher curda. Insistia em que ele desistisse da vida de peshmerga, e fazia questão absoluta que ele desse as costas para o Curdistão. Finalmente, ele teria de obter permissão para deixar o Iraque e buscar cidadania em algum país europeu. Caso contrário, sua resposta seria não.

Não me surpreendi ao saber que Sarbast se negara a cumprir condições tão egoístas, porque sabia que ele *nunca* se voltaria contra a causa curda. O homem que eu amava jamais deixaria o Curdistão voluntariamente.

Me animei com a notícia, porque nunca fingi desejar ao casal a abençoada felicidade conjugal, mas nem por isso recobrei a esperança. Minha intenção era arrancar Sarbast de minha mente e do meu coração. Finalmente, eu entendia de verdade que ele não me amava, nunca me amara. E nunca mais me humilharia. Nunca!

Eu me formara na universidade, mas, em vez de aceitar uma posição em minha área, a engenharia agrícola, fui trabalhar em uma agência de viagens. O trabalho era sociável, adequado à minha personalidade sociável, e pagava bem. Ganhava o dobro do salário de um engenheiro. Pela primeira vez na vida, tinha dinheiro meu, embora desse quase tudo que ganhava para minha mãe custear as despesas da casa. Com a guerra se prolongando, tudo era escasso e caro.

Meu trabalho foi a única fonte de prazer em minha vida, pelo menos por um tempo. Com a guerra, o turismo era inexistente. Os iraquianos eram proibidos de deixar o país, a menos que fosse para tratar de negócios oficiais do governo. Então, a agência era responsável por fazer todos os arranjos de viagem para expatriados que chegavam ao Iraque a fim de preencher as vagas de emprego deixadas por nossos homens, ocupados com a guerra.

E foi assim que, um dia, recebi uma notícia que me encheu de medo.

Ao chegar ao trabalho em uma manhã no meio de 1986, fui recebida na porta por meu chefe, que parecia muito perturbado. Não. Ele estava visivelmente traumatizado. Ele me chamou ao seu escritório, fechou a porta e sussurrou:

– Joanna, você foi procurada aqui na agência. A polícia secreta... Deve se apresentar amanhã.

Ele ficou em silêncio com a mão sobre o coração, balançando a cabeça, preocupado. Finalmente perguntou:

– Tem alguma idéia do que isso pode significar?

Eu dei de ombros.

– Não. Nenhuma.

Eu disse a verdade. Não havia cometido crime algum. Fazia meu trabalho, visitava meus familiares, passava boa parte do tempo em casa, e às vezes ia visitar uma amiga. Raramente, acompanhava meus familiares ao cinema.

Não estivera no Curdistão nos últimos dois anos. A região norte do Iraque se tornara uma perigosa zona de guerra. Havia bloqueios em todas as estradas, e soubemos que iraquianos inocentes eram levados às prisões simplesmente por estarem ali, naquela área. O Curdistão era uma zona proibida.

Aquela notícia indesejada sobre a visita da polícia secreta me assustou. Eu era meio-curda. Antes da guerra com o Irã, havia passado muito tempo no norte curdo, uma área considerada pelo governo como o covil de seu mais odiado inimigo. Meu irmão deixara o país para ir viver na Europa e nunca mais voltara. Por intermédio de Alia, eu tinha ligações com um homem considerado o mais hediondo criminoso, um peshmerga. Todas essas coisas poderiam ser consideradas suspeitas sob a poderosa lente de aumento da polícia secreta.

Tremi de medo e senti vontade de sair dali correndo, mas não havia nenhum lugar onde pudesse me esconder. Nada poderia fazer senão me apresentar no dia seguinte, conforme a convocação.

Meu pobre chefe era solícito, mostrando-se ansioso por minha segurança e se oferecendo para acompanhar-me, algo que poucos iraquianos teriam feito. Embora fosse baathista, eu sabia que ele se afiliara pela mesma razão que levara tantos outros iraquianos a ingressar no partido: falta de opção. Não podia permitir que ele se colocasse em risco por mim.

– Não deve ser nada sério – disse a ele, embora não estivesse convencida.

Preveni Alia e Hady sobre onde eu me apresentaria, caso não retornasse. Não queria preocupar minha mãe, por isso não contei nada a ela. Se fosse detida, ela teria tempo de sobra para se preocupar.

Todos que viviam no Iraque já haviam escutado histórias de horror sobre as prisões de Saddam. Apesar de minhas conexões curdas, eu tivera a sorte de evitar quaisquer problemas com a segurança, mas minha sorte podia ter mudado.

Não consegui dormir, apreensiva com o que aconteceria na manhã seguinte. Talvez aquela fosse minha última noite no conforto de minha cama. Afinal, havia muitos iraquianos tão inocentes quanto eu apodrecendo em uma das inúmeras prisões espalhadas pelo país.

De fato, havia uma grande diversidade de prisões. Em algumas os iraquianos eram confinados em buracos no chão, como aquela em que Ra'ad e Hady haviam estado. Havia as temidas prisões-esquifes, nas quais os prisioneiros eram postos em caixões com um único orifício para a entrada do ar e só saíam deles durante uma hora todos os dias. Havia masmorras escuras cujos prisioneiros nunca viam a luz do sol. Não havia nenhuma prisão boa no Iraque. Até as mais comuns, sem o complemento de confinamentos bizarros, tornavam-se horríveis por conta da superpopulação.

Na melhor das hipóteses, eu ficaria em uma cela estreita com muitas outras mulheres. Não teria espaço suficiente para estender os braços nem para ficar em pé. Seria forçada a dormir no chão de cimento, na umidade, sem lençol ou coberta. Talvez houvesse um único sanitário, talvez não, e nesse caso o banheiro seria onde eu encontrasse espaço.

Pensei na variedade de torturas a que poderia ser submetida, pois já ouvira falar em choques elétricos, ganchos para pendurar pessoas e unhas arrancadas. Havia rumores sobre salas de espelhos onde as mulheres eram violadas, enquanto os homens da família eram forçados a assistir a tudo do outro lado.

Eu estremeci. O que aconteceria comigo? O que eu podia ter feito para chamar a atenção das autoridades? Revi tudo, todos os detalhes de minha vida nos últimos meses, e não consegui identificar nada. Não visitara o Curdistão e não recebera nenhum tipo de mensagem ou comunicação de alguém no norte.

A manhã chegou depressa demais. Com o coração pesado e os olhos inchados, peguei um táxi e fui para o Quartel-general de Segurança de Sadoun.

O motorista do táxi era um homem de meia-idade e expressão bondosa. Preocupado, ele perguntou se deveria esperar por mim, manifestando apreensão por minha segurança. Ele comentou que tinha três filhas e não permitiria que nenhuma delas entrasse sozinha naquele edifício.

Pedi a ele para retornar em duas horas, se fosse possível. Se eu não aparecesse, ele iria procurar Alia e Hady e os informaria sobre minha detenção. O bom homem ficou me observando até eu passar pela porta do prédio, e sua consideração me fez lembrar de que ainda havia iraquianos decentes.

O odor de suor antigo pairava no ar como um vapor denso no interior daquele prédio. Era o cheiro do medo, supus, o cheiro que se desprendia dos corpos de inocentes torturados.

Ao entrar, dei meu nome ao funcionário que ocupava uma grande mesa de metal na recepção. Ele o anotou em uma folha de papel presa a uma prancheta. Quando ele baixou a cabeça, eu espiei a lista. Havia muitos nomes sobre o meu, mas eu era a única na área de espera. Onde estavam todos os outros?

O funcionário teve de atender ao telefone. Ocupado, ele apontou para uma fileira de seis cadeiras de madeira, indicando que eu devia me sentar.

Fiz como ele dizia.

Aquele espaço da entrada era sombrio. Pensando bem, tudo ali era escuro, assustador. Pobre. E isso em um país que possuía a segunda maior reserva de petróleo do mundo. Prolongar uma guerra por seis anos havia dilapidado o tesouro do Iraque. Todo dinheiro do petróleo era gasto em bombas, tanques e aviões.

Eu suspirei, olhando em volta em busca de alguma coisa interessante. Nada ali era atraente. A tinta marrom das paredes estava descascando. O plástico azul que forrava as cadeiras estava rasgado, deixando à mostra horríveis porções da espuma suja do estofamento. Havia uma mesinha sobre a qual um cinzeiro rachado transbordava pontas de cigarro.

Praticamente todos em Bagdá fumavam. Quem podia pensar em um motivo para desistir do vício, se naquele país a morte estava à espreita em todas as esquinas? Não eu!

Senti uma tremenda vontade de fumar. Havia começado depois de saber que Sarbast pedira outra mulher em casamento. Mas era um hábito secreto. Ninguém na família sabia, embora minha mãe e Alia me houvessem acusado de fumar escondida depois de sentirem o cheiro de fumaça em meu cabelo, uma inevitável desvantagem.

Mas, no Iraque, não era aceitável que uma mulher de respeito fumasse em público, por isso não dispunha de nenhum recurso para acalmar meus nervos. Só esperava não sofrer um colapso durante o interrogatório. Não podia!

Meus interrogadores seriam homens fortes e ameaçadores, gente acostumada a governar pelo medo. Depois de todas as histórias que ouvira de Ra'ad, Hady, Sarbast e meus parentes curdos, sabia que o maior prazer desses homens era aterrorizar gente inocente.

Mas eu já havia prometido a mim mesma que não perderia a compostura. Estava preocupada. Sempre tivera dificuldades para controlar minha língua sarcástica. Amigos e familiares faziam piadas sobre essa minha natureza irônica, mas eu sabia que os homens naquele edifício não veriam nenhuma graça em meus comentários espirituosos. A única coisa que os faria rir seria apertar meu pescoço.

Olhei para a mesa de recepção, imaginando como aquele homem explicava o trabalho que fazia nesse lugar. Sua família estava satisfeita? Sentia orgulho dele?

Mas era interessante observá-lo com aquele ar altivo e importante. Absorvido em seus deveres, ele não olhava em minha direção, embora esse simples ato de simpatia não fosse acarretar nenhum custo ou conseqüência.

Um homem baixo e gordo usando um uniforme amarrotado entrou na sala e chamou meu nome. Respirei fundo, ergui os ombros e o segui com passos firmes, sem tremer, tão ansiosa para sair logo daquele lugar horrível que me sentia feliz com a iminência da entrevista.

Fui conduzida a uma sala pequena e pouco iluminada onde dois homens corpulentos estavam sentados lado a lado em cadeiras tão próximas que cheguei a pensar que estivessem grudadas. Uma terceira cadeira esperava por mim diante deles. Nenhum dos dois convidou-me a sentar, mas, temendo que as pernas trêmulas me derrubassem, eu literalmente me deixei cair sobre a cadeira.

Os oficiais da segurança ofereciam uma imagem de espantoso contraste. O bigode do homem à esquerda era longo e espesso, enquanto o do outro era ralo, quase inexistente. O bigodudo era careca, enquanto o outro tinha a cabeça coberta por uma verdadeira juba de cabelos negros e brilhantes, penteados num estilo rebuscado e tão cheios de gel que faziam lembrar Elvis Presley.

Em outras circunstâncias, eu teria perguntado sobre aquele cabelo.

Mas, considerando o ar embrutecido e o local onde trabalhavam, achei melhor ficar calada. Esperava que fossem grossos, mal-educados, mas eles se mostraram surpreendentemente polidos e gentis.

O careca abriu a conversa com tom solene.

– Seja bem-vinda. Sabemos que é uma Al-Askari.

Tentando em vão controlar meus lábios trêmulos, sorri como se minha vida não estivesse em risco, como se aquele fosse um encontro entre amigos ou uma visita de cortesia.

O homem que passei a chamar mentalmente de Elvis perguntou:

– Como vai?
– Bem.
– Seu trabalho é satisfatório?
– Sim. É claro.
Elvis abriu uma pasta que segurava entre as mãos.
– Srta. Al-Askari, temos aqui um relatório sobre você.
Eu estava sentada tão ereta na cadeira dura que minhas costas começaram a doer. Mudei de posição, cruzando as pernas.
– O relatório diz que está trabalhando na área de turismo.
– Sim, é verdade.
– Mas também dá conta de que sua especialidade é outra. Formou-se no curso superior de engenharia agrícola.
– Sim, é verdade.
– Aqui consta que foi uma aluna razoável.
– Também é verdade.
– Mas não está atuando na área para a qual se preparou. Isso é verdade?
– É.
– Srta. Al-Askari, há alguma razão especial para ter escolhido um emprego no qual mantém contato rotineiro com estrangeiros? Estamos curiosos. Por que passou anos estudando e, depois de formada, abandonou seu campo?

O rosto de Sarbast surgiu em minha mente. Não podia contar a verdade a esses homens. Não podia explicar que tomara uma decisão estúpida porque me apaixonara por um homem que agora era um peshmerga. Seria detida e mantida em cárcere até que Sarbast se apresentasse para ficar em meu lugar. E, nesse caso, ele seria executado.

Estava zangada com ele, mas não a esse ponto.

Não podia sequer confessar uma segunda verdade, a de que, logo depois de começar o curso universitário, descobrira-me odiando a escolha. Preferia literatura. Mas, no Iraque, não havia como voltar atrás depois de tomar uma decisão.

Certa de que aquela entrevista estava sendo gravada, me forcei a manter a mente clara, pensar rápido e, mais importante, não demonstrar medo.

– Foi uma questão simplesmente financeira. A área de turismo paga muito mais do que a da engenharia agrícola. Meu pai morreu quando eu ainda era adolescente. Minha mãe não trabalha. Estou contribuindo com as despesas da casa.

– Entendo. – Elvis examinava a pasta com o relatório. – Aqui diz que você tem um irmão, Sa'ad al-Askari, e que ele sustenta a família. Isso é verdade?

– É verdade que meu irmão ainda está em casa. E é verdade que ele nos ajuda. Mas ele tem sérios problemas de saúde. E tem uma esposa, outras responsabilidades. Sou adulta. Tenho o dever de ajudar.

– Hmmm... Você nasceu em 13 de maio de 1962. Essa informação é correta?

– Sim, é correta.

– Então, tem 23 anos de idade. Logo terá 24. Correto?

– Correto.

– Diga-nos, srta. Al-Askari, porque estamos muito curiosos... Por que continua solteira com essa idade?

– Não sei.

Elvis e o parceiro trocaram um olhar incrédulo.

– Não sabe?

– Não. Sim. Não. Quero dizer, é verdade, não sei por que ainda não me casei.

Elvis olhou-me com ar desconfiado.

Eu pigarreei e baixei a cabeça, fingindo examinar minha saia e retirar dela uma linha imaginária.

– É curda, srta. Al-Askari?

– Minha mãe é curda. Meu pai era árabe.

– Sente-se curda? Sente-se árabe? Ou sente-se um pouco de cada um?

"Agora vai começar", pensei. Mais uma vez, ter sangue curdo, mesmo que parcialmente, era suficiente para colocar uma pessoa sob suspeita.

– Sim, é verdade.

– O *que* é verdade?

Eu menti. Sempre me senti curda, mas conhecia o perigo que representava a verdade nessa situação.

– Sinto-me um pouco de cada. Os dois.

– Diga-nos, srta. Al-Askari, por que nunca se filiou ao partido Baathista?

Ah! Elvis era furtivo, esgueirando-se para um dos assuntos mais importantes do dia como se falasse de algo insignificante.

Mas eu estava pronta. Preparara minha resposta, pois sabia que qualquer pergunta sobre filiação partidária seria crucial.

– Eu estava ocupada demais em casa. Meu pai tinha morrido. Minha mãe se esforçava para sustentar os filhos. Minha irmã estava doente. Meu irmão estava no front naquela época em que a guerra acontecia nas trincheiras. Não tinha tempo para nada que não fosse estudar e ajudar minha família. Não queria me filiar ao partido apenas em nome, sem participar completamente de tudo. Eu não teria sido útil ao partido.

– Aqui diz que sua melhor amiga na universidade, uma jovem chamada Jenan, era membro ativo do partido. Isso é verdade?

– Sim. É verdade.

É claro, eu não podia contar para eles que Jenan odiava o partido Baathista, que só se filiara porque tivera a falta de sorte de ter sido pressionada em um dia em que ela não tinha uma boa desculpa na ponta da língua. Minha querida amiga se vira encurralada e passara a ser mais uma dos milhares de membros relutantes do partido.

Jenan e eu ríamos dos baathistas, de seus discursos bobos, de suas suspeitas infundadas e de como se achavam importantes, da certeza arrogante de terem o direito de assediar nossos estudantes.

Quando os estudantes baathistas designaram um membro para me pressionar a ingressar no partido, Jenan se oferecera como voluntária. Muitas tardes, depois das aulas, quando nos encontrávamos nos corredores, ela sussurrava:

– Vamos tomar um café, Joanna. Hoje devo pressioná-la.

E nós íamos tomar café juntas. Relaxávamos, falávamos sobre roupas, casamento e parentes, mas mantínhamos expressões sérias, sabendo que em algum lugar daquela cafeteria havia um informante, outro membro designado para espionar Jenan e certificar-se de que ela realmente se dedicava a me recrutar. Na próxima reunião do partido, Jenan relatava que eu tinha dois membros da família gravemente enfermos e precisava ir direto para casa depois das aulas, porque eu trabalhava nos canteiros de hortaliças até o anoitecer e, depois disso, só tinha tempo para fazer as minhas lições. Certamente, não havia nada que eu desejasse mais do que me unir ao partido Baathista, o que faria na primeira oportunidade.

E assim, nosso joguinho de mentiras prosseguiu durante todos os anos da universidade.

Graças a Jenan, nunca tive de me juntar àqueles desagradáveis baathistas.

– Srta. Askari, está atuando em uma área delicada em razão do contato diário com estrangeiros em visita ao nosso país. *Precisa* se filiar ao partido!

– E minha mãe?

– Sua mãe vai ficar bem, srta. Askari. Ela sentirá orgulho da filha, membro do partido.

O oficial careca se debruçou sobre a mesa.

– A menos que ela não considere o partido digno de sua filha...

Elvis ergueu as sobrancelhas. O topete balançou. Ele sussurrou:

– Sua mãe é *contra* o partido, srta. Askari?

O careca acrescentou com entusiasmo doentio:

– Se for, é seu dever como iraquiana leal delatá-la, mesmo que seja sua mãe.

Senti o suor escorrendo pelas minhas costas. O jogo começava a ficar perigoso. Eu tinha de me mostrar perspicaz!

– Não, não. Minha mãe não é contra o partido. O presidente é membro do partido. Ela respeita o presidente. E o partido. Mas precisa de mim em casa. Ela é velha, está doente...

– Sua irmã também mora lá. Não é verdade, srta. Askari?

– Sim, é verdade.

– Decerto, sua irmã pode cuidar da mãe idosa. Não é verdade?

Meus interrogadores eram sagazes. Eram mestres na arte de espalhar armadilhas, e cada pergunta que faziam era calculada para envolver e enganar o sujeito do interrogatório. E como eles sabiam sobre Muna?

– É verdade que minha irmã mora em casa. Mas não é verdade que ela pode ajudar minha mãe. Em muitos sentidos, minha irmã Muna é praticamente uma inválida.

– Sua irmã é inválida? – Houve um farfalhar de papéis enquanto Elvis examinava o conteúdo da pasta. Sua voz soou alarmada. – Não há nenhuma menção a isso no relatório.

– É. E é absolutamente verdadeira essa minha afirmação. Minha irmã está doente. Não é capaz de cuidar dela mesma. E ela tem um filho ainda pequeno. Minha mãe cuida dos dois enquanto estou na faculdade. A esposa de meu irmão a ajuda. Mas minha mãe já é velha, e não pode cuidar dos outros 24 horas por dia. Eu assumo a responsabilidade por tudo à tarde, quando volto para casa.

Elvis pôs a pasta sobre a mesa, pegou uma caneta e começou a fazer anotações nas margens das folhas.

Agora a condição mental de Muna constava de registros policiais. Eu me mexi desconfortável.

Pobre Muna! Prognosticada ao sofrimento desde o útero dividido com seu irmão gêmeo, Sa'ad, com Sa'ad crescendo saudável e forte, enquanto ela chegava ao mundo como um saco de ossos pontiagudos. Houve uma grande comemoração na família quando Muna completou seu primeiro aniversário, porque não havia muita esperança de que ela sobrevivesse. Ao longo dos anos, as condições não melhoraram para Muna. Na verdade, a cada ano ela se tornou mais frágil, tanto no aspecto físico quanto no mental. Mas os últimos dois anos haviam sido os piores na vida dela.

Minha irmã tão doce sobrevivera e arranjara um casamento, e sua saúde mental se deteriorara ainda mais depois das núpcias, quando ela se mudara para a casa da família do marido.

Eu me pronunciara contra o casamento, mas não pudera fazer nada além de expressar minha opinião. Minha cultura impõe o casamento, mesmo para aqueles a quem a instituição é inadequada, como Muna, que sofria sérios episódios de depressão desde a infância. As pessoas acreditavam que "mulheres deviam se casar", que era uma grande humilhação para uma garota abrir mão da oportunidade de ser esposa e mãe para, em vez disso, ser uma solteirona. Assim, Muna se casara.

O casamento era questionável por outras razões além da frágil saúde de Muna. O marido dela era velho demais. Sua sogra era muito cruel. Os dois se fizeram passar por pessoas comuns, boas, e depois passaram a explorar minha irmã como se fosse uma escrava.

Muna engravidou em poucas semanas e sofreu uma gravidez difícil que produziu uma linda menina chamada Nadia.

O casamento desmoronou rapidamente depois do nascimento da pequena Nadia. Com um novo bebê para cuidar e um marido cruel, sua sogra, uma mulher sádica e egoísta, insistiu em encarregar Muna de todo o serviço da casa. Como ela não conseguia cumprir todas as tarefas a contento daquela horrível mulher, mãe e filho começaram a espancá-la.

Muna era uma menina doce que nunca havia sido submetida a gritos e mãos erguidas. Um dia, quando tentava escapar de mais uma surra, ela fugiu de casa. Estava tão assustada e confusa que fugiu sem a filha e foi direto para nossa casa. Minha mãe não obrigaria Muna a voltar àquele lugar. Mas Nadia havia sido deixada para trás. Agora, a família do marido reclamava o direito de ficar com a criança, porque no Iraque os pais têm a custódia dos filhos. Mas minha mãe foi à casa daquela gente horrível e, de alguma forma, convenceu mãe e filho a entregarem a filha de Muna.

Apesar de estar novamente em casa com sua filha, protegida contra novos maus-tratos, o doloroso episódio exercera um efeito poderoso e indelével em sua frágil psique. Ela se retraiu quase completamente, alegrando-se apenas quando brincava com a querida Nadia.

Elvis parecia traumatizado. Meu arquivo incompleto era a causa evidente de seu nervosismo. Seu estado imperfeito parecia trabalhar em meu favor, porque de repente ele se levantou e mandou-me embora com um aviso solene.

– Srta. Askari, terá alguns meses para resolver seus assuntos. Depois, vai ter de ingressar no partido Baathista e tornar-se membro ativo. Caso contrário, não poderá mais atuar no ramo de turismo. – Polidez esquecida, ele gritou: – Está dispensada!

Eu assenti e disse:

– Muito obrigada por sua gentileza. – Depois, saí o mais depressa possível, afastando-me daqueles personagens sombrios e daquela sala obscura, percorrendo o corredor silencioso a caminho do sol, expulsando de meus pulmões o sinistro ar baathista.

Não fui detida. Não iria para a prisão. Não naquele dia, pelo menos. Sentia vontade de dançar.

Vi o velho motorista de táxi esperando por mim em seu carro do outro lado da rua.

Ele parecia tão aliviado quanto eu estava feliz. Nós, iraquianos, já havíamos aprendido o valor e a importância da discrição, especialmente ao tratar com estranhos, mas eu *sabia* que aquele homem não era um *deles*, e enquanto voltávamos para casa eu me abri, revelando parte da minha assustadora experiência, confidenciando que eles me haviam dado apenas alguns meses antes de exigir minha filiação ao partido Baathista. Se eu não cumprisse essa exigência, teria de enfrentar as terríveis conseqüências.

Com a boca bem aberta e os dentes amarelados à mostra, ele respondeu alegre:

– Não se preocupe. Tudo pode acontecer em três meses. – Ele se virou para fitar-me nos olhos. – Lembra-se da história do rei que ofereceu fabulosas riquezas a quem pudesse ensinar seu burro a falar?

Eu estava tão feliz que ri com ele, mas tive de admitir:

– Não, eu não conheço essa história.

– Eu vou lhe contar. O rei ofereceu pagamento adiantado a quem se dispusesse a aceitar o trabalho. Quem ensinasse seu burro a falar, ficaria com o dinheiro. Mas, no final do ano, se o burro não falasse, o voluntário pagaria com a vida. Um homem conhecido como o mais sábio do reino aceitou a oferta do rei, guardou o dinheiro e prometeu fazer o burro falar. Os amigos o preveniram e perguntaram se ele havia perdido a razão, porque não havia nenhuma evidência de que um burro pudesse falar. Mas ele era um homem otimista. Em sua sábia opinião, muitas coisas podiam acontecer em um ano. O rei poderia morrer. Ele mesmo poderia morrer. O burro poderia morrer. Ou, talvez, pudesse haver um milagre: o burro aprenderia a falar.

Eu ri.

O velho motorista olhou para mim pelo espelho retrovisor, o rosto iluminado por um sorriso radiante. Ele piscou, baixando a voz para um sussurro:

– Quem sabe? O presidente pode morrer. Aqueles dois oficiais podem morrer. Os iranianos podem invadir Bagdá. O prédio onde funciona a sede da polícia de segurança pode pegar fogo. Sua família pode se mudar. Muita coisa pode acontecer em três meses!

Mais tarde, eu recordaria cada palavra daquela conversa.

Mas, naquele momento, eu não podia saber que *tudo* em minha vida estava prestes a mudar. Eu deixaria Bagdá para sempre. Jamais me filiaria ao partido Baathista. E o mais inexplicável de tudo isso era que meu destino estaria, de maneira muito importante, ligado a um burro!

Naquele mesmo dia em que eu percorria as movimentadas ruas de Bagdá a bordo de um táxi, um burro fazia a penosa escalada das acidentadas montanhas do Curdistão. Seu destino era Sulaimaniya. O burro transportava fardos pesados e bolsas muito cheias. Guardada cuidadosamente em uma das bolsas havia uma carta endereçada a Joanna al-Askari de Bagdá, uma carta inesperada que havia sido redigida meses antes, uma carta que me guiaria para um caminho diferente e mudaria minha vida para sempre.

14

Cartas de amor

BAGDÁ E SULAIMANIYA
1986-1987

O Novo Ano

Minha querida Joanna,

Com a chegada de um novo ano, sinto uma certa melancolia no ar. Tivemos uma pequena festa aqui nas montanhas, e mais tarde retornei à caneta para receber o ano-novo. Havia sonhado receber esse novo tempo realizando um desejo muito caro, o de iniciar minha vida com você.
 Você é meu mundo.
 Por favor, aceite minha proposta.
 Por favor, seja minha esposa. Faça-me completo.

Sarbast

— O quê? – disse em voz alta e comprimi os lábios, girando, desconfiada, a folha entre as mãos, examinando primeiro o lacre da carta e depois o envelope pardo, frente e verso. Não havia a menor indicação de um selo postal.
 Pouco tempo antes, Alia entrara pela porta da frente exclamando:
 – Joanna! Uma carta! É para você! Veio do Curdistão!

Uma espécie de alarme soou em minha mente. Sarbast fora morto e alguém escrevia para dar a notícia. Mas... por que para mim?

Estendi a mão e ordenei:

– Dê-me a carta!

Enquanto eu rasgava o envelope, Alia prosseguia com suas exclamações, explicações e perguntas.

– Deve ser de Sarbast, Joanna. Foi deixada esta manhã por um mensageiro vindo de Sulaimaniya, um dos primos de Hady. É de Sarbast? O primo contou a Hady que a carta foi levada a sua casa por uma mulher misteriosa que ele não conhece. Ele ouviu batidas à porta, foi abrir e lá estava ela. Parecia rústica e estava cansada, como se houvesse caminhado pelas montanhas por muito tempo. Sem dizer nada, ela entregou a carta ao primo de Hady e foi embora. Ele nem teve chance de questioná-la. Acredita que a mulher não falou? Não disse nada! Nem uma palavra! É de Sarbast? Ela podia ter dito alguma coisa!

– Alia! Por favor! Espere um pouco! – Minha irmã estava me causando uma terrível dor de cabeça.

Há algum tempo ela se preocupava com meu bem-estar. Nada do que eu dizia a convencia de que conseguira tirar Sarbast da cabeça. Ela estava certa de que eu nunca seria feliz com nenhum outro homem que não fosse Sarbast, e eu sabia que ela acalentava a secreta esperança de que, um dia, nós nos reencontrássemos na vida.

Reli a carta. Seria algum tipo de piada? Quem a enviara? A mensagem havia sido escrita meses antes, no início do ano.

Eu não conseguia acreditar que era de Sarbast, embora o estilo floreado sugerisse que o autor podia ser ele, porque Sarbast era um poeta. Mas, na última vez em que estivera com Sarbast, ele abrigava outra mulher em seu coração. *Aquele* homem nunca teria escrito *esta* carta. Nunca!

Depois de ter sido interrogada pela polícia secreta, tornei-me desconfiada. Talvez Elvis e seu parceiro careca houvessem inventado essa carta. Nossa casa podia estar sob vigilância. Se eu redigisse uma resposta, seria presa e sentenciada a um longo período de detenção por manter comunicação com inimigos do Iraque, os peshmergas.

Afastei a carta de meu rosto. Talvez ela contivesse alguma substância tóxica. Nada me surpreenderia no Iraque de Saddam.

Ainda segurando a carta longe de mim, reli as palavras mais uma vez. Tinha de admitir que o estilo da mensagem era muito parecido com o de Sarbast.

Mas Sarbast me desprezara em favor de outra mulher. E agora, sem um encontro, sem nenhuma comunicação, ele queria *casar* comigo?

Não, acho que não.

Se não era Sarbast, quem, então, tentava me envergonhar ainda mais? Quem me odiava a ponto de desejar induzir-me a responder uma proposta de casamento fraudulenta?

Aquilo tudo estava me deixando revoltada. Olhei para Alia tomada por uma inconfessável onda de fúria. Sentia a necessidade de explodir, e ela era o alvo mais próximo.

– O que está acontecendo aqui?

Alia adotou uma expressão inocente e encolheu os ombros.

– Não sei nada além do que já disse, Joanna. A carta foi levada à nossa casa por um primo de Hady, que chegou ontem de Sulaimaniya. – Ela pegou a mensagem da minha mão. – A caligrafia *parece* a de Sarbast. – Ela estudou o papel com grande cuidado, colocando a carta sob a luz e aproximando-a dos olhos, depois a afastando. – Não vejo nenhuma mensagem oculta. Deve ser mesmo de Sarbast. Veja – acrescentou ela, apontando a assinatura. – É o nome dele. Por que alguém se exporia a esse risco, Joanna?

Eu me deixei cair em uma cadeira, colocando carta e envelope sobre a mesa, considerando a difícil jornada que a missiva empreendera até chegar em minhas mãos, se era realmente enviada por Sarbast. Havia no Curdistão um submundo muito ativo, com contrabandistas de toda sorte em constante movimento transportando dinheiro, correspondência, comida e equipamento militar. Sem o submundo, os peshmergas não sobreviveriam mais de um mês.

Com o contínuo confronto entre os exércitos do Irã e do Iraque, e com a PUK aliada aos iranianos, todo o Curdistão havia sido transformado em um campo de batalha particularmente violento. A PUK conquistara recentemente um trecho significativo de território rural, o que era motivo de comemoração, mas ainda havia muitas áreas urbanas dominadas pelo exército iraquiano. E naquelas regiões ocupadas pelo Iraque, os bloqueios nas estradas haviam proliferado até tornar praticamente impossível para qualquer curdo empreender a mais curta viagem sem pôr em risco a vida ou a integridade física, no mínimo. Soubemos que Saddam estava tão enfurecido com as vitórias da liga entre curdos e iranianos, que planejava enviar reforços significativos do sul para o norte. Se isso acontecesse, não haveria saída para o Curdistão.

Receber uma carta de um peshmerga em uma zona de guerra ativa era equivalente a um presente precioso, quase um milagre, porque viajar pelas montanhas do Curdistão sempre havia sido arriscado. Nenhum peshmerga arriscaria a vida de um contrabandista por uma simples carta, a menos que o conteúdo da mensagem fosse considerado muito importante.

Seria verdade, então? A carta fora enviada por Sarbast? Nesse caso, o que havia mudado para convencê-lo de seu amor por mim?

De qualquer maneira, eu disse a mim mesma com certa crueldade, ainda era uma segunda escolha. *Segunda escolha.* Não devia esquecer esse detalhe. Mas estava curiosa. Toquei a página com as pontas dos dedos, pensando. Sabia que a carta em minha mão, se autêntica, havia percorrido um caminho árduo e longo. Deixara as mãos de Sarbast meses antes, escondida no fardo de um contrabandista, transportada nos alforjes pendurados em um burro.

Normalmente, os contrabandistas eram homens, mas, às vezes, mulheres transportavam a correspondência, pois se acreditava que o fato de serem do sexo feminino servia como um excelente disfarce. Os soldados iraquianos, habituados às tradições árabes de manter as mulheres sempre longe das linhas de frente da batalha, não entendiam que mulheres curdas arriscavam suas vidas rotineiramente para amparar a causa.

O contrabandista e o burro haviam percorrido trilhas nas montanhas, passando por pontos de identificação e atravessando cidades. Era uma empreitada perigosa que exigia nervos de aço. Caso algum contrabando, como correspondência peshmerga, suprimentos para a luta ou até alimentos, fosse encontrado em um ponto de identificação, o contrabandista pagaria com a própria vida. A família nunca seria informada, sendo assim obrigada a enfrentar a amarga agonia de nunca saber ao certo se o parente estava vivo ou morto.

Uma vez na cidade, o contrabandista devia procurar a família de um determinado peshmerga escolhido anteriormente, e essa família cuidaria para que a carta chegasse ao seu destino. Começaria então outro árduo processo.

Nossa terra dividida era um grande cerco. Entregar correspondência dos peshmergas era negócio arriscado.

Se a sujeira servia como teste de autenticidade, a carta era mesmo de Sarbast. Havia terra nas dobras do papel.

Aproximei o envelope do nariz.

– Ah!

Horrível! O cheiro era o de um animal que há muito não era lavado. Eu estivera na companhia de alguns burros e mulas durante minhas inúmeras visitas ao Curdistão, e sabia que eles cheiravam muito mal, pelo menos ao meu olfato urbano.

Fiquei olhando para a carta sem dizer nada por algum tempo, tanto tempo que, finalmente, Alia anunciou que precisava voltar para casa para ir cuidar dos filhos.

– Me avise se for mesmo de Sarbast – pediu antes de sair e fechar a porta.

Fui para o jardim levando a carta, e lá me sentei para reler as palavras mais uma vez.

Quando minha mãe, Muna, Sa'ad e a esposa chegaram em casa, guardei a folha de papel no bolso sem revelar nada a ninguém. Na hora de dormir, voltei a ler a carta mais algumas vezes antes de vestir minha camisola.

Deitei-me, mas não conseguia adormecer.

Se a carta *era* de Sarbast, onde estaria a explicação dele para aquele dia mágico na universidade? Naquele dia nossos corações se encontraram. O que havia acontecido? Por que ele não me pedira em casamento naquela ocasião?

Onde estava a explicação para a frieza com que ele me tratara no dia em que eu, esperançosa e ingênua, manifestara claramente minha vontade de segui-lo de volta ao Curdistão? Onde estava a explicação para o pedido de casamento feito a outra mulher? Não havia nenhuma explicação. Havia apenas uma declaração de amor.

Finalmente aceitei que a carta havia sido enviada por Sarbast. Eu conhecia bem sua caligrafia.

Mas me sentia muito triste. Em outro tempo, a carta de Sarbast teria me feito a mulher mais feliz de Bagdá. Mas eu não conseguia esquecer que era uma segunda opção para ele. Se a loura universitária houvesse concordado com sua proposta anterior, a essa altura ele já seria um homem casado e, talvez, pai.

Engoli minha dor, mas não era capaz de engolir meu orgulho. Sendo assim, ignorei a carta. Não me dei ao trabalho de respondê-la.

Vários meses mais tarde, um poema chegou a minhas mãos seguindo rota similar. Porém, dessa vez, Sarbast não se dirigiu a mim, nem assinou o poema.

> *Posso ter me enganado.*
> *Posso ter tardado muito a decidir.*
> *Tinha dúvidas.*
> *E agora sei como estava enganado.*
> *Tenho certeza do meu amor por você.*
> *Meu amor não tem limites.*
> *E você esmaga meu coração com seu silêncio.*
> *Não cale.*
> *Não seja cruel.*
> *Você está em cada página que viro*
> *Em cada palavra que escrevo.*
> *Todos os pássaros aqui cantam seu nome.*
> *Não sou nada sem você.*

Agora os pássaros cantavam meu nome? Isso estava ficando interessante. Apesar das súplicas sofridas de Sarbast, eu estava decidida a não ceder.

Quando olhei para o espelho, surpreendi-me ao ver a rigidez em meus traços. Foi com tristeza que reconheci naquele rosto uma nova pessoa, alguém diferente da Joanna alegre que sempre fui.

Guardei o poema em um local secreto, junto com a primeira carta. Não respondi.

Meses mais tarde, recebi uma terceira missiva, mais uma carta impregnada pelo cheiro dos burros que a transportaram.

Querida Joanna:

Se tristeza tivesse tamanho, eu acordaria todos os dias sobre uma montanha de tristeza. Se saudade tivesse uma linguagem e uma melodia, você ouviria sinfonias. Não conheço a geografia, exceto pelos caminhos que levam ao sul. Do alto da montanha, minha visão é tão clara quanto a de Zarqa al-Yamama, e meus olhos percorrem a distância até os portões de Bagdá e deles até sua janela.

O norte pergunta ao sul por você, o topo da montanha pergunta aos prédios de Bagdá por você, as nogueiras perguntam às palmeiras por você, mas não há resposta. Cubro distâncias, escalo montanhas em busca de uma palavra sobre você, mas as palavras desapareceram, e as distâncias estão me matando.

Diga-me como percorrer a estrada para o seu coração, dê-me um sinal, e eu seguirei esse caminho. Estou pronto para viajar até você, dê-me apenas um sinal, e eu irei procurá-la. Não quero mentir para você, mas falo sério quando afirmo que sacrificarei minha vida por você.

Sarbast

Pela primeira vez em muitos meses eu ri alto, encontrando algum prazer na carta de amor de Sarbast. Se os topos das montanhas e as árvores começavam a falar sobre mim, então a situação estava ficando séria.

A essa altura, todos em minha família sabiam uma ou outra coisa sobre meu dilema, porque um segredo desse tipo não pode ser escondido por muito tempo em uma casa tão pequena. Mas dei a eles poucos detalhes. Apenas Alia e Hady conheciam com precisão a urgência da campanha amorosa de Sarbast.

Alia me aconselhou a alegrar-me, agora que estava sendo assediada. Mas eu não conseguia encontrar satisfação no fato de nossas posições serem agora invertidas. Por anos Sarbast me havia tratado de maneira casual, enquanto eu me desesperava para conquistar seu amor. Agora, ao que tudo indicava, ele se apaixonara por mim, enquanto eu hesitava.

Sentia que ele havia desperdiçado nossa chance de felicidade. E uma grande angústia pairava sobre mim.

Tive de lembrar mais uma vez a agonia e a dor que integram o amor romântico. Tentei convencer-me a ser forte, a não retornar àquele lugar de sofrimento.

Ainda estava empenhada nesse esforço, quando uma quarta mensagem chegou às minhas mãos.

Não declare guerra contra mim
Neste caso
Sou um forasteiro cansado na cidade
Não me torture
De muito longe, milhares me perseguem
Sua guerra contra mim não é heróica
Fique a meu lado e faça-me feliz
Porque só tenho seus olhos para me dar felicidade
Nada ouço senão as batidas de meu coração
As montanhas e as árvores
Deixaram de me falar
Como faziam antes
O sol se pôs
Outro dia é demolido por minha solidão
Estou triste e cansado no topo destas montanhas
E em conjunto com a natureza silenciosa
Estou de luto

De repente, sua imagem impressionante invadiu minha mente, e eu lembrei por que me havia apaixonado por Sarbast. Comecei a chorar em silêncio.

Minha mãe entrou em meu quarto e sentou-se a meu lado na cama. Eu mantinha os cabelos presos num coque, e ela os soltou, levando algumas mechas ao nariz para cheirá-las. Depois, ela beijou-me a face e ergueu meu rosto, fazendo-me encará-la.

– Você parece muito triste, filha.

Apoiei a cabeça no ombro de minha mãe e comecei a soluçar.

Senti a presença de Muna no quarto, mas minha querida irmã se mantinha quieta, calada.

Avós e pais de Joanna

Avó materna, Ameena Hassoon.

Avô materno, Hassoon Aziz.

Avó paterna, Mirriam Mohammed.

Avô paterno, Ali Ridha al-Askari, oficial do Exército na Primeira Guerra Mundial.

Pai, Muhammad Adnan al-Askari, no início da década de 1920, quando perdeu a audição.

Mãe, Kafia Hassoon, em traje curdo.

Joanna criança com a família

Os pais de Joanna, em 1958, com os dois filhos mais velhos, Alia (em pé) e Ra'ad (sentado no colo do pai).

Joanna, em 1968, aos 6 anos de idade.

Alia, irmã mais velha de Joanna.

Joanna bebê e seu cunhado Hady, em 1962, em Bagdá.

Joanna, em 1970, no jardim da família em Bagdá.

Ra'ad, irmão mais velho de Joanna, posando ao lado de uma foto do bisavô, Mustafá, oficial do Exército otomano.

Muna, irmã gêmea de Sa'ad, quando adolescente.

Sa'ad no início da década de 1980, nas trincheiras, lutando contra o Irã.

Joanna na juventude

Joanna adolescente em vestes islâmicas conservadoras que condiziam com as exigências de seu irmão Sa'ad.

Joanna em seu primeiro emprego, na agência de viagens em Bagdá, pouco antes de ter sido pedida em casamento por Sarbast.

A universitária Joanna (segunda a partir da esquerda) ouvindo uma palestra na Universidade de Bagdá.

Casamento e lua-de-mel

Joanna em Sulaimaniya, em maio de 1987, no dia de seu casamento sem o noivo. Da esquerda para a direita: o sogro, Hussain Mohammed Amin; o cunhado, Osman Hussain; Joanna; Sa'ad; a cunhada e filha da tia Aisha, Nawbahar Mahmoud.

Joanna e Sarbast no primeiro dia da lua-de-mel em Serwan.

Joanna e Sarbast no quinto dia da lua-de-mel.

A vida peshmerga

Joanna e Sarbast com outros peshmergas no vilarejo de Kur Kur, no Curdistão.

Ashti, amiga de Joanna, nas montanhas iraquianas do Curdistão.

Sarbast (sexto a partir da esquerda) com outros peshmergas no vilarejo curdo de Kamchogha. Ele está entre sua irmã Shawnim e o irmão mais novo, Saman, que morreu logo depois dessa foto ter sido tirada.

A torre de rádio da PUK em Bergalou.

Ruínas de um vilarejo curdo destruído pelo exército de Saddam.

Ashti, amiga de Joanna, com três peshmergas na frente de uma típica cabana da PUK no vilarejo dos guerrilheiros.

Depois da fuga do Iraque

A querida tia de Joanna, Aisha, morta em um ataque de gás químico.

Joanna e Sarbast em 1988, no vilarejo iraniano de Al-Wattan, após a terrível fuga do Curdistão iraquiano.

Joanna, grávida, com Sarbast em 1988 no Irã, depois da fuga.

Joanna, grávida, em 1989 com a bondosa Shamsa (em pé, à esquerda), a mulher iraniana que se tornou uma segunda mãe para ela.

A foto do passaporte de Joanna, Sarbast e seu filho Kosha, preparando-se para fugir da área de conflito e ir para a Inglaterra.

Uma Joanna feliz, segura e livre na Inglaterra, com seu filho Kosha.

Minha mãe e Muna observavam-me em silêncio há semanas. De fato, todos na família sofriam comigo. Minhas feridas se reabriam. As cartas e os poemas de Sarbast afetavam-me profundamente. Todo meu corpo parecia estar dolorido, oprimido. Tornara-me irritável, irascível. Sa'ad e a esposa passaram a evitar-me. Meus colegas de trabalho acreditavam que eu vivia uma séria crise familiar.

Desde o dia em que Sarbast me ignorara, uma infelicidade desconhecida caminhava em minha direção, mas eu trancafiara essa infelicidade em um compartimento fechado, e agora suas cartas serviam de chave para libertá-la. Recordando a agonia do amor rejeitado, temi seu retorno.

Na manhã seguinte, minha mãe convidou-me a sentar com ela para tomar chá e falar sobre assuntos corriqueiros. A certa altura, mamãe olhou para mim com firmeza e disse:

– Filha, pessoas estão arriscando suas vidas para trazer até aqui as cartas que você não responde. Seria uma pena se alguém de grande coragem, homem ou mulher, morresse por causa disso.

Eu paralisei. Em nenhum momento havia considerado o perigo a que outras pessoas se expunham por conta de minha história com Sarbast.

Minha mãe sorriu.

– Joanna, escreva para ele e aceite a proposta. Ou escreva recusando-a. Não quero que se case com um homem para viver a vida de uma guerreira, mas se você o ama, e se esse amor é a única possibilidade que tem de ser feliz, eu apoiarei sua decisão.

Olhei para minha mãe e a amei ainda mais por essa oferta de sacrifício.

No clima em que vivíamos, com o exército do Iraque compondo ansiosamente epitáfios para o movimento peshmerga, poucas famílias permitiriam que suas filhas desposassem um guerrilheiro, mesmo que fosse uma família curda apoiando a causa. Os curdos perdiam seus filhos. Não queriam perder as filhas também.

Se eu viajasse para o norte e fosse viver a vida dos peshmergas, minha mãe seguiria existindo em uma névoa de infindável preocupação, sem nunca saber se sua filha caçula havia sido capturada, se era torturada, se estava viva ou morta.

Comecei a tremer. Senti uma intensa e profunda saudade de Sarbast. Finalmente, eu me decidi. Atirei-me nos braços de minha mãe e já sabia o que iria responder.

PARTE TRÊS

Amor e tragédia no Curdistão

15

Amor e casamento

DE SULAIMANIYA A SERWAN
De 17 de maio a 20 de junho de 1987

Meu casamento não teve um noivo. Tudo de mais normal me foi negado. Quando inclinei minha cabeça sobre o ombro de minha mãe para murmurar minha decepção, ela respondeu que eu devia estar feliz por estar me casando, afinal.

Semanas de incerteza se estendiam diante de nós. Muitas coisas haviam acontecido desde o dia em que, chorando, eu confessara à minha mãe que nunca havia deixado de amar Sarbast, apesar da resolução de arrancar de mim as raízes do amor plantado dez anos atrás.

Mas me deixei contaminar pela febre daquelas cartas e poemas. Seu amor confesso tornou-se envolvente, regenerando meu sentimento por ele. Agora eu mal podia esperar para ser aquela mulher de minhas fantasias de infância, a mulher que se casa com seu belo herói peshmerga e vai viver a vida de um guerreiro da liberdade nas montanhas do Curdistão.

Seguindo um conselho de minha mãe, eu finalmente enviara uma resposta para as cartas de Sarbast. Porém, minha mensagem não era a carta de amor que ele esperava receber. Em vez disso, abri meu coração, contando a ele de meus sentimentos, minhas frustrações e minha ira lenta e ardente.

Extravasei o ressentimento que nutria pela mulher que ele havia pedido em casamento anteriormente, escrevendo palavras odiosas, dizendo que, em sua estupidez e falta de visão, ele havia escolhido uma mulher incompatível e cheia de demandas egoístas, uma mulher que falava como um homem. Desdenhosa, acrescentei que, caso ela o houvesse aceitado, ele teria encontrado uma gralha em seu leito nupcial.

Aquela carta o fez entender que havia um novo aspecto em sua antes feliz e doce Joanna, uma nova pessoa, de fato, alguém que ele mesmo criara, porque o sofrimento gerado por suas ações havia dado origem à minha amargura.

Apesar da minha ira, ele não se deixou desencorajar; pelo contrário, tornou-se ainda mais determinado em seus esforços em me fazer dizer sim. O destino havia alterado nossas posições.

Sem que eu soubesse, Alia introduziu uma breve nota no envelope contendo minha carta, revelando que outros homens manifestavam intenção de desposar-me. Não tive de suportar mais nenhum silêncio prolongado.

Torturado pela idéia de disputar-me com outros pretendentes, Sarbast enviou outra carta em tempo recorde. Ou eu o aceitava, ou ele não sobreviveria.

Já havia quase esquecido a intensidade da paixão de Sarbast por tudo que ele amava, fosse o país, a causa ou a família. E agora essa paixão se concentrava em mim. Era esplêndido ser amada pelo homem que eu havia amado em vão por muitos anos.

Tudo aconteceu como tinha de ser.

Finalmente aceitei a proposta. Enviei uma carta dizendo que me casaria com ele e trocaria a vida em Bagdá pela luta nas montanhas, mesmo que isso significasse abdicar de minha liberdade para tornar-me fugitiva.

Não sentia medo. Estava entusiasmada porque, com essa decisão, dois sonhos se realizavam. Seria esposa de um peshmerga, uma guerreira da liberdade apoiando o marido e seu belo país.

Preparei-me para deixar Bagdá para sempre. Informei meu chefe na agência de turismo sobre a decisão de deixar o emprego para me casar. Não contei a ele toda a verdade, é claro. Ninguém deveria saber que meu noivo era um peshmerga. Despedi-me secretamente de minhas amigas de confiança, amigas que, por me amarem, reagiram horrorizadas ao saberem que eu me casaria com um peshmerga da PUK. Mesmo em Bagdá, já ouvíamos histórias sobre os soldados de Saddam não fazerem mais distinção entre os peshmergas e suas esposas. Quando capturados, todos eram mortos brutalmente. Disse a outras amigas menos confiáveis e mais distantes que me mudaria para Sulaimaniya a fim de viver com a família de minha mãe.

Preocupado e aflito, Sarbast enviou uma mensagem dizendo que eu deveria deixar Bagdá imediatamente, pois tudo no Curdistão mudava para pior. O fogo da guerra ardia descontrolado.

No ano anterior, em 1986, a PUK aliara-se aos iranianos para combater Saddam como inimigo comum. O presidente iraquiano tornara-se selvagem e furioso, vociferando em seus discursos que o líder da PUK, Jalal Talabani, e seus lutadores eram "agentes do Irã", jurando destruir todos os membros do partido.

Sarbast pertencia à PUK. Em breve, eu também seria considerada membro da PUK pelos nossos inimigos.

O exército iraquiano ocupava todas as cidades no Curdistão, mas os peshmergas da PUK se mantinham fortes nas áreas periféricas, e com o novo apoio do Irã eles começavam a atacar forças de ocupação iraquiana em Kirkuk. Esta era uma cidade cobiçada por todos por ter sido abençoada com enormes reservas de petróleo. A resposta de Bagdá à recente ofensiva militar da PUK era extremada.

Em 29 de março de 1987, o Conselho do Comando Revolucionário anunciou o Decreto nº 160, que conferia a Ali Hassan al-Majid, chefe da polícia, do exército e das milícias na região norte, o poder de pôr em prática a solução final para os curdos. Ali al-Majid era um homem particularmente brutal, e ele determinaria se os curdos viveriam ou morreriam. Ele providenciaria para que todos morressem.

Duas semanas mais tarde, Al-Majid iniciou a campanha de genocídio que rendeu a ele o conhecido apelido de "Ali Químico". Em 15 de abril, ele lançou gás venenoso na base e no centro de comunicação da PUK, ambos em Bergalou. Poucas vidas humanas foram perdidas. Muitos guerrilheiros sobreviveram porque o gás havia sido misturado em proporções mais fracas e o vento não soprava na direção certa. Mas, com a guerra química transformada em realidade, havia agora uma nova urgência em derrotar Saddam.

Os peshmergas não podiam vencer as armas invisíveis do gás sarin e do gás mostarda, porque havias poucas máscaras de gás disponíveis para os guerrilheiros e nenhuma para os civis. Saddam decretara ilegal a posse de máscaras pelos curdos. De repente, essa lei passava a ter uma implicação mortal.

Com a PUK incapaz de oferecer proteção aos cidadãos, a população dos vilarejos era forçada a fugir. Se os vilarejos fossem abandonados, os peshmergas perderiam o acesso secreto aos esconderijos que mantinham nas montanhas. Se as montanhas fossem vasculhadas, os peshmergas e o Curdistão encontrariam seu fim.

Um velho ditado curdo surgiu em minha memória: "Achatem as montanhas, e o Curdistão não sobreviverá um dia." Eu me inquietava com esse novo rumo da guerra. Estava ansiosa para estar lá, dividindo com Sarbast o perigo progressivo.

Três dias antes da data prevista para eu deixar Bagdá, fui surpreendida por outra convocação da polícia secreta. Eles exigiam que eu retornasse aos escritórios da segurança dentro de uma semana para reportar minha filiação ao Partido Baath. No meio de toda a agitação do noivado, eu havia esquecido Elvis e Careca. Mas eles não me esqueceram.

Aqueles homens me haviam concedido alguns meses para me filiar ao partido Baath. Eu esperava ser convocada antes, mas, evidentemente, eles haviam estado ocupados com questões mais importantes do que uma jovem funcionária de uma agência de turismo.

Mas agora era minha vez.

A primeira convocação me enchera de pavor, mas a segunda intimação já não me afetava tanto. Eu até sorri, lembrando a otimista previsão do motorista de táxi sobre tudo o que poderia acontecer naquele período.

Ele havia acertado. Eu estava deixando Bagdá para viver nas montanhas, enquanto Elvis e Careca seriam caçados, caso cometessem a estupidez de me seguir até lá. Eu iria viver na área proibida onde somente guerrilheiros curdos e a população dos vilarejos podiam penetrar, um local de acesso impossível ao policiamento de rotina. Pelo menos, era o que eu pensava.

Preparei uma carta que meu chefe se prontificou a entregar a Elvis e seu parceiro depois da minha partida. A carta informava que, em vez de continuar trabalhando, eu decidira me casar e deixar Bagdá.

Presumi que o interesse deles por mim desapareceria depois disso.

– Adeus, Elvis! – cantava eu alegremente várias vezes por dia, provocando reações espantadas em amigos e familiares, que já começavam a se preocupar com minha sanidade mental.

Meu último dia em Bagdá seria 5 de maio de 1987. Minha mãe e eu viajaríamos para Sulaimaniya no dia seguinte, e lá seríamos recebidas pela família de Sarbast. A partir de então, teríamos uma semana para organizar o casamento. Como chefe da nossa família, Sa'ad iria em seguida e chegaria em Sulaimaniya a tempo de formalizar o contrato de matrimônio.

Não via Sarbast há muito tempo e desejava estar linda a seus olhos, por isso gastei mais dinheiro do que devia nas mais finas lojas do distrito de Mansur e em Al-Nahir. Amigas muito próximas me ajudaram a escolher roupas da moda, sapatos de salto alto e camisolas sensuais, além de suprimentos inesgotáveis de maquiagem e perfumes.

Quem poderia saber por quanto tempo eu viveria no vilarejo da montanha, sem nenhum acesso a uma vida normal? Ansiosa, guardei meus tesouros femininos em uma grande valise. Estava pronta.

Sozinha em casa no dia anterior ao da minha partida, eu andava pelos cômodos me despedindo de objetos e lembranças, porque algo me dizia que eu jamais retornaria ao lar da minha infância. Boa parte de meu futuro era desconhecida, mas eu sabia que deixava Bagdá para sempre.

Muitos tesouros da família iam provocando lembranças felizes, mas nada me deixou mais alegre do que o baú de roupas de minha mãe. A arca ficava no quarto dela e guardava muitas roupas finas, coisas que restaram dos tempos em que ela e meu pai eram prósperos e recebiam convites formais para visitar o palácio.

Eu era uma criança tão agitada, que minha mãe, exausta, sempre me incitava a mexer naquele baú para me entreter com vestidos de baile e sapatos de salto, depois passava batom vermelho-cintilante nos lábios, pegava uma pequena bolsa de mão e desfilava pela casa fingindo estar num baile cheio de reis, rainhas, príncipes e princesas.

Sentei-me diante da velha escrivaninha de meu pai, um móvel simples, mas elegante, uma peça que fazia conjunto com a cadeira de madeira entalhada e havia sido projetada por ele e manufaturada em sua fábrica de móveis, a mesma que nunca tive o prazer de visitar, mas que tantas vezes ouvira ser descrita por Ra'ad e por minha mãe. A riqueza de detalhes desses relatos era tão grande, que muitas vezes senti que já havia trabalhado lá.

Muitas foram as ocasiões em que vi meu pobre e cansado pai sentar-se diante daquela escrivaninha, as costas largas apoiadas contra o encosto da cadeira, o cotovelo sobre a mesa enquanto ele examinava documentos e fazia contas, adicionando e subtraindo números num esforço inútil para tornar os resultados suficientes para o sustento de nossa numerosa família.

Aqueles dois móveis eram os únicos que meu pai salvara do incêndio que destruíra sua fábrica durante a revolução de 1958. Mesmo um observador sem nenhum treino poderia perceber que mesa e cadeira haviam sido criadas por um talentoso artesão.

A dor da perda de meu pai ainda era intensa, mesmo depois de 11 anos. Saí de casa e fui para o jardim, sob a maior palmeira, meu refúgio favorito, onde tantas vezes me havia encolhido ao longo da infância. Sentei-me em um espaço familiar, em um trecho de terra batida por anos consecutivos de uso, encostei a cabeça no tronco da árvore e olhei para cima, para o céu azul.

– Adeus, palmeiras. Adeus, céu de Bagdá.

Despedia-me de 25 anos que continham alegrias e amarguras. Estava mais feliz do que jamais estivera, uma jovem realizando um antigo sonho.

Quando a manhã chegou, toda a família se reuniu para dizer adeus, as mulheres choramingando, os homens quietos e solenes, como se estivessem se preparando para o meu funeral.

Eu ria, fazendo pouco de seus temores. A ocasião era mais do que feliz para mim!

Se soubesse de todo o infortúnio que esperava por mim, das mortes e do massacre de tantas vidas curdas, se antecipasse que não veria minha família por muitos anos, eu certamente teria fraquejado e não teria sido capaz de partir, nem mesmo para ir buscar consolo nos braços do homem amado.

Eu amparei Alia, a mais triste de todas.

– Lembre-se, todo fim traz em si um começo. Estou ansiosa por esse recomeço.

Alia sorriu com ar sábio. Só ela acompanhava desde o início aquela minha jornada de amor. Só Alia podia compreender totalmente os anos de angústia que eu deixava para trás desse final feliz com Sarbast.

Não lamentava estar deixando Bagdá, apesar de saber que viajávamos rumo a perigos desconhecidos.

Após vários anos de isolamento em Bagdá, não estávamos preparadas para as bruscas modificações no norte. A terra que amávamos era atacada pelo ar e por terra. Helicópteros sobrevoavam a área como abelhas ensandecidas. Pontos de verificação ocupavam a principal estrada de Bagdá até Kirkuk, e de lá a Sulaimaniya, impedindo que comunicação e suprimentos chegassem aos guerrilheiros peshmergas e aos vilarejos curdos.

Saddam planejava nos matar de fome.

Minha mãe e eu experimentamos um terror que desconhecíamos na espera para os pontos de verificação, porque cada visitante na área era considerado um espião. Ficávamos olhando impotentes vários homens curdos serem arrancados de seus automóveis e levados para destino desconhecido. Esses pobres homens estavam perdidos. Havia rumores de que os curdos eram assassinados indiscriminadamente. Mas, a cada ponto de verificação, éramos apenas duas mulheres com nossos papéis em ordem e muitos parentes em Sulaimaniya, e durante o questionamento de rotina conseguíamos convencer os guardas de que estávamos apenas visitando familiares. Assim, fomos seguindo em frente.

Enquanto estávamos esperando em um desses pontos, minha mãe começou a estalar suas contas de oração de maneira tão estridente, que a encarei preocupada e perguntei:

– Está tentando alcançar algum tom especial com essas contas, mãe?

Ela respondeu num sussurro ansioso:

– O dia de hoje vai parecer um piquenique comparado a sua nova vida, Joanna.

Era verdade. Mas eu não queria viver de outra maneira.

Depois de nosso casamento, Sarbast e eu viveríamos em um esconderijo de guerrilha vital para a PUK, o vilarejo de Bergalou, que ficava aninhado no estreito vale Jafati, uma longa faixa de terreno difícil no sul do Curdistão iraquiano.

Habitado por guerrilheiros, Bergalou era o vilarejo que abrigava temporariamente a estação de rádio e um hospital de campo administrados pela PUK. A importância de Bergalou para a resistência curda transformava-o em alvo tentador para Bagdá. O vilarejo era rotineiramente bombardeado e atacado pelo fogo intenso do exército do Iraque.

Mas, por mais estranho que possa parecer, eu não me preocupava com meu bem-estar.

Olhei pela janela e pensei em Sarbast. Estava ansiosa para começar nossa vida em comum e impaciente para desempenhar meu pequeno papel apoiando a luta pelas liberdades curdas.

Uma calorosa acolhida curda esperava por nós na casa de Osman, irmão de Sarbast, que vivia em Sarchnar, um bairro residencial de Sulaimaniya. Mamãe e eu nos sentimos em casa por várias razões. Osmar era casado com a sobrinha de minha mãe, Nawbahar, que era filha de minha tia favorita, Aisha.

Fui pega de surpresa quando a família de meu noivo me deu um valioso presente de casamento, quatro braceletes de ouro.

O ouro é muito valorizado pelos curdos, e a família do noivo tradicionalmente oferece presentes caros à noiva, normalmente objetos de ouro que pertencerão a ela para sempre, mesmo em caso de viuvez ou pedido de divórcio por parte do marido. Ao viver tais tragédias, muitas mulheres se valeram do ouro do casamento para impedir que os filhos passassem fome.

Mas eu não esperava nada. Depois de aceitar a proposta de casamento de Sarbast, recebi uma carta na qual ele perguntava o que eu queria por dote. Eu escrevi minha resposta: "Tudo que quero é uma simples aliança de ouro. Mais nada." Sabia que a família dele havia feito muitos sacrifícios financeiros pela causa curda, que o exército iraquiano retaliara a família por ter dois filhos peshmergas, e que por conta disso tudo eles haviam perdido a casa que era de todos.

Começaríamos nosso casamento em situação de igualdade. Nenhum de nós possuía nada de valor. Quando o Curdistão fosse libertado, certamente prosperaríamos. Sarbast dizia ser o mais feliz dos homens, pois entendia que eu o aceitava por amá-lo.

Embora nunca tenha perguntado, sempre imaginava se ele comparava minha emoção honesta com as gananciosas exigências feitas pela mulher que ele pedira em casamento antes de mim. Esperava que sim, e que estivesse feliz por ter sido rejeitado, ou não poderia estar se casando comigo agora.

Os braceletes de ouro eram só um símbolo, não tinham grande valor comercial, e era exatamente isso que me deixava feliz, pois sabia que, por intermédio daquele presente, a família de Sarbast declarava sua aceitação, sua alegria por eu passar a integrar a família.

As mulheres da casa revelaram-se curiosas quando abri minha enorme mala. Elas se reuniram à minha volta, aplaudindo enquanto eu, orgulhosa, exibia meu novo guarda-roupa.

Fiquei intrigada com as gargalhadas que recebia a cada novo item.

– O que é? O que é? – Eu olhava para todas e cada uma delas com olhos cheios de espanto.

A mãe de Sarbast era uma mulher de expressão tão doce que me apaixonei por ela imediatamente; mas quando sua expressão se tornou grave, fiquei ainda mais confusa. Ela me guiou pelos ombros até a beirada da cama e me fez sentar.

– Minha querida menina, Bergalou *não* é uma festa. Você vai para as montanhas viver a vida de um peshmerga. Suas roupas devem servir para protegê-la naquelas montanhas inóspitas.

Ela apontou para um dos meus vestidos novos, uma confecção delicada em seda vermelha.

– Esse aqui, por exemplo, pode ser declarado uma arma suicida! Você vai brilhar como um farol! – Ela balançou a cabeça. – O exército iraquiano vai adorar seu vestido, Joanna. Não imagina como vai facilitar o trabalho deles usando essas roupas. Todos nas montanhas irão ao encontro de Alá em tempo recorde, e tudo por causa do seu novo guarda-roupa. Imagine... – Ela levantou as duas mãos. – Bum!

Eu abri a boca para me defender, mas ela já estava falando novamente.

– Aquilo, então... – Agora a mãe de Sarbast mostrava uma blusa bege que fazia conjunto com uma saia rendada, última moda em Paris. – Joanna, você vai congelar! E aquele outro... Meu filho vai se casar com a Cinderela?

Todos riram quando ela usou o dedo indicador para erguer um pé de sapato, um modelo em verniz com uma listra dourada, salto agulha e bico fino.

Fiquei mortificada. Ansiosa para agradar Sarbast e me apresentar com elegância, perdi temporariamente o bom senso. Mordi o lábio e olhei em volta, desejando que todas evaporassem.

A situação ficou ainda pior quando a irmã mais nova de Sarbast tirou da mala uma camisola transparente e a calcinha que combinava com ela, dançando enquanto exibia as peças. Vermelha de vergonha, arranquei a camisola e a calcinha das mãos dela.

A essa altura, eu era a única mulher na sala que não me dobrava de rir.

A mãe de Sarbast conteve-se, recuperou o fôlego e decidiu se mostrar solidária. Ela me abraçou, repentinamente séria.

– Joanna, vai precisar de calças de tecido bem grosso, botas e jaquetas. Pode deixar suas sedas e cetins aqui, para o futuro, quando tudo isso acabar.

A decepção estava estampada em meu rosto.

Ela deu de ombros.

– Toda guerra acaba... um dia.

Naquela tarde, todas nós entramos em um táxi muito velho e fomos ao mercado local. As mulheres me ajudaram a comprar roupas adequadas para as montanhas, trajes que, para meu desânimo, eram basicamente masculinos.

Comprei vários pares de calças masculinas, as menores que encontrei, um modelo largo e confortável muito popular no Curdistão. A cintura era tão ampla que eu podia dobrá-la várias vezes. "Terei de amarrá-las com uma corda, talvez", pensei mal-humorada, começando a perceber que me enganara ao pensar que não sentiria falta de nada que pertencesse à minha antiga vida. Não estava acostumada a me vestir de maneira tão... desleixada. Toda jovem noiva quer parecer bonita para o marido, e eu não era uma exceção.

Uma futura cunhada notou meu ar taciturno e brincou:

– Essas calças vão ser muito valiosas, Joanna. Poderá cavalgar burros com elas, escalar montanhas e até pular. Pode dar saltos da altura da minha cabeça. E os bolsos são tão grandes que poderá guardar neles bisnagas inteiras de pão!

Era verdade. Os bolsos tinham o comprimento das pernas da calça. Seriam úteis quando eu estivesse percorrendo as montanhas.

Determinada, guardei todas as lindas roupas que comprara em Bagdá e as substituí na mala pelas peças práticas e sem graça. Porém, me recusei a deixar para trás os lindos lençóis cor-de-rosa, apesar de todos os avisos sobre a inadequação das peças ao clima nas montanhas. Além do mais, eles pesariam muito nos alforjes do burro. Uma de minhas cunhadas tentou tirar a roupa de cama da mala, mas reagi imediatamente, anunciando que não me separaria dos lençóis, da coberta e do travesseiro. Haveria algo de belo em minha nova casa nas montanhas.

Mais tarde, fomos ao mercado de ouro comprar as alianças. Todos riram quando retirei um galho da bolsa e disse ao vendedor:

– Meu noivo me enviou a medida de seu dedo.

Foi muito divertido encaixar diversas alianças naquele galho, enquanto uma multidão espantada assistia à cena com curiosidade e interesse.

Havia mais alguns obstáculos a superar antes que eu pudesse me casar com Sarbast. Saddam havia proclamado crime o casamento de qualquer mulher com um guerrilheiro peshmerga. Nenhum oficial do governo em Sulaimaniya arriscaria o pescoço liberando a documentação de que precisávamos, e poucos mulás curdos eram corajosos o suficiente para oficializar a cerimônia.

Quando eu já começava a acreditar que nosso casamento não se realizaria, e que eu seria forçada a reconhecer o fracasso e voltar para Bagdá, o irmão de Sarbast resolveu o problema. Ele providenciou toda a documentação e nos levou a um mulá muito corajoso que ele conhecera no Curdistão, Ibrahim Salih, que concordou em conduzir a cerimônia.

Solucionado esse dilema, eu me deparei com outro que me fez imaginar se mesmo Deus não estaria contra o casamento.

Foi com imensa dor que recebi aquela mensagem. Sarbast não poderia empreender a viagem das montanhas para Sulaimaniya. Meus joelhos se dobraram. Como era comum a todos os peshmergas, havia uma recompensa por sua cabeça. Além disso, Bagdá intensificara a ofensiva na área. Era impossível para qualquer peshmerga deixar as montanhas, atravessar as zonas proibidas, passar por todos os pontos de verificação e entrar em uma cidade ocupada. Tal tentativa certamente custaria a vida de Sarbast.

Vítima da mais profunda desolação, sentei-me e chorei. Mas me senti melhor ao lembrar que nossa tradição não exigia a presença concomitante dos noivos na cerimônia de casamento. De fato, em muitos países muçulmanos, homens e mulheres eram intencionalmente separados durante a cerimônia. O mulá podia solenizar o casamento primeiro com Sarbast, depois comigo. Assim que o matrimônio fosse consumado, seríamos considerados marido e mulher.

Fiquei surpresa e muito grata quando o valente mulá se ofereceu para fazer a perigosa viagem às montanhas a fim de realizar a cerimônia de casamento com Sarbast.

Mais um problema resolvido.

Fiquei com o coração partido, porém, por Sarbast não poder estar presente no nosso casamento. Tentei me mostrar forte diante da família dele, mas não consegui conter as lágrimas de decepção.

Finalmente, o tão esperado dia chegou.

Oscilando entre a esperança e o desespero de ver Sarbast aparecer no último instante, passei os dois dias que antecederam a cerimônia nos salões de beleza de Sulaimaniya, cuidando do cabelo, da pele, das unhas e fazendo depilação.

Mas Sarbast não chegava.

Meu irmão Sa'ad chegou algumas horas antes da cerimônia e contou que não havia enfrentado problemas nos pontos de verificação, o que nos encheu de alívio e alegria. Com Ra'ad vivendo na Suíça, Sa'ad seria o representante de nossa família no casamento, aquele que aceitaria oficialmente a proposta e o contrato.

Por fim, reconheci que Sarbast não me surpreenderia no último instante e desisti de usar o belo vestido cor-de-rosa que havia comprado para esse dia tão especial. Em vez disso, optei por um sensato traje cinza e rosa.

Prendi meus cabelos com uma fivela. Usei pouca maquiagem. A ausência de Sarbast tirava o brilho daquele dia. Não conseguia acreditar que, após anos de expectativa, meu casamento aconteceria sem a presença do noivo. Mas assim era.

Todos se reuniram na sala de estar da casa de Osman. Era um aposento quente e agradável, com tecido vermelho nas paredes e piso de madeira coberto por tapetes feitos à mão. Havia uma pintura retratando cavalos selvagens na parede atrás do sofá, e interessantes bibelôs espalhados sobre os móveis.

Para a comemoração, minha prima havia preparado alguns doces caseiros. Mas eu estava tensa demais para comer, certa de que algo ainda aconteceria para adiar ou impedir a cerimônia.

O mulá podia ter sido alvejado em um ponto de verificação. Essas tragédias ocorriam todos os dias no Curdistão. Mas não aconteceu dessa vez, e o mulá Ibrahim Salih chegou para a celebração. Não pude deixar de notar que ele tinha os lábios comprimidos, como se considerasse difícil sorrir. Ser um mulá curdo tornara-se uma vocação perigosa.

O pai e o irmão de Sarbast adiantaram-se para expressar gratidão por ele estar ali. Eu também sorri, mostrando-me grata.

O mulá contou pouco sobre sua aventura nas montanhas, admitindo apenas que havia sido angustiante. Ele exibiu orgulhoso um documento com a assinatura de Sarbast, uma autorização formal para que a cerimônia fosse realizada em sua ausência.

Ele olhou em minha direção e, com um sorriso, disse que Sarbast desejava que eu fizesse uma viagem segura até as montanhas.

Eu interpretei o recado: "Esposa, venha logo."

Sa'ad percebeu nesse momento que minha cabeça estava descoberta, o que era mais do que ele podia suportar na presença de um mulá. Ele criou certa comoção, até que alguém me deu um véu branco.

Coloquei o véu sobre minha cabeça sem muito entusiasmo. Sa'ad reclamou irritado, mas conseguiu conter o impulso de manifestar seus pensamentos.

Olhei para meu irmão e sorri. Eu o amava. Meu irmão era um homem de grande beleza e doçura, apesar de sua opinião sobre como uma mulher devia se vestir.

Ele assentiu e retribuiu meu sorriso, mostrando-se feliz como eu não o via há muito tempo. Pensei que meu irmão devia estar eufórico por eu finalmente estar me casando. Aos 25 anos, eu já era velha para uma noiva curda. Depois do casamento, eu deixaria de ser problema dele.

A cerimônia começou, e logo minha ignorância religiosa ficou aparente O mulá Ibrahim leu as passagens apropriadas do Alcorão em curdo formal, e fui instruída a repetir suas palavras. Tinha uma enorme dificuldade para compreender o curdo formal, porque era fluente apenas no curdo falado rotineiramente.

Sentia-me confusa, tropeçando nas palavras. Sa'ad e minha mãe se mexiam em seus assentos, expressando certo desconforto.

Geralmente, os clérigos que eu conhecia vertiam solenidade e austeridade, mas esse era um homem adorável. Ele repetia cada frase várias vezes, abreviando-as, tentando amenizar o constrangimento que a situação me causava.

Eu não tinha salvação. Desisti de tentar e me esforcei para conter o riso, sabendo que Sa'ad jamais se recuperaria se eu gargalhasse durante a cerimônia do meu casamento. Eu era tão patética que até os adoráveis familiares de Sarbast trocavam olhares chocados.

Sa'ad me olhava carrancudo. Meu irmão conhecia de cor o Alcorão. E estava absolutamente envergonhado da minha falta de conhecimento religioso.

Meu vestido estava úmido de suor quando a cerimônia finalmente chegou ao fim. O dia que devia ter sido o mais feliz da minha vida transformara-se num embaraçoso fiasco. E eu temia não ter sido aprovada no teste.

E se o clérigo decidisse que eu havia arruinado minha chance de me casar?

Mas o mulá Ibrahim deve ter considerado meu desempenho razoável, porque não fez nenhum comentário negativo quando apresentou os documentos que eu devia assinar. Meu casamento agora era oficial. Sarbast era meu marido. Finalmente!

O noivo podia ser dispensável em uma cerimônia curda de casamento, mas *era* absolutamente imprescindível para uma lua-de-mel bem-sucedida.

Eu tinha pressa em deixar Sulaimaniya para ir ao encontro de meu marido. Mas não podia fazer a viagem sozinha. Os guias seriam necessários ao longo de todo o caminho. Meu destino estaria nas mãos de gente que eu ainda nem conhecia.

Depois da cerimônia, todos saborearam um delicioso almoço, embora não pudéssemos revelar aos eventuais visitantes que comemorávamos um casamento. O meu casamento. Mesmo que esses visitantes fossem conhecidos curdos. Todo cuidado era pouco. Uma palavra incauta poderia levar à descoberta de que o mulá havia desrespeitado uma lei de Saddam realizando um casamento peshmerga. Se isso acontecesse, todos seriam punidos.

Mais tarde, ainda naquela noite, correu por Sulaimaniya a notícia de que o exército de Saddam preparava um grande ataque contra os peshmergas. Na manhã seguinte, eu me despedi de meus novos parentes e de Sa'ad.

Minha mãe e uma das irmãs de Sarbast acompanharam-me de Sulaimaniya a Qalat Diza, onde eu seria entregue como um pacote nas mãos de uma guia. Sim, seríamos conduzidas por um motorista homem, porque as mulheres naquela área normalmente não viajavam pelas estradas sem proteção masculina.

As férteis planícies em torno de Qalat Diza logo surgiram diante dos meus olhos. Apesar das tensões atuais, agricultores curdos em calças largas cultivavam seus campos de trigo. O monte Kandil se erguia majestoso por trás do vilarejo, seus picos rochosos ainda cobertos de neve, as encostas descendo suavemente e emoldurando a paisagem a seus pés.

Qalat Diza era um dos mais belos vilarejos curdos. Era particularmente interessante para mim que Sarbast houvesse passado boa parte de sua infância ali, embora, também ali, sua vida houvesse sido dramaticamente alterada.

O Curdistão sempre havia sido um caldeirão de rebeliões e massacres, e em 1974 e 1975 a inquietação retornara. Sem nenhum aviso, o governo iraquiano lançou napalm sobre os civis de Qalat Diza, e centenas deles morreram. Sarbast havia sido uma jovem testemunha do caos e das mortes súbitas. Ele me havia contado uma única vez sobre sua angústia quando tentara salvar vizinhos e amigos.

Depois do ataque em Qalat Diza, a família de Sarbast fugira para o Irã e vivera num campo de refugiados por quase dois anos. Quando retornaram do exílio, Sarbast havia nutrido um ódio profundo pelo governo em Bagdá, um sentimento que o transformaria em peshmerga.

Felizmente, Qalat Diza sobrevivera a um passado difícil. Eu esperava que os dias ruins houvessem ficado no passado. Mas havia algo de sinistro no ar.

Cheguei em Qalat Diza em segurança, e lá descobri que minha guia era alguém muito especial. Ela era Zakia Khan, prima de Sarbast e esposa de um graduado Qadir peshmerga da PUK, um senhor da guerra considerado um nobre pelos curdos. Zakia se oferecera corajosamente para a arriscada missão de me ajudar a atravessar a área proibida do Curdistão controlada pelo movimento peshmerga.

Foi em Qalat Diza que disse adeus a minha mãe. Foi uma despedida muito emocionada para nós duas, porque agora tínhamos consciência da seriedade da situação no Curdistão. Talvez nunca mais nos víssemos.

Senti uma imensa tristeza nesse momento, mas estava com pressa para começar a precária jornada pela zona proibida. Queria encontrar Sarbast.

Durante o trajeto aprendi a respeitar ainda mais Zakia. Descobri nela uma mulher de coragem e muitos recursos. Enquanto eu tremia de medo, ela nos conduzia por situações delicadas e complexas nos pontos de verificação.

Fiquei horrorizada ao constatar que muitos desses pontos eram comandados por traidores curdos, colaboradores conhecidos como jahshs, homens que deviam estar lutando ao lado de seus irmãos curdos, mas usavam seus conhecimentos para trair os bravos peshmergas. Os jahshs eram mais perigosos para nós em muitos sentidos do que os soldados de Saddam. Tinham nosso tipo e eram difíceis de distinguir, por isso se infiltravam com facilidade nas fileiras peshmergas.

Esses vergonhosos colaboradores vendiam o Curdistão e os curdos para um governo que os mataria com enorme alegria quando não fossem mais úteis. Eu mal podia acreditar que havia homens curdos preparados para matar Zakia e a mim, caso descobrissem que eu era a nova esposa de um guerrilheiro peshmerga.

Mas Zakia me convenceu de que era assim que as coisas aconteciam.

A perigosa viagem era tensa e angustiante.

Finalmente, uma vez sob a proteção das imponentes montanhas e das copas de árvores frondosas, senti-me livre e destemida pela primeira vez em dias. Olhei para a beleza à minha volta, para as montanhas com seus picos nevados, para a vegetação exuberante e para as corredeiras ainda mais cheias pelo derretimento da neve. A paisagem belíssima me ajudou a esquecer as forças hostis que deixáramos para trás.

Por fim, depois de seis horas de trancos e solavancos dentro de um carro percorrendo caminhos sem pavimentação, batendo o topo da minha cabeça no teto do carro a cada buraco mais fundo que enfrentávamos, chegamos ao vilarejo de Merge. Minha cabeça doía terrivelmente, mas quando fui informada de que Sarbast estava lá esperando por mim esqueci todo o sofrimento.

Merge, um pequeno e extremamente pobre vilarejo curdo, era dividido em dois por uma estrada principal ladeada por casas simples construídas com blocos de concreto. A riqueza que o turismo havia levado ao vizinho mais próximo, o lago Dokan, conhecida região de veraneio no Curdistão e famosa por suas videiras e figos, não havia proporcionado nenhum benefício a Merge.

Eu sabia que Sarbast estava lá, em uma daquelas casas, esperando por mim. E me perguntava como nos encontraríamos.

Impaciente, comecei a procurar ansiosa, olhando para a porta de cada casa por onde passávamos. De repente, notei um lampejo de movimento e Sarbast apareceu na frente de uma das casas. Seus olhos encontraram os meus e ele correu ao meu encontro, os cabelos longos voando ao vento, os olhos brilhando, as pernas fortes tentando alcançar o jipe.

Eu gritei, ordenando que o motorista parasse. Estendi as mãos para o lado de fora pela janela aberta, esperando que Sarbast me puxasse do automóvel para seus braços. Por alguma razão inexplicável, o motorista pisou mais fundo no acelerador.

Eu olhava para fora sem saber o que fazer. Não sabia que Sarbast era um corredor tão veloz. Ele estava se aproximando do jipe!

Temendo que o desatento motorista atravessasse o vilarejo em alta velocidade sem se deter, decidi arriscar tudo e saltar do jipe para os braços abertos de Sarbast. Preparei-me para o salto. Quando percebeu o que eu pretendia fazer, o motorista finalmente desviou o jipe para o acostamento da estrada e parou. Eu saltei antes que ele pudesse desligar o motor.

Sarbast tomou-me em seus braços e começou a girar, tirando meus pés do chão. Eu ria. Ria alto. Sobrevivera a milhares de problemas e perigos para viver aquele momento.

Abri os olhos e vi rostos sorridentes atrás de Sarbast. Uma pequena multidão se reunira à nossa volta. Não é todo dia que um peshmerga se casa com uma mulher de Bagdá.

Um guerrilheiro embaraçou Sarbast revelando que, enquanto eu viajava, ele deixara de comer e dormir, tal o grau de sua ansiedade. De fato, ele ficava sentado olhando para a estrada a noite toda, correndo para ir verificar cada veículo que atravessava o vilarejo. Os camaradas alimentavam seu tormento com alarmes falsos, mentindo sobre o jipe que trazia sua noiva ter passado pelo vilarejo sem se deter. E isso quase acontecera de verdade!

Olhei para o motorista tentando adivinhar o que ele estava pensando. Quando o vi rindo, percebi que ele também contribuíra para a brincadeira. Tudo acabara bem, por isso sorri para ele.

Zakia saltou do jipe e se colocou orgulhosa ao nosso lado, sorrindo para o primo Sarbast e aceitando sua genuína gratidão por ter me levado até ele em segurança.

Eu ri, mais entusiasmada e feliz do que jamais havia estado em minha vida. Sabia que meu lugar era com aquelas boas pessoas. Estava chegando em casa.

Porém, não conseguia desviar os olhos de Sarbast. Para mim, ele ainda era o homem mais belo do mundo. Mas agora parecia diferente do jovem exuberante por quem me apaixonei. Ele dava a impressão de estar necessitando de uma boa noite de sono. Estava barbado. O cabelo era ainda mais longo, e os cachos estavam completamente emaranhados. Senti uma onda de ansiedade por pensar que logo poderia afagar aqueles cabelos como sempre havia sonhado. Como queria fazer há dez anos. Logo teria minha chance.

Eu me lembrei de minha aparência, que também devia ser terrível. Havia planejado apresentar-me tão bela quanto fosse possível, mas, ao ver minha bagagem, Zakia estalara os dedos ordenando que ela fosse tirada de perto de mim, explicando que tal tipo de mala chamaria muita atenção nos pontos de verificação.

Fui informada de que só poderia levar uma muda de roupa, uma camisola simples e um pente, e tudo isso foi acondicionado em uma velha bolsa de plástico. O restante de meus pertences chegaria a mim dentro de algumas semanas transportado por uma mula.

Outro golpe eu recebi ao ser instruída para lavar meu rosto e livrá-lo de todo e qualquer vestígio de maquiagem. Meus cabelos longos deviam ser presos num coque. Zakia havia segurado minhas mãos por alguns instantes, admirando minhas belas unhas pintadas antes de, pesarosa, informar que eu teria de cortá-las.

– Joanna, se um soldado do ponto de verificação notar suas unhas compridas e pintadas, vai saber imediatamente que você *não* é uma mulher das montanhas.

Quase não suportei ver minhas unhas tão bem cuidadas serem cortadas e jogadas no lixo.

E o pior ainda estava por vir. Zakia me deu um vestido azul-marinho simples, um robe preto, um lenço escuro e um velho par de sapatos. Soube que era imperativo que eu tivesse a aparência das garotas pobres dos vilarejos daquela região.

Jamais havia sonhado que um dia teria de usar novamente o manto e o véu. Minha única felicidade era o fato de Sarbast não estar ali para testemunhar minha humilhação. E me esforcei para não chorar.

Não queria encontrar meu marido naqueles trajes, mas Zakia não queria saber desse tipo de argumento. Ela não estava disposta a arriscar a própria vida por conta de uma tolice, caso eu insistisse em exibir minha sofisticação de Bagdá.

Olhei para Sarbast e sussurrei:

– Lamento ter sido forçada a encontrá-lo nestes trajes. Estou envergonhada de meus trajes.

Os olhos de Sarbast brilhavam refletindo a mais pura felicidade.

– Você é linda, Joanna. – Ele jogou a cabeça para trás, rindo, e vi o brilho de seus perfeitos dentes brancos, por sorte todos ainda intactos. – Por acaso tenho a aparência do marido de seus sonhos? – Ele encolheu os ombros, levantou as sobrancelhas e deslizou as mãos pela camisa desbotada, pela calça velha e pela barba espessa.

– Sim, você é o marido dos meus sonhos – admiti. Tomada por intensa felicidade, toquei sua barba com um dedo. – Eu mesma o barbearei – disse, sorrindo com ar promissor.

Todos que nos cercavam ouviam a conversa com grande deleite. Nós, os curdos, nunca demonstrávamos afeição em público, mas nossa sociedade tradicional perdoava as afeições de um jovem casal apaixonado recém-casado. Nossa reação intensa à presença do outro era entretenimento tão interessante para os amigos de Sarbast quanto uma rara visita ao cinema.

Zakia interrompeu modestamente.

– É hora de seguir viagem. Diga adeus a seus amigos, Sarbast. Você os verá novamente em um mês.

Ao longo da viagem, fiquei muito feliz por saber que Sarbast e eu não iríamos a Bergalou imediatamente, pois os chefes peshmergas o haviam recompensado com um mês de férias da luta. Sarbast e eu teríamos um mês de lua-de-mel na casa de Zakia e seu marido, Qadir Agha. Quase gritei de alegria, mas, felizmente, não me embaracei ainda mais diante daquelas pessoas.

Eu estava ansiosa para partir. Pela descrição de Zakia, eles viviam no esplendor da montanha, em uma casa espaçosa no vilarejo de Serwan, não muito longe de Merge. Generosos, eles nos convidaram para passar nossa lua-de-mel naquela casa ampla, dizendo que merecíamos alguns dias de felicidade e sossego antes de nos apresentarmos para o cumprimento do dever em Bergalou.

Nunca sonhei que um dia teria uma lua-de-mel de verdade nas montanhas.

Eu vivia em um conto de fadas onde todos os sonhos se realizam, porque, depois de anos de hesitação, podia ver que Sarbast finalmente me amava.

No entanto, tive um rápido momento de dúvida. Por que razão o sentimento de amizade se transformara em amor? Eu o conquistara revelando a ternura de meu amor?

Afastei da mente todas as questões que me perturbavam. Teria muito tempo para encontrar todas as respostas no nosso futuro.

Sarbast e eu nos sentamos tão próximos quanto era possível naquele jipe, os braços se tocando levemente. Quando Zakia se inclinou para falar com o motorista, Sarbast olhou em volta para certificar-se de que ninguém nos observava e beijou-me rapidamente nos lábios.

Senti um arrepio delicioso e me deixei envolver pela sensação criada por aquele beijo.

Desde aquela primeira noite há tanto tempo, quando me apaixonei por Sarbast, havia passado horas incontáveis sonhando com o momento em que ele seria meu marido. Mas nunca poderia ter imaginado a alegria que experimentaria por simplesmente sentar-me ao lado dele.

E aquele beijo! Havia sido envolvente.

Senti-me tentada a corresponder diante do olhar curioso de Zakia e do motorista, mas apertei as mãos sobre meu colo, virando-me para olhar para outras coisas e pensar em outro assunto. Qualquer um. Foi então que notei a magnitude da floresta à nossa volta. A estrada sinuosa era ladeada por bosques de nogueiras e pistache. Flores coloridas adornavam as encostas. O Curdistão era simplesmente o paraíso na Terra.

Logo chegamos ao nosso destino. A casa de Zakia parecia não ter sido tocada pelo tempo, afastada da estrada e cercada por árvores tão altas que presumi que fossem ancestrais. O imóvel era muito grande e cheio de crianças. Eu me senti imediatamente à vontade. Para minha felicidade, havia ali um complexo sistema de encanamento que trazia a água mineral das montanhas, porque precisava de um bom banho.

Zakia nos levou ao fundo do terreno, atrás da casa, onde havia um vasto canteiro de vegetais e um farto pomar. Vi um galpão quase tão grande quanto a casa, uma espécie de celeiro com muitas vacas, cavalos, burros, galinhas e patos. A família era auto-suficiente.

Corei violentamente quando Zakia me levou para conhecer o quarto onde Sarbast e eu passaríamos a lua-de-mel. Senti-me grata por constatar que era o mais privado de todos e bem afastado da área central, onde a família se reunia.

Qadir Agha al-Pishderi, marido de Zakia, era um homem de força quase irresistível. O título de *agha* indica que ele era proprietário de vastas extensões de terra e chefe de sua tribo. Mesmo tendo pondo em risco tudo que possuía e conquistara ao se filiar à PUK, seus olhos eram calmos e cheios de confiança, como se ele não tivesse nenhuma inquietação na vida.

Senti-me imediatamente fascinada pelo homem, por sua serenidade e por seu entusiasmo. Esperava algo diferente de um homem tão importante. Alguém solene e pomposo, talvez. Mas ele demonstrava um interesse por tudo e todos, era solícito e bondoso com a esposa, ria largamente com os hóspedes e brincava muito com os sete filhos. O caçula era muito levado e arisco, e ele agarrou o precioso binóculo do pai, um instrumento raro e difícil de conseguir, porque Saddam transformara em sentença de morte imediata a posse desse equipamento por um curdo.

Quando ele manejou o binóculo como se fosse um brinquedo, fiquei aflita e pensei que eles deveriam guardá-lo em algum lugar alto, sobre uma prateleira, mas o *agha* ria com tranqüilidade.

– Meus filhos são donos de tudo nesta casa, inclusive do pai deles – dizia.

Eu invejei o relacionamento que os filhos tinham com ele, lembrando como a deficiência de meu pai o mantinha afastado de nós.

O jantar foi leve, porque a dona daquela casa havia estado fora, e eu estava tão cansada que Zakia sugeriu que Sarbast e eu nos recolhêssemos cedo.

Corei quando nos despedimos de nossos anfitriões, apesar de eles terem feito tudo para me deixar à vontade. Mas, finalmente, Sarbast e eu ficamos sozinhos.

Ser sua esposa era ainda melhor do que eu havia imaginado. Mesmo muitos anos depois, quando meus filhos já forem adultos e os netos correrem por minha casa, quando eu for tão velha que os cabelos em minha cabeça terão afinado e embranquecido, eu ainda me lembrarei da magia da minha noite de núpcias.

16

Sob o céu de Bergalou

BERGALOU, CURDISTÃO, NORTE DO IRAQUE
Junho de 1987

Estava no auge dos meus sonhos. Então, acordei e me deparei com uma estranha movimentação. Nada na vida é perfeito.

Minha mente estava entorpecida demais para identificar exatamente o que eu via, mas, com os olhos bem abertos, percebi que o teto da nossa pequena choupana parecia estar tremendo, um telhado primitivo que era, na verdade, uma mistura de galhos e toras entrelaçados. Olhando com mais atenção, constatei que o telhado realmente se movia.

Sarbast dormia profundamente a meu lado.

Eu me aproximei dele e sussurrei:

– Sarbast, acorde. Acorde!

Ele abriu os olhos, ainda tonto de sono.

– O que é?

– Veja – murmurei. – O telhado está se movendo!

A voz dele soou cansada e preguiçosa.

– Não, Joanna, o telhado não está se movendo.

– Está! – Àquela altura, eu havia despertado completamente e me inclinei para acender o lampião de querosene. A luminosidade era pálida, mas eu enxergava o suficiente para ter certeza de que dois lados do plano formado pelo telhado eram sacudidos por alguma coisa.

– Sarbast!

Sonolento, ele jogou para o lado a coberta cor-de-rosa e moveu a cabeça para os lados, depois olhou para cima.

– Está vendo? – exclamei agitada. – Ali! O telhado *está* se mexendo!

Sem dizer nada, Sarbast levantou-se, caminhou até a porta da frente, pegou um pé do seu chinelo de plástico, ergueu-se na ponta dos pés e usou o chinelo para bater na parede bem perto do telhado. Vários escorpiões gigantescos caíram no chão.

Contive um grito cobrindo a boca com as mãos.

Ele os surrou com o chinelo até que ficassem imóveis.

– Escorpiões? – murmurei apavorada. Olhando para cima, compreendi o aterrorizante mistério por trás do telhado que tremia. Toda a área sobre minha cabeça estava tomada por escorpiões!

Minha voz era fraca, hesitante.

– Oh, não, Sarbast! Oh, não! Não posso dormir sob um ninho de escorpiões. Não, não!

Ele se deitou a meu lado, envolvendo-me com um dos braços.

– Querida, os escorpiões preferem fugir a lutar.

Mas eu estava inflexível.

– Não. De jeito nenhum. Não posso dormir com escorpiões.

– Eles não vão incomodar, se você não mexer com eles.

Então compreendi o que os outros guerrilheiros queriam dizer quando, pouco antes, ao trocarem votos de boa-noite, alguns disseram rindo:

– Boa caçada!

Estava em Bergalou há poucas horas, e já havia sido posta para fora do banheiro por uma serpente. Agora escorpiões caíam do teto sobre minha cabeça. Teria sido melhor ir dormir na floresta!

Olhei para cima tomada pelo pânico. O telhado ainda tremia. Aquelas criaturas pavorosas tinham uma energia espantosa!

Sarbast beijou-me nos lábios e se ajeitou para dormir, cobrindo-se até a altura dos ombros.

– Esqueça os escorpiões – disse ele. – Durma.

– Esquecer aqueles escorpiões? Nunca!

Sempre havia sido uma criança muito atrevida. Nada em minha vida causava-me pavor verdadeiro. Nada, exceto cobras e escorpiões. Quando eu tinha 6 anos, um primo curdo em Sulaimaniya me perseguira com uma serpente. Ele a segurava pela cauda e, contorcendo-se, a cobra aproximava a cabeça de meu rosto, as presas à mostra, a língua incansável. Aquilo me causou uma fobia eterna e incurável.

Desde o incidente, sempre que estou no Curdistão, mantenho-me especialmente atenta para o caso de haver alguma serpente perto de mim.

E vários anos mais tarde, durante outras férias de verão, eu estava admirando o jardim de minha avó Ameena e, sem querer, atravessei o caminho de um grande escorpião. Minha avó correu ao ouvir meus gritos aflitos. Quando apontei chorando para a criatura grotesca e de patas peludas, minha avó se apressou em detalhar todos os perigos decorrentes de uma picada de escorpião. Ela apontou os seis pares de patas, descrevendo sua utilidade. Um par agarrava um dedo do pé, ela exemplificou, enquanto o segundo par o arranca. Depois, a criatura mortal pode sugar a seiva que mantém seu corpo vivo. Minha avó concluiu dizendo que me amava e queria me manter segura. Mas, o que ela conseguiu naquela ocasião, foi plantar em mim um pavor que jamais pude superar.

Antes de me casar com Sarbast, eu havia contemplado o risco de bombas e soldados inimigos, e ainda assim me mantivera serena e inabalável. Escorpiões e cobras não haviam estado entre minhas preocupações. Mas nossos hóspedes indesejados me obrigavam a lembrar que Bergalou era uma área cercada por montanhas e florestas. Eu penetrava em um território habitado por criaturas selvagens, e elas me avisavam de que tinham consciência da minha presença.

Eu me virava na cama. Para distrair a mente dessas questões, comecei a lembrar nossa linda lua-de-mel.

Sarbast e eu tivemos trinta dias maravilhosos em Serwan, com a encantadora Zakia Khan e Qadir Agha. Parentes e conhecidos residentes na região haviam aparecido para oferecer pequenos presentes e nos desejar felicidades. Para minha alegria, tive ali muitas oportunidades para maquiar-me e arrumar meus longos cabelos em penteados modernos, complementando assim o efeito causado pelo belo vestido rosa que não havia usado no meu casamento. Sarbast finalmente podia admirar a beleza de sua esposa, e isso me deliciava.

Havia também momentos de quietude, quando podíamos desfrutar a companhia um do outro, planejar nosso futuro e trocar informações sobre tudo que ocorrera ao longo dos anos depois de Sarbast ter me deixado em Bagdá.

Havia agitação, também, já que a guerra não terminava só por sermos recém-casados. Nesses momentos, eu aprendia muito com Zakia Khan sobre os deveres da esposa de um peshmerga.

Aprendi como remover os miúdos de uma galinha, ordenhar uma vaca e identificar aviões iraquianos inimigos. Aprendi que a primeira coisa que deveria fazer em qualquer nova locação nas montanhas era encontrar o abrigo mais próximo para refugiar-me em caso de bombardeio. Aprendi que compartilhar um inimigo cria camaradagem instantânea entre as pessoas, mesmo que elas sejam de idades distintas e tenham formações contrastantes. Aprendi que esposas de peshmergas nunca são preguiçosas, que uma verdadeira mulher peshmerga luta determinada para apoiar o marido e a causa. Aprendi que teria uma vida primitiva. Aprendi que havia tomado a melhor decisão de minha vida aceitando a proposta de casamento de Sarbast e unindo-me a ele no Curdistão para viver como guerrilheira da liberdade. Finalmente, aprendi que estava em condição de realizar o sonho de toda uma vida, apoiar a causa curda. Solteira, eu jamais teria sido capaz de ir morar em Bergalou. Aquele era um vilarejo de guerrilheiros, essencialmente para homens, embora houvesse algumas corajosas mulheres solteiras acompanhando um pai ou irmão peshmerga. Eu não teria sido aceita, mas agora, casada com Sarbast, era acolhida de maneira calorosa e entusiasmada.

Sarbast se virou na cama e puxou o cobertor, já em sono profundo. Como ele conseguia dormir?

Então, lembrei-me de que meu marido vivia como peshmerga há mais de cinco anos. A realidade era que tudo ali era muito mais perigoso e estressante do que eu havia imaginado. Mas eu aprenderia, e faria a diferença. Estava determinada.

Meus olhos pesavam. Devia dormir, porque no dia seguinte conheceria os amigos peshmergas de Sarbast e me familiarizaria com Bergalou. Não tivera tempo de conhecer o vilarejo, porque chegamos pouco depois do anoitecer, exaustos devido à longa jornada pelas montanhas.

Fechei os olhos, mas voltei a abri-los em seguida, tentando entender o que podia haver de interessante naqueles galhos para manter os escorpiões constantemente ocupados. Virei-me de bruços e cobri a cabeça. Preferia ter um escorpião nas costas a senti-lo no rosto. Teria de aprender a tolerar a convivência. Afinal, eu poderia viver naquela choupana por muitos anos.

Enquanto tentava dormir, lampejos do último mês desfilavam por minha mente.

Em Serwan, havia feito a inquietante descoberta de que estava absolutamente despreparada para os mais simples desafios da vida peshmerga. Possuía o coração valente de um guerrilheiro da liberdade, mas não dispunha das habilidades necessárias ou de mãos destras. Sempre mimada por minha mãe e meus irmãos, eu me descobri embaraçosamente incapaz de realizar as mais simples tarefas, como cozinhar ou limpar a casa. Já havia passado vexame em duas ocasiões.

Certa manhã, alguns convidados chegaram inesperadamente em Serwan para almoçar. Eu me ofereci para ajudar na cozinha, e insisti que Zakia designasse alguma tarefa que eu pudesse cumprir.

Zakia apontou para o quintal.

– Sim, Joanna, por favor, pegue oito galinhas e prepare-as.

Fiquei parada por alguns instantes, sem saber o que fazer, porque nunca em minha vida havia tocado em uma galinha viva. Mas era orgulhosa demais para admitir a verdade, e Zakia já deixara a cozinha para ir cuidar de outros assuntos. Sarbast saíra para cumprir uma missão, por isso não podia me ajudar. Eu estava sozinha.

Decidi ir para o quintal, um espaço repleto de galinhas gordas que andavam de um lado para o outro e ciscavam aqui e ali, bicando o que consideravam interessante.

"Que dificuldade poderia haver", perguntei a mim mesma, dirigindo-me às aves. Cinco minutos mais tarde, eu me encontrava deitada no chão poeirento, com uma galinha na mão, cercada por penas que voavam em todas as direções. Bem, pelo menos distraía os convidados, que se haviam aproximado atraídos pela confusão.

Zakia certamente ficou chocada com minha ignorância doméstica, mas, paciente e generosa, instruía-me sobre todas as atividades, explicando detalhadamente tudo que eu devia fazer para, por exemplo, matar uma galinha. Pouco depois, orgulhosa, eu estava parada ao lado dela, depenando uma galinha e ajudando a preparar o almoço.

Vários dias depois, voltei a colaborar nessa tarefa e me ofereci para a pior parte do trabalho, esperando que o ato de coragem me ajudasse a recuperar a dignidade. Estava parada diante de uma enorme panela de água fervente, mergulhando as aves na fervura para acelerar o processo de retirada das penas, quando todos à minha volta correram na direção do galpão do lado de fora.

Zakia tirou a galinha da minha mão, jogou-a dentro da panela, segurou-me pelo pulso e gritou:

– Corra! Corra para o abrigo!

Eu corri.

Segundos depois, ela e eu entrávamos em um pequeno abrigo ao lado do galpão. Mais alguns instantes, e ouvi um estrondo horrível. O chão tremeu. Estávamos sob bombardeio.

Em Bagdá, eu havia sofrido bombardeios iranianos muitas vezes desde o início da guerra, mas nunca imaginara que o paraíso nas montanhas seria encontrado com tanta facilidade.

Olhei para Zakia e declarei:

– Não sabia que os iranianos estavam bombardeando vilarejos curdos! Não houve nenhum aviso, nenhum som... Como soube que o avião não era de passageiros?

Todos riram. Uma mulher a meu lado gargalhava.

Eu corei, a ingênua garota da cidade de Bagdá.

Zakia tomou-me sob sua proteção e, gentil, explicou:

– Aquele avião não era iraniano. Era do Iraque. E não há nenhuma rota comercial que sobrevoe essas montanhas. Especialmente voando tão baixo. Se ouvir o barulho de um avião, tenha certeza de que é um inimigo. Aqui, nosso maior temor é o ataque que vem de Bagdá, não de Teerã.

– Ah... – Foi um momento de confusão, pois eu sabia que os iranianos haviam se aliado aos curdos para combater Saddam, mas me habituara tanto a ser alvo dos iranianos, que a mudança interna exigiria algum tempo e muita atenção. Antes mesmo de deixar Bagdá, eu já sabia que o exército do Iraque atacava vilarejos isolados nas montanhas com entusiasmo e ferocidade crescentes.

Sentia-me tão embaraçada que tinha vontade de chorar.

Zakia tocou meu ombro.

– Joanna, lembre-se: quando trabalhamos, comemos ou fazemos qualquer outra coisa, só a metade da nossa atenção está voltada para a tarefa. A outra metade capta os sons do céu. Logo você vai aprender, porque em Bergalou será assim, também. Em pouco tempo, vai conseguir captar o som distante de um avião com precisão impressionante.

Meu coração quase parou de bater quando ela murmurou:

– Ouvimos dizer que Saddam está começando a testar armas químicas. – Ela olhou em volta para certificar-se de que os filhos não a ouviam. – Quem sabe o que aquele lunático é capaz de fazer? – Zakia abraçou-me, avisando: – Tome cuidado, criança. Permaneça atenta, vigilante. Estamos entrando em um período muito perigoso.

De fato, o tempo que passei em Serwan foi de lições valiosas. Tinha muito a aprender, por isso estava sempre atenta, ouvindo e observando, odiando a idéia de servir de piada em Bergalou.

Durante nossa lua-de-mel, Sarbast me enchera de entusiasmo com suas histórias de Bergalou, apesar de ter perdido muitos amigos na luta e ele mesmo ter corrido grande risco diversas vezes.

No dia seguinte, exploraria meu novo lar e conheceria os bravos guerrilheiros de quem Sarbast tanto falava. Estava ansiosa para conhecer as mulheres que viviam em Bergalou, embora meu marido me houvesse dito que, dentre quase duzentos guerrilheiros, havia poucas mulheres e só duas crianças morando no vilarejo. Ele explicou que a área era muito perigosa para a maioria das mulheres.

Bergalou era um dos muitos vilarejos que compunham uma rede na região quase inacessível do vale Jafati. Os povoados acomodavam a mais importante infra-estrutura da PUK. Bergalou abrigava a estação de rádio e o principal hospital de campo, e Sergalou, o povoado vizinho, era o lar do comando regional. Outros vilarejos adjacentes aninhavam em seu seio instalações igualmente importantes para o partido.

Ao longo dos anos, ouvira patriotas curdos questionando por que a PUK não levava seu comando central para Sulaimaniya, uma cidade cem por cento curda. Mas agora eu entendia a lógica da liderança da PUK. Sulaimaniya era uma cidade grande ocupada por muitos civis. E não era fácil proteger a população civil.

Por outro lado, o vale Jafati, onde estavam todos os vilarejos do comando, era cercado por montanhas muito altas e separado do restante do Curdistão por centenas de quilômetros de terreno muito acidentado e difícil. Por conta dessas características geográficas, era quase impossível para os soldados de Saddam nos alcançarem.

A fim de ajudar-me a compreender a importância de Bergalou e de outros vilarejos da guerrilha da PUK na vale Jafati, Sarbast simplificou a situação dizendo:

– Pense dessa maneira: Bagdá é a capital do Iraque. Lá está o comando central do exército iraquiano. O vale Jafati é o centro do comando para a PUK. Bergalou, Sergalou, Haladin, Yehksemar, Maluma e Zewa são igualmente importantes para nós, a PUK, tanto quanto Bagdá é importante para Saddam. O vale Jafati é a capital da PUK, o centro nervoso.

Satisfeita por integrar tão importante movimento, finalmente consegui ter uma noite de sono tranqüilo. Felizmente, não fui atacada por nenhum escorpião.

Na manhã seguinte, Sarbast me acordou com um riso baixo e um beijo doce.

– Acorde, Joanna. Seja bem-vinda ao seu novo lar.

Eu me espreguicei contente, esticando pernas e braços. Ao lembrar o que havia sobre nós, olhei para o teto.

Meu marido leu meus pensamentos e disse:

– Não se preocupe. Os escorpiões costumam ficar quietos durante o dia. Eles gostam de desfrutar do calor do sol no telhado. E dormem. Mas é melhor não ficar andando por aí à noite, porque é quando eles acordam para a vida. Não se mova.

– Não devo me mover enquanto durmo? Mas eu sempre me mexo dormindo, Sarbast!

– Treine para não se mexer, e eles a ignorarão.

Fui sacudida por um tremor nervoso.

– Já foi picado?

– Nunca.

Respirei fundo e, naquele momento, decidi que não havia nada a fazer a não ser tirar o máximo de proveito da situação. Nunca mais me preocuparia com os escorpiões no telhado. Eles que ficassem em seus lugares, pois eu ficaria no meu.

Lembrei-me de que aquele seria um bom dia. Sabia que poucas pessoas de bom senso trocariam uma casa confortável em Bagdá por um vilarejo habitado por guerrilheiros e cercado por inimigos mortais, mas, para mim, Bergalou era a realização de um sonho, minha mais cara fantasia tornando-se real.

Uma recordação distante passou por minha mente como um raio na forma de três rostos sorridentes. Três irmãs curdas vendendo jóias no mercado em Sulaimaniya. O regime brutal instalado em Bagdá arrancara delas o futuro, destruíra seus sonhos de casamento com os homens que amavam e as impediu de viver como peshmergas, lutando pelo Curdistão.

As três irmãs provavelmente haviam morrido nas mãos de seus inimigos, mas nunca deixaram de viver em minha mente. Ainda muito nova, eu as invejara por sua beleza e pela posição que ocupavam, e agora me via vivendo o sonho que fora delas. O sonho que se tornara meu. De alguma maneira, acreditava que minha existência as mantinha vivas. Alegria e tristeza se misturavam e, com lágrimas nos olhos, preparei-me para o primeiro dia de uma nova vida.

Decidi inspecionar minha nova casa antes de fazer o desjejum e desfazer as malas. Quando insisti com meu marido para ser levada para conhecer tudo por ali, vi seu rosto ganhar uma nuance de apreensão. Ele me preveniu:

– Minha querida, sabe que a revolução nunca é confortável, não sabe?

– É claro que sei – respondi sorrindo, segurando seu braço para acompanhá-lo, feliz demais para me deixar desanimar.

– Podemos fazer nossas refeições aqui. – Sarbast apontava a pequena sala de estar.

Olhei para nossa mobília escassa, tentando pensar no que poderia fazer para dar alegria e vida àquele lugar. Uma mesa em estilo japonês ocupava o centro da sala, com duas almofadas gastas embaixo dela, junto com as armas de Sarbast, um rifle Kalashnikov e uma pistola.

Mesmo em Serwan, Sarbast sempre mantivera as armas ao alcance da mão. Ele dizia que a primeira lição aprendida por um guerrilheiro da liberdade é manter sempre as armas carregadas e por perto, porque muitas batalhas eclodem com velocidade espantosa.

Sarbast se negara a me ensinar a manejar as armas durante nossa lua-de-mel, alegando que as aulas poderiam esperar até que estivéssemos em Bergalou.

E ele lia meus pensamentos mais uma vez.

– Amanhã você vai aprender como deve se proteger.

Eu assenti.

Mas, nesse momento, estava pensando em nossa casa. Não havia nenhum lugar onde pudesse guardar nossos pertences: alguns livros, fotografias e roupas. Estávamos cercados pela floresta. Minha mente examinava as possibilidades. Certamente eu poderia ter uma estante e algumas mesinhas utilizando a madeira de uma daquelas inúmeras árvores.

Uma imagem inesperada chamou minha atenção. Havia um aparelho de televisão preso a uma das paredes.

– Oh! Funciona?

– É difícil receber o sinal de transmissão aqui. Às vezes consigo sintonizar uma estação. E o aparelho é muito velho.

Seria maravilhoso poder assistir a uma transmissão qualquer. A televisão permaneceria onde estava, apesar das dificuldades. A simples presença do aparelho era uma lembrança da vida normal.

Nosso pequeno bangalô fora construído para fins de sobrevivência, não para oferecer luxo. As paredes eram blocos de tijolo sem pintura, e o imóvel era composto por dois pequenos aposentos para o convívio e uma área minúscula convertida em cozinha de faz-de-conta. Havia ali um refrigerador que Sarbast utilizava como armário. Havia uma base sobre brasas onde mantínhamos sempre uma chapa quente. Ocasionalmente, tínhamos energia fornecida pelos geradores, mas não podíamos contar com ela. O piso era de concreto irregular. Era necessário estar sempre calçada para caminhar por ali sem machucar meus pés.

Por proteção, as duas janelas da casa eram protegidas por arame farpado. Poucas casas nas áreas do Curdistão tinham vidraças. O estilhaçar dos vidros em caso de bombardeio seria um risco adicional.

– Pelo menos a água é pura e fresca – proclamou Sarbast com orgulho. – É água mineral. Vem diretamente da nascente para as casas por uma rede de canos e mangueiras.

Meu querido marido temia que eu decretasse nossa casa imprópria, insuficiente.

– Vamos viver em uma casa de bonecas – respondi com lealdade. Naquele momento, ajustava-me completamente ao ambiente e me entregava por inteiro à causa. – Não precisa me mostrar o banheiro. – Lembrei-me das desanimadoras condições do cômodo escuro, da visita que havia feito ao local na noite anterior, da cobra encolhida em um canto, seus olhos brilhantes fixos em mim, a intrusa.

Saíra correndo arrastando minhas roupas, e Sarbast fora investigar o motivo do meu pavor. Ele voltara com o rosto vermelho e o queixo erguido, anunciando que eu confundira um galho que ele mantinha no aposento com uma cobra. O galho tinha o propósito de espantar insetos indesejáveis. Fingi acreditar nele, compreendendo que meu marido só queria proteger minha paz de espírito, mas suspeitava de que ele havia matado a serpente e atirado o corpo para o lado de fora.

Depois da experiência do bombardeio em Serwan, fiz questão de verificar nosso abrigo, e Sarbast me levou até lá. Havia um grande abrigo de concreto no centro do vilarejo, um lugar mais confortável e amplo, mas dificilmente teríamos tempo para descer a colina em caso de ataque, pois nossa casa era a mais afastada do centro do povoado.

Nosso abrigo pessoal ficava ao lado da casa, escondido sob uma pedra e muita terra. Abaixei-me para examinar o interior daquela espécie de caverna, e senti o cheiro típico de ar estagnado, um odor que lembrava o covil de um animal fétido.

O espaço era tão pequeno, que tive dúvidas de que eu e meu marido pudéssemos caber lá dentro. Foi a primeira vez na vida em que me senti feliz por ser pequenina. Talvez o espaço fosse suficiente se eu me deitasse de costas. Porém, não conseguia imaginar como Sarbast se meteria naquele minúsculo buraco, sendo musculoso e forte como era.

Não conseguia pensar em nada favorável para dizer sobre o abrigo, por isso fiquei calada. Voltamos juntos para casa.

– Gostei muito daqui – disse a meu marido enquanto começava a desfazer as malas, depositando cuidadosamente pente, escova, espelho, batom, sabonete e hidratante sobre minha roupa de cama cor-de-rosa. Havia sido um grande esforço levá-la na viagem desde Bagdá. Todos que a viam tentavam me convencer a desistir de levá-la até Bergalou. Era muito volumosa, luxuosa... Até Sarbast questionou a conveniência de um jogo de cama naquele lugar. Em sua opinião, o esconderijo de um guerrilheiro não era lugar para tal extravagância. Mas insisti e acabei vencendo. Afinal, um guerrilheiro merecia ter algum conforto. Ironicamente, Sarbast dormia satisfeito naqueles lençóis cor-de-rosa. – Vamos fazer desta casa o nosso lar – concluí com alegria e confiança.

Aliviado com minha evidente satisfação, Sarbast sorriu, abraçou-me e girou-me várias vezes no ar antes de me devolver ao chão.

Várias horas mais tarde, meu marido apresentou-me a Bergalou.

Nossa casa era modesta, muito menos do que perfeita, mas eu não podia dizer o mesmo do ambiente que nos cercava. Estávamos protegidos numa ilha de grande beleza.

Bergalou era um dos pontos mais isolados de Curdistão, situado em um exuberante e verde vale cercado por fortalezas naturais, as montanhas. O cenário era perfeito para abrigar o quartel-general de uma guerrilha.

Sarbast contou que havia inúmeras cavernas naquelas montanhas, abrigos naturais e perfeitos para os guerrilheiros, caso um dia o inimigo conseguisse realizar a proeza de invadir o vale.

Olhei em volta e me senti completamente segura naquele refúgio. As montanhas altas que nos cercavam pareciam tocar o céu. Como um exército poderia superá-las? Era impossível!

O canto melodioso de centenas de pássaros embalava nossa caminhada pela encosta até o vilarejo. Olhei curiosa para a cadeia de pequenos chalés enfileirados pela encosta, casas muito parecidas com a nossa, e tentei imaginar como era a vida daquelas pessoas. Casas modestas foram construídas para os peshmergas, e essas construções cobriam o perímetro do vilarejo e estendiam a vizinhança até a base das montanhas. Boa parte dos bangalôs mantinha a parte dos fundos voltada para a base da montanha. Ao menos um lado das construções contava com proteção natural para o caso de bombardeios.

Eu havia percorrido aquelas mesmas montanhas a caminho de Bergalou no dia anterior, mas estivera exausta depois de ter passado o dia anterior viajando, alternando o solo acidentado por onde caminháramos e o lombo de um burro, pela primeira vez em minha vida – um burro particularmente desagradável que tentou me derrubar mais de uma vez. Nesse estado, não notara a beleza exuberante do vale.

Antes de Bergalou, a estação de rádio da PUK estivera instalada no vilarejo de Nowzang, mas com a eclosão da guerra entre Irã e Iraque, os dois poderosos exércitos se haviam enfrentado ali em batalha no ano de 1983, e os guerrilheiros da PUK tiveram de encontrar nova localização para sua base. De Nowzang, eles se mudaram para outro povoado chamado Sarshew, mas logo esse vilarejo também foi cercado pela guerra. Foi então que a PUK chegou a Bergalou, um vilarejo abandonado que já havia sido importante base para a guerrilha contra o líder Mulá Mustafá Barzani.

A PUK reformou os edifícios abandonados e construiu outros. Havia agora sessenta deles em Bergalou, construções que abrigavam quase duzentos peshmergas. Além disso, outros peshmergas que moravam perto do vale podiam sempre utilizar o vilarejo como abrigo temporário a caminho da frente de batalha ou voltando dela.

Na praça central havia uma clínica médica, uma cozinha comunitária e um grande abrigo. As instalações coletivas eram feitas de blocos de concreto e cobertas por telhados rústicos, prédios fáceis de erigir e demolir.

Instalados em Bergalou, os guerrilheiros construíram sua estação de rádio nas montanhas, ancorando a antena na rocha mais elevada, a vinte minutos de caminhada do vilarejo. A emissora era uma poderosa ferramenta da PUK para o recrutamento de peshmergas, para discursos inflamados clamando pela derrubada de Saddam e para alertar os vilarejos curdos quanto à localização do exército de Saddam. Sarbast se dirigiria todos os dias até aquele local para trabalhar.

Aprendi que as mulheres não trabalhavam na estação, uma localização considerada particularmente perigosa, já que os homens de Saddam estavam sempre tentando atingir o local com seus ataques mortais. Eu ajudaria meu marido ficando em casa.

Sarbast era um dos vários redatores e locutores que atuavam na emissora clandestina da PUK, a "Voz dos Guerrilheiros da Liberdade". Eu já sabia que ele era um escritor talentoso, pois lera as cartas que me enviara de Bergalou, mas ainda não havia lido nenhum de seus textos políticos. A estação de rádio da PUK atraíra a ira declarada de Saddam Hussein, por isso todos os locutores assumiam pseudônimos como forma de proteção. Sarbast era conhecido como Nabaz, ou "invencível". Eu sentia um imenso orgulho de meu marido.

Em meu primeiro dia de vida em Bergalou, vi soldados peshmergas em todos os lugares, ocupados com seus afazeres.

Sarbast olhou em volta com evidente desconforto.

– O vilarejo está bem mais ativo do que quando o deixamos para ir buscá-la em Merge – comentou ele. – Deve estar acontecendo algo muito importante.

– O quê? Em que está pensando?

– Não sei, mas logo descobriremos. A linha de frente se localiza em torno das montanhas Duban, não ficam muito longe. Os guerrilheiros sempre passam por aqui a caminho da batalha e quando retornam dela, mas o movimento vem crescendo muito desde o início do ano. – Ele me olhou com expressão muito séria. – Eles sabem onde estamos, Joanna. Saddam odeia os curdos. Mais do que odeia todos os outros inimigos juntos. Nesse momento, ele deve se preparar para defender-se de muitos ataques, mas nenhum pode ser mais doloroso ou perigoso do que o ataque dos curdos. Nós anunciamos seus crimes. Encorajamos a rebelião e incitamos a reação contra esse governo cruel e insano. E ele sabe exatamente onde estamos. Planeja nos matar. No instante em que assinar um acordo de paz com o Irã, toda sua fúria se voltará contra a ameaça curda. E então teremos motivo para preocupação.

Fiquei quieta, pensativa. Eu rezava pelo fim da guerra contra o Irã desde o primeiro dia de luta. Mas, se o que Sarbast dizia era verdade, minhas orações não faziam mais sentido. Saddam tinha pequenas tropas para comandar os pontos de verificação e lançar bombas contra nós. Com o final da guerra contra o Irã, todo seu poderio militar se voltaria contra nós. O exército estaria bem ali, preparado e armado, próximo de onde estávamos, porque o Curdistão ficava perto da fronteira com o Irã onde acontecia o confronto.

– A pressão está aumentando – Sarbast continuou. – Sofremos bombardeios diariamente. Aviões lançam bombas e foguetes. – Ele olhou para o relógio. – Estou surpreso por ainda não terem começado. Fique preparada para correr comigo a qualquer momento.

Nós nos dirigimos à cozinha comunitária. Havia cozinheiras trabalhando, mas, Sarbast contou, nenhuma delas era muito eficiente. Em Serwan, ele havia comentado que um dos aspectos mais desagradáveis da vida de um guerrilheiro é a falta de comida saborosa. Com os exércitos de Saddam bloqueando a maioria das estradas de acesso às montanhas, era quase impossível transportar suprimentos para aquela região. Os contrabandistas se ocupavam principalmente do equipamento militar e da munição, deixando os guerrilheiros e suas famílias vivendo de rações insossas. Era uma pena, porque a comida curda é a melhor do mundo.

Sarbast parecia triste quando murmurou:

– Aqui não temos as guloseimas consumidas em Bagdá.

Eu ri, feliz por estar ali dividindo tudo com ele. Até mesmo a comida ruim.

E ela era mesmo ruim. Comemos uma refeição composta por arroz branco e feijões fervidos em molho de tomate. Sentamo-nos à mesa comunitária para comer o alimento sem sabor. Sarbast foi recebido calorosamente pelos amigos e as apresentações foram feitas.

Alguns guerrilheiros se mostraram surpresos quando contei que havia deixado Bagdá para viver em Bergalou.

– Também tenho interesse nessa luta – confessei com honestidade.

Ainda estávamos almoçando quando alguém entrou correndo para avisar que mísseis eram lançados contra nós. Todos correram para o abrigo. Sarbast e eu integrávamos o grupo.

Ouvi um estrondo quando meu marido me empurrou para dentro do abrigo, um cômodo amplo e subterrâneo feito de concreto, um luxo, comparado ao nosso abrigo minúsculo e fétido. Lamentei que nossa casa não ficasse mais perto do centro do vilarejo. Jamais chegaria ali se estivesse no alto da montanha, em nosso bangalô. O mais comum para mim seria o refúgio cavado na terra.

Evidentemente, outros moradores do vilarejo não tiveram tempo para buscar a proteção do abrigo, porque eu era a única mulher entre muitos guerrilheiros. Durante o ataque, todos ficaram sentados e quietos. Alguns se mantinham encostados às paredes, outros torciam as mãos num gesto nervoso, e todos ouvíamos os estrondos das bombas lançadas contra a região. Havia ali uma preocupação comum, e eu entendia o sentimento. Durante o período que passamos em Serwan, Sarbast me havia contado que algumas bombas tradicionais eram tão grandes que nada poderia servir de proteção contra elas. Um tiro direto contra o abrigo mataria todos que ali estavam. Eu me recusava a considerar essa possibilidade. Não podia ter tão pouca sorte! Não tão cedo!

O ataque tornava-se mais barulhento. Sarbast havia comentado que tropas do governo lançavam rotineiramente bombas de fragmentação, responsáveis pelos ferimentos mais sérios a todos que ficassem expostos a ela do lado de fora. Eu não conseguia deixar de pensar nas pessoas e nos animais que continuavam lá fora. Sarbast mantinha um braço sobre meus ombros, puxando-me para perto dele, mas eu não sentia medo. Pensava que sofrer um bombardeio sob o céu de Bergalou não era mais assustador do que sofrer um bombardeio sob o céu de Bagdá. Em muitas ocasiões eu me encolhera com minha mãe, Muna e a pequena Nadia, Sa'ad e sua esposa, todos espremidos no nosso pequeno banheiro, totalmente impróprio para servir de abrigo antiaéreo, esperando que a fatal carga iraniana nos encontrasse ali. E lá estava eu mais uma vez, escondida do perigo que caía do céu. Algumas coisas nunca mudam.

O bombardeio terminou. Todos saímos do abrigo olhando em volta, verificando o grau de destruição. Surpreendentemente, havia poucas estruturas danificadas, embora dois pequenos prédios houvessem sido atingidos. A julgar pelo panorama geral, a maioria das bombas errara o alvo. Sarbast revelou que o inimigo era conhecido pela inconsistência em direcionar seu poder de fogo. Havia baixas em Bergalou, mas eram em número muito menor do que se podia imaginar.

Depois daquele momento de tensão e apreensão, todos voltaram a seus afazeres como se nada houvesse acontecido. Naquele dia compreendi que o ser humano é capaz de adaptar-se a quase tudo.

Sarbast levou-me de volta para casa e foi trabalhar na emissora de rádio. Voltaria para o jantar e, mais tarde, ele prometeu, eu conheceria as mulheres.

Meu marido esqueceu de me prevenir sobre um fato importante. Todos os dias, o exército iraquiano encerrava seu expediente lançando três bombas contra o vilarejo. Os soldados eram tão precisos, que essas três explosões eram quase cerimoniais.

Os soldados iraquianos cumpriram sua rotina em meu primeiro dia em Bergalou. Eu estava em casa sozinha quando as bombas explodiram. Imaginando se os três disparos eram o início de uma série ofensiva, encolhi-me em um canto, cobrindo a cabeça com as mãos, buscando tirar forças da sensação de segurança conferida pela posição.

Então, Sarbast entrou correndo, o rosto tomado por um misto de angústia e preocupação. Ele se surpreendeu ao me encontrar calma, embora cautelosa, e recompensou-me com um caloroso abraço.

– Você é uma peshmerga muito valente, minha querida – sussurrou. Depois, rindo, disse: – Agora seus sonhos finalmente se realizam. Seja bem-vinda ao mundo dos curdos, Joanna.

O jantar foi um prato de sobras frias que havíamos levado para casa depois do almoço. Sarbast avisou que, depois do anoitecer, nos juntaríamos a outros peshmergas reunidos na encosta da montanha. Assim que os iraquianos lançavam suas últimas três bombas, os moradores do vilarejo se reuniam para dançar, contar histórias e conversar, celebrando o fim de mais um dia de sobrevivência. O som de muitas vozes atraiu-me para lá.

A noite prometia ser tudo que eu sempre sonhara.

Alguns guerrilheiros permaneciam de plantão, guardando o vilarejo, mas a maioria dos habitantes de Bergalou se reunia na encosta de relva muito verde. Era junho, mas havia uma brisa gelada soprando do alto das montanhas. A lua cheia derramava sua luz prateada sobre a paisagem.

Notei três mulheres entre os homens, e senti que seus olhos me seguiam. Sarbast mencionou uma quarta esposa vivendo no vilarejo, mas ela não estava ali naquela noite.

Eu morava em um povoado de quase duzentos homens e apenas cinco mulheres. Olhei para as três que ali estavam e me concentrei em uma jovem que segurava um menino nos braços. Ela assobiava e cantarolava para a criança. Fiquei intrigada com aquela bela jovem e seu bebê, imaginando qual seria sua história, porque todo peshmerga tinha uma história.

Eu me sentia estranhamente tímida no meio de todos aqueles heróis, por isso permaneci sentada ao lado de Sarbast, quieta, uma esposa ainda inexperiente.

Mas quando um grupo de homens se levantou para dançar em seus uniformes de guerrilha, comecei a relaxar. Alguém pegou uma tambura para marcar o ritmo. Vários dançarinos empunhavam galhos, encenando uma luta satirizada. Sarbast juntou-se a eles.

Eu batia palmas com os outros, distribuindo sorrisos para aqueles que, de uma forma ou de outra, davam-me as boas-vindas. Vários dançarinos começaram a cantar uma canção popular em nosso dialeto sorâni curdo.

Senti que minhas emoções ganhavam força, e tive de me esforçar para não derramar lágrimas de alegria. Eu estava fazendo exatamente o que sempre havia sonhado fazer, e no lugar onde sempre desejara estar. Estava em casa. Meu lar no Curdistão. Finalmente.

17

Bom curdo, mau curdo

BERGALOU, CURDISTÃO
Julho de 1987

Quarta-feira, 22 de julho de 1987
Minha querida mãe,
Beijos e meus cumprimentos a você. Espero que esteja bem, como todos na família. Devo admitir que sinto muita saudade de meus sobrinhos, particularmente do pequeno Ranj, pois sei que perderei seus preciosos meses de bebê. Não consigo acreditar que ele nasceu há quase um ano. Por favor, diga a Alia para não deixar os meninos me esquecerem.

Esta minha carta tarda um pouco, mas você conhece a situação e sabe por que é difícil manter correspondência regular. Não tenho como saber se vai receber essa carta, pois ela deixará minhas mãos para passar a outras e seguirá assim, de mão em mão, viajando por todo o caminho que me separa de você.

Querida mãe, estou nesse vilarejo há tempo suficiente para saber que escolhi o caminho correto. Não me arrependo por ter escolhido Sarbast ou essa vida peshmerga. Ele é o homem que quero como companheiro. Tem força de vontade e atitudes firmes que me agradam. Ele escolheu uma vida repleta de aventuras, riscos e perigo, mas é uma boa vida que me faz orgulhosa, porque ele se sacrifica por uma causa em que acredita. Por tudo isso me sinto honrada em ser esposa de um lutador, orgulho-me de compartilhar suas dificuldades, porque sua causa é minha causa.

Mas, é claro, minha vida mudou muito. Já quase não lembro a jovem que fui em Bagdá, aquela que comia comidas deliciosas, ia às compras em busca de belas roupas e tomava chá e café conversando com amigos e familiares.

Quem era ela?

Aquela jovem não existe mais.

A nova jovem está vivendo uma guerra diferente todos os dias, e são batalhas muito duras. Em Bagdá ouvíamos histórias sobre as crueldades praticadas contra nossos irmãos e irmãs no Curdistão, mas a realidade é pior do que jamais imaginamos. Essa guerra selvagem é travada contra nossa gente, pessoas que lutam por uma vida livre nessa terra, e mesmo assim nos sentimos todos felizes, porque temos grande determinação em vencer.

Sua pequena Joanna está convicta da decisão que tomou, por isso, caso eu tenha de fazer o sacrifício definitivo, que haja paz em seu coração e a certeza de eu ter morrido fazendo o que queria fazer. Não destrua sua vida com o luto, mãe.

Quero lhe contar tudo que aconteceu desde que nos despedimos.

De Qalat Diza eu viajei para Merge com Zakia. Em Merge, Sarbast juntou-se a nós na jornada para Serwan, onde tivemos um mês de lua-de-mel. Havia bloqueios inimigos em vários pontos da estrada, mas depois da ofensiva peshmerga Karbala-Ten de 27 de abril (que, segundo ouvimos, causou quase 5 mil baixas no Quinto Batalhão Iraquiano), algumas áreas são controladas por nossos guerrilheiros em conjunção com as tropas iranianas. Como deve ter ouvido, houve outra importante ofensiva, Nasr [Vitória], que teve por alvo a província de Sulaimaniya. Ouvi dizer que foram tomadas muitas terras, e estou contente com isso. Talvez agora a vida fique mais fácil para aqueles que amamos por lá. Ouvimos Rafsanjani afirmar, numa transmissão de uma emissora de rádio de Teerã, que "Sulaimaniya é a porta de entrada para o restante do Iraque", por isso presumimos que os iranianos concentrarão suas forças naquela importante região, o que pode ou não facilitar nossa situação aqui no vale Jafati.

Agora quero contar sobre minha vida aqui. Sarbast está numa importante missão, o que significa que hoje estou sozinha, num raro momento de completa solidão que ocuparei conversando com você por intermédio desta carta.

Não vou esconder nada. Serei sempre honesta. Não há nada de normal na vida que levamos aqui. Moro em uma pequena choupana num vilarejo primitivo. No entanto, o lugar é para mim mais precioso do que um palácio em Bagdá. Nossa casa é modesta, simples, quase sem mobília. Nós a dividimos com muitos ratos, que são bem bonitinhos quando aparecem de suas tocas e ficam sentados no chão sobre as patas, os olhos atentos acompanhando todos os meus movimentos, as patas dianteiras postas como se orassem por um alimento qualquer. Dou a eles pão e migalhas, e às vezes pequenos pedaços de queijo, apesar dos protestos de Sarbast, que brinca referindo-se a um boato que corre na comunidade dos ratos sobre uma jovem linda e de coração generoso, alguém que vive nessa casa e alimenta intrusos. A verdade é que os pequenos ratos não podem nos causar nenhum mal, porque mantenho nossa comida guardada no refrigerador. Pena ele não funcionar. Mesmo assim, é um armário muito funcional!

Os ratos são inofensivos, mas não posso dizer o mesmo de outras criaturas, especialmente as cobras, que me fazem ficar alerta a cada passo que dou.

De fato, há cobras por aqui. E escorpiões.

Quanto à qualidade de nossa comida, melhor nem dizer nada. Os bloqueios nas estradas prejudicam o avanço dos contrabandistas, reduzindo a quantidade de alimento que recebemos aqui. Como se fosse prisioneira submetida a uma dieta de pão e água, sonho sempre com nossos deliciosos pratos curdos.

Mas agradeço por não passarmos fome.

E por vivermos em uma casa cheia de amor. Poucos casais podem rivalizar nossa felicidade. Nem mesmo meus sonhos de menina chegavam perto da alegria que estou conhecendo nessa vida peshmerga ao lado de meu marido.

E isso apesar de estarmos sob constante bombardeio em nosso pequeno vilarejo.

Vou contar agora sobre as bombas.

Os avisos que recebi não me prepararam para o nível dos ataques em Bergalou. Tenho agora audição e visão em sintonia fina com o perigo. Finalmente, compreendo o que Zakia quis dizer quando me preveniu em Serwan sobre termos sempre de dividir nossa atenção, metade para a tarefa, metade no ambiente que nos cerca, nos sons que vêm do céu. Quando preparo o café-da-manhã, minhas mãos estão ocupadas na tarefa, mas meus ouvidos permanecem atentos ao zunido das bombas despencando, ou ao estrondo do motor de um avião ou de um helicóptero. Ocorre o mesmo quando estou lendo os roteiros que Sarbast escreve para a rádio, ou quando estou no banheiro, ou quando lavo nossas roupas, ou quando estou conversando com outras mulheres peshmergas, ou caminhando para o vilarejo.

Nunca posso me distrair.

Temos perdas tristes, é verdade, mas elas são menores do que pode sugerir a freqüência dos ataques. Mas um incidente em particular atormenta-me.

Perdemos recentemente dois de nossos mais jovens peshmergas. Os dois rapazes eram bons amigos e dedicados à causa. Não sei que idade tinham, mas sei que eram ainda muito jovens. Eu os vi muitas vezes no vilarejo. Sentia-me contrariada por não estarem na escola, mas eles pareciam felizes e focados em suas vidas de peshmerga. Um dia, quando cuidavam da artilharia antiaérea, eles foram atingidos. Ambos morreram instantaneamente. Lamento ter visto os corpos dilacerados, porque agora não consigo apagar aquela imagem de minha mente. Num dia eles riam e brincavam, no outro estavam mortos. Foram postos em sacos e enterrados no cemitério de guerrilheiros perto do vilarejo.

O único consolo é saber que suas vidas não se perderam, pois foram ceifadas na luta pela liberdade. Talvez o sacrifício sirva para ajudar a trazer liberdade para o restante de nós.

É enervante não saber se vai cair uma bomba no próximo segundo e, principalmente, se vou ou não estar embaixo dela. Sarbast insiste em dizer que devo ir para o nosso refúgio subterrâneo cada vez que escuto o motor de um avião, mas não consigo correr para lá se ele não está aqui, em nossa casa. Fico sentada em um canto, como costumávamos fazer em Bagdá quando éramos atacados pelo Irã. Porém, quando Sarbast está em casa, ele me obriga a entrar naquele buraco sujo.

Prefiro correr o risco trazido pelas bombas. Vou descrever o lugar, e você vai me entender. Preciso rastejar para passar pela abertura, e Sarbast ainda tem de me empurrar por trás. O abrigo é muito pequeno, tanto que nem consigo me sentar com as costas retas. Sou forçada a me encolher, e ainda assim minha cabeça toca o teto de terra.

Mãe, sabia que todas as espécies de insetos habitam o Curdistão? E sabia que a maioria deles vive em Bergalou?

E todos vão me visitar quando estou naquele abrigo. Eles adoram se enroscar no meu cabelo. Um deles, uma criatura com pernas particularmente longas, tentou se instalar definitivamente no meu nariz.

Fico agitada, tensa, incapaz de passar muito tempo naquele abrigo. Admiro-me com a força de Sarbast, que se encolhe como uma bola e dorme como um bebê.

Ontem perguntei a meu marido como ele suportou essas condições por cinco anos. Ele riu e explicou que nunca antes foi tão ruim, que apesar de terem sido bombardeados no passado, os ataques eram esporádicos. Mas, desde o dia em que cheguei a Bergalou, o bombardeio nunca cessa. Sarbast provoca-me, acusando-me de ter trazido esse destino ao vilarejo.

Felizmente, estamos protegidos aqui entre as montanhas altas, o que torna praticamente impossível um ataque direto do nosso inimigo.

Conheci muitos *bons* curdos morando aqui. Os sacrifícios dessa gente tornam os problemas que enfrentamos como curdos em Bagdá totalmente insignificantes.

Não sou a única mulher que luta pela liberdade aqui. Há mais quatro, e uma delas é a esposa de um velho peshmerga, uma criatura determinada que dá bons exemplos para todas nós. Há também duas crianças aqui, uma menina de quase 2 anos e um menino, um bebê.

A mulher de quem mais me aproximei é a mãe desse bebê. Quero contar um pouco sobre essa mulher, porque ela tem tido uma vida de sacrifícios desde que ainda era menina. Enquanto eu freqüentava a universidade em Bagdá, ela já enfrentava essa vida violenta por aqui. Penso nisso e me pergunto se não deveria ter me unido à causa antes, mais jovem. Meu espírito sempre esteve com a causa curda, mas eu não contribuía. Podia ter desistido da universidade e vindo para o norte assumir minha responsabilidade. Quando tenho esses pensamentos, preocupo-me por ter reclamado de maneira egoísta tanto os privilégios de minha herança árabe quanto os de minha ascendência curda, simultaneamente.

Em relação a Ashti, a mulher que tanto admiro, você a consideraria uma filha, porque ela é doce, e é mais corajosa e mais inteligente do que muitos homens. É pequenina, mas sua valentia tem o tamanho das montanhas. Seu pai é um conhecido peshmerga assassinado há anos pelas mãos de um curdo mau, um jahsh.

Ela é de uma família de lutadores, por isso não é surpresa que tenha nascido com sangue de guerrilheira nas veias. Desde o momento em que atingiu idade suficiente para contribuir para a causa, ela tem lutado. Aos 15 ou 16 anos, Ashti tornou-se agente secreta e foi trabalhar em Hawler. Como um jahsh já havia matado seu pai, outro tentou assassinar a filha. Ela foi delatada por um informante jahsh, e foi forçada a deixar sua casa e fugir para as montanhas. Como seu irmão Azaad já lutava a partir da base PUK em Toojhala, ela foi para lá, e, por ser muito astuta, foi designada para realizar tarefas de inteligência, analisando comentários políticos divulgados pelas rádios de Bagdá, Teerã e do Ocidente.

Ouvi dizer que é muito incomum uma mulher solteira viver e atuar em um vilarejo de guerrilheiros, mas a presença de seu irmão tornou o arranjo aceitável.

É claro que alguns peshmergas solteiros se interessaram por aquela jovem tão bela e inteligente, mas Ashti zelava por sua reputação. E permanecia sozinha, levando uma vida de isolamento social.

Mas, em pouco tempo, um dos engenheiros, um peshmerga muito respeitado chamado Rebwar, apaixonou-se por ela. Como Rebwar conhecia o irmão de Ashti, ele conseguiu percorrer o caminho acertado falando antes com o irmão dela.

Foi uma história com final feliz. Ashti e Rebwar se casaram.

Quando o quartel-general da mídia da PUK se mudou para Bergalou, Ashti e Rebwar estavam entre os primeiros que se mudaram. Soube que, no início, eles viviam em tendas e cavernas.

Ashti ainda vivia como guerrilheira quando teve um precioso bebê, Hema. Você o adoraria. Ele tocaria seu coração, como toca o meu todos os dias. Ele chora muito por causa das bombas que o assustam, mas traz alegria e esperança para todos nós que vivemos nesse pequeno vilarejo.

Hema nos faz lembrar por que estamos lutando. Mesmo que nós encontremos a morte, ele ainda poderá sobreviver e conhecer uma vida de liberdade no Curdistão.

O pobre bebê suportou um ataque com gás no início do ano. Caso não tenha ouvido a notícia, Bergalou esteve sob ataque químico quando eu me encontrava em Serwan, em lua-de-mel. Felizmente, as substâncias não foram misturadas apropriadamente ou, talvez, o vento tenha soprado na direção errada para elas, mas na direção certa para nós, o que causou menos baixas do que se esperava numa situação como essa. Soube que perdemos duzentos guerrilheiros, mas o número poderia ter atingido a casa dos milhares se a mistura fosse correta. Sarbast e eu estávamos em lua-de-mel; se não fosse por isso, minha primeira experiência de mulher casada teria sido com esses gases mortais. Também foi muita sorte Sarbast ter sido autorizado a se afastar em licença durante uma batalha tão acirrada.

Não quero preocupá-la, mas temos notícias de outros ataques químicos na área. Acredito que isso acontece porque Saddam deu ao primo, Ali al-Majid, plenos poderes para eliminar o problema curdo. Talvez você tenha ouvido algo sobre essa delegação de autoridade. A entrada em cena de Ali Majid cria preocupação adicional, porque ele é o mais fanático servo de Saddam.

Soubemos que nossa contínua rebelião alimentou a amarga fúria de Saddam. Por essa razão, a ameaça de ataques químicos tornou-se tão séria que todos somos equipados com máscaras de gás. Sendo assim, tente não se preocupar.

Uma de minhas experiências mais impressionantes tem sido aprender sobre armas. Como sabe, guerrilheiros peshmergas estão sempre armados, mas me incomoda essa regra imposta por nossos líderes sobre mulheres não poderem lutar nas frentes. Minha vida é mais valiosa que a de Sarbast? Acredito que minha vida e a dele têm igual valor. Assim, quando fico em casa enquanto ele parte em missões importantes, meu coração não volta a bater com regularidade até que ele retorne.

Apesar de não ter permissão para ir com ele ao campo de batalha, devo estar preparada para o caso de haver um ataque. Como nossa casa é a mais afastada do vilarejo, suponho que seríamos os primeiros a enfrentar o inimigo, caso ele surja pelas montanhas a caminho do vale.

Quero lhe dar notícias interessantes sobre Kamaran Hassan. Deve se lembrar dele. Sua mãe é Nazara, irmã da mãe de Sarbast, Khadrja, o que significa que ele é primo de Sarbast. Ele e meu marido vivem lado a lado desde a infância, quando estavam em Qalat Diza, e conviveram por mais dois anos depois do ataque com napalm, quando foram juntos para um campo de refugiados iraniano com suas famílias. Em resumo, há entre eles um elo difícil de ser rompido.

Se ainda lembra, Kamaran pôs seu patriotismo em primeiro lugar, integrando-se à PUK logo depois de concluir o curso de economia na universidade. É uma alegria saber que ele vai trabalhar perto de nós. Não fomos informados sobre quando ele terminará seu atual estágio de treinamento, mas celebraremos o reencontro. Ele vai contribuir muito com a causa.

Quero falar um pouco sobre nosso trabalho aqui. Guerrilheiros estão sempre prontos para correr ao front para participar da luta fisicamente, mas o principal trabalho aqui em Bergalou é feito com as canetas. Há muitos escritores que produzem material patriótico para a luta por libertação. Sarbast participa desse esforço. Os redatores e locutores mantêm outros guerrilheiros e até os civis informados sobre o que acontece na frente de batalha, prevenindo-os quanto às áreas a serem evitadas. Transmitimos os discursos de nossos líderes, como Ma'am [Tio] Jalal Talabani, e discussões sobre a necessidade de liberdades curdas. Também divulgamos outras informações, recrutando jovens e mulheres para a causa, para se unirem ao movimento peshmerga. Seria delicioso produzir programas com a única finalidade de entretenimento, como os que ouvintes em outros países escutam, mas o foco neste vale é e deve seguir sendo questões de vida ou morte.

Enquanto o governo em Bagdá divulga suas mentiras, nós anunciamos a verdade.

Sempre me pergunto, *onde está o resto do mundo?* Há alguém lá fora que saiba sobre o que está acontecendo com os curdos? Alguém sabe, ou se importa, que Bagdá há décadas esteja assassinando inocentes cidadãos curdos? Ou que sua sede por nosso sangue está aumentando? Alguém sabe que os árabes aprendem que os curdos são animais, e que são estimulados a nos roubar, espancar e matar? O mundo sabe que o governo em Bagdá tem esvaziado vilarejos inteiros de curdos, levando os homens para locais desconhecidos, enviando mulheres, crianças e idosos para campos de refugiados ao sul? O mundo sabe que esses curdos são proibidos de voltar para casa? O mundo sabe que os árabes são levados para nossas casas, que se apropriam de nossas vidas?

Se o mundo soubesse, se importaria com isso?

É como se nós, curdos, sangrássemos por milhares de feridas, mas ninguém soubesse dos nossos sofrimentos.

Lágrimas estão caindo de meus olhos.

O que mais me desapontou, mãe, foi ser forçada a reconhecer que existem *bons* curdos e *maus* curdos. Nada prejudicou mais nossa causa do que esses *maus* curdos, os colaboradores e informantes.

Eles se filiam à PUK fingindo odiar Bagdá. Descobrem informações importantes, depois desaparecem para ir informar o inimigo sobre nossas posições. Eles levam à morte muitos guerrilheiros. Isso me faz crer que nossa lealdade de curdos está se desintegrando. Espero estar enganada, porque a unidade sempre foi um de nossos pontos mais fortes.

Sarbast diz que a guerra contra o Irã significa que, em vez de viver nas trincheiras, como fez nosso Sa'ad, muitos homens preferem vender sua honra, aceitando dinheiro de Bagdá para trair seus companheiros curdos.

Acho que alguns homens farão qualquer coisa para evitar essas trincheiras do inferno.

Mas eles podem ir para o inferno das trincheiras, da mesma maneira, porque é para lá que acabarão indo no final, como merecido castigo por terem espionado seus irmãos curdos.

Os jahshs estão apenas adiando o inferno.

Vivendo em Bagdá, me escondendo daquelas bombas, odiei os iranianos. Mas aqui no Curdistão eles são nossos únicos amigos.

Em Bagdá os iranianos estão tentando matar você, minha mãe, e meus irmãos e irmãs. Em Bergalou, os iranianos lutam para me proteger, para proteger Sarbast e todos os outros curdos.

Meus sentimentos pelos iranianos são ambivalentes.

É um dilema.

Nós curdos estamos lutando contra Bagdá há mais de sessenta anos. Permanecerei nesse vilarejo de guerrilha por outros sessenta anos?

Meu passado me motivou, me empurrando até aqui. Agora sou motivada pelo futuro que vislumbro, um futuro no qual meus filhos terão liberdade para falar o idioma curdo, aprender a história dos curdos, viajar por essas montanhas sem medo de sofrerem emboscadas.

Por isso temos de vencer! Jamais desistiremos! Nunca!

Mãe querida, vejo que o sol vespertino se move para a beirada do céu. Logo o inimigo enviará as últimas bombas do dia, e os sapos iniciarão sua sinfonia, meu marido voltará para casa, jantaremos juntos e iremos nos reunir aos outros guerrilheiros na encosta ou na casa de um deles. Lá riremos com alegria de nossa boa sorte por estarmos vivos, lembraremos os dias distantes da infância, e dividiremos nossos sonhos de um futuro abençoado por muita liberdade.

Que você esteja segura em Bagdá,

Sua pequena Joanna.

18

Ataque químico

BERGALOU
Outono de 1987

Jalal Talabani solicitou um canal especial de comunicação. Atendi ao pedido. Fui a Sulaimaniya e os atingi com a munição especial. Foi essa minha resposta. Ao mesmo tempo, continuei com as deportações. Informei aos nossos contatos nos vilarejos curdos que não poderei permitir a sobrevivência desses povoados, porque os atacarei com armas químicas. Eles disseram amar seus vilarejos. Eu respondi: "Então, vocês e seus familiares morrerão. Devem partir imediatamente, porque não posso revelar o dia exato do ataque com as armas químicas."

Matarei todos eles com armas químicas. Quem vai dizer alguma coisa? A comunidade internacional? Eles que se danem! A comunidade internacional e todos que a ouvirem.

Mesmo que a guerra contra o Irã termine e os iranianos se retirem de todos os territórios ocupados, não vou negociar com Talabani e não encerrarei as deportações.

Essa é minha intenção, e quero que ouçam com atenção. Assim que concluirmos as deportações, começaremos a atacá-los de acordo com um plano militar sistemático. Inclusive seus quartéis-generais. Durante nossos ataques vamos recuperar um terço ou a metade do que está sob o domínio deles. Se pudermos tentar retomar dois terços, então os cercaremos em uma pequena área e os atacaremos com armas químicas.

> E o ataque químico não vai acontecer em um único dia. Os ataques prosseguirão por 15 dias. Depois, anunciarei que todos que quiserem se render e entregar armas poderão fazê-lo. Publicarei um milhão de cópias deste panfleto e as distribuirei pelo norte no Curdistão, em badinani, arábico e sorâni. Não direi que é do governo iraquiano. Não envolverei o governo. Direi que é do Bureau do Norte. Qualquer um que quiser retornar será bem-vindo, e os que não voltarem serão atacados com químicas destrutivas. Não vou mencionar o nome da substância, pois ela é classificada. Mas direi a eles que serão atacados com novas armas que os destruirão. Assim, minhas ameaças os levarão a se renderem. Então, vocês verão que nem todos os veículos de Deus serão suficientes para carregar todos eles. Juro que vamos derrotá-los.
>
> Disse aos nossos camaradas que preciso de grupos de guerrilha na Europa para matar todos que forem vistos integrando esses grupos de sabotadores curdos. Farei tudo isso, com a ajuda de Deus. Eu os derrotarei e os seguirei ao Irã.
>
> ALI HASSAN AL-MAJID, secretário-geral do Bureau do Norte, transcrito de uma fita gravada em uma reunião em 1987, data exata desconhecida.

Sarbast e eu estávamos silenciosos e pensativos enquanto almoçávamos em casa naquele dia. Ultimamente, adquiríramos o hábito de levar nossas refeições para casa, apreciando ao máximo o tempo que tínhamos juntos. Mas vivíamos tempos difíceis, e era difícil relaxar. Muito acontecia na área entre os três exércitos: o iraquiano, o iraniano e o dos guerrilheiros da liberdade curda.

Sarbast e seus colegas da emissora de rádio transmitiam apelos especiais para aumentar o quadro de voluntários da PUK. Com os iranianos nos apoiando, acreditávamos que seria necessário apenas um impulso mais determinado para a vitória final sobre Bagdá. Era o que pensávamos. Mas precisávamos de mais gente para tornar essa vitória possível.

Depois de Sarbast sair, lavei nossos pratos e os guardei, e então fui visitar Ashti e o pequeno Hema, um de meus passatempos favoritos nos últimos tempos, quando não estávamos sob bombardeio.

Quando cheguei, alegrei-me ao ver que outras mulheres peshmergas também estavam lá. Pakhshan, esposa de um peshmerga de alta patente, segurava no colo a filhinha Lasik. Bahar e Kazal também estavam lá. Elas eram jovens esposas como eu, sem filhos, embora eu sofresse com as náuseas persistentes nos últimos tempos, o que me preocupava. Talvez estivesse grávida. Ashti enchia uma grande vasilha de plástico com água, preparando o banho de Hema. Ela sempre apresentava uma imagem de coragem, mas eu sabia que, com um bebê, a vida em Bergalou era duas vezes mais preocupante.

Aproximei-me e notei que Hema estava agitado, tomando um pouco de sol enquanto era cercado pelas mulheres que o cobriam de atenção e mimo.

Peguei-o nos braços e o beijei. Gostava de brincar com aquele menino tão querido. Mas me sentia incomodada em relação ao bem-estar daquela criança, e esse sentimento me acompanhava desde aquela primeira noite, quando o conhecera nos braços da mãe. Agora, com as bombas caindo quase continuamente, a segurança de Hema e Lasik era motivo de grande apreensão. Eu sabia que Ashti e Pakhshan se preocupavam infinitamente com seus pequeninos. E me preocupava também.

Era doloroso. Quando Bergalou estava sob ataque, as duas crianças arregalavam os olhos de medo, ouvindo o estrondo das bombas.

Ashti pegou Hema de meus braços e o colocou no banho espumante. Lasik se aproximou para pôr as mãos na água. Todas rimos.

Eu me havia integrado muito bem ao grupo.

Kazal, esposa de um dos mais famosos locutores de todo o Iraque, disse:
– Soube que Sergalou vai receber um carregamento de carne amanhã.

Houve uma reação animada por parte do grupo. Carne era uma iguaria. Em ocasiões raras, quando o mercado em Sergalou, nosso vilarejo irmão no vale, recebia carregamentos de comida, um grupo de moradores de Bergalou ia até lá e comprava tudo que havia à disposição. Comemorávamos com uma pequena festa, um churrasco.

Minha boca estava cheia de água. Há um mês eu comia feijão com molho de tomate, sem carne. O irmão de Sarbast aparecera para nos visitar no dia anterior e levara pães e alguns outros itens assados preparados pela mãe deles. Naquela noite teríamos uma refeição razoável.

Hema se divertia na água. Segurando o bebê pelos braços, Ashti olhou para mim e, sorrindo, perguntou:
– Quando Sarbast vai fazer um bolo para nós?
Sarbast era um confeiteiro maravilhoso, e quando conseguia farinha e açúcar ele relaxava dos rigores da guerra preparando pequenos bolos. Ashti esperava por esses doces com a mesma ansiedade que eu.
– Logo. Ele prometeu – respondi.
Nossa agradável reunião terminou prematuramente quando o marido de Bahar mandou avisar que o suprimento de comida já estava em Sergalou desde o dia anterior. Alguém partiria em minutos para empreender a caminhada de uma hora até o vilarejo vizinho. Sarbast, fui informada, já havia dado o dinheiro para as nossas compras. Envolvidas pela onda de entusiasmo, nós nos despedimos apressadas.

Sem vontade nenhuma de voltar para casa, decidi dar uma caminhada. Raramente andava por ali sem Sarbast, porque esse era nosso principal lazer e preferíamos desfrutar dele juntos. Geralmente, após o último bombardeio do dia, respirávamos o ar puro da montanha e nos exercitávamos andando por ali.

Mas eu tinha muitas coisas em mente. O irmão de Sarbast havia nos contado sobre rumores de que Ali al-Majid planejava ainda mais ataques químicos. Não era preciso ser genial para saber que o homem planejava transformar o Curdistão em terreno baldio. Havia relatórios profusos sobre a quase total destruição da infra-estrutura e dos bens curdos, o assassinato de homens e meninos com idades variando entre 12 e 60 anos, e o abandono de civis curdos em áreas isoladas. Algo ainda mais sinistro era agora preparado no campo de nosso inimigo.

Tínhamos urgência de mais guerrilheiros para a PUK. Eu esperava que os apelos de Sarbast encorajassem mais homens curdos a se unir à nossa causa.

Enquanto caminhava, refleti sobre quais argumentos poderiam motivar um bom curdo a assumir total compromisso com a causa. Minha mente se movia em ritmo acelerado, mas eu parei para respirar o ar puro da montanha, consciente de que, em pouco tempo, o vale estaria coberto por neve e gelo. Quando o inverno chegasse, eu não teria mais o prazer de caminhar por ali.

De repente, assustei-me com o som de um bombardeio inesperado. Éramos sempre alvo de ataques, mas nosso inimigo dessa vez não cumpria seu cronograma habitual. Geralmente, nos preparávamos para ataques à tarde e no início da noite.

Fiquei confusa. Estava muito longe de casa para correr em busca de segurança, por isso saí da trilha e, abaixada, esperei por uma oportunidade de buscar refúgio em um canto de minha casa.

Foi quando notei algo estranho. A munição daquele ataque era diferente. Uma vez lançadas, as bombas caíam silenciosas, explodindo em nuvens de um pó branco e fino. Continuei assistindo ao estranho espetáculo, sentindo a boca seca pela ansiedade, tentando conter minha imaginação de criar o pior cenário. As bombas silenciosas poderiam ser inofensivas?

Então, outro fato estranho aconteceu: pássaros começaram a cair do céu! Instintivamente, gritei:

– Está chovendo pássaros!

A combinação de bombas silenciosas e pássaros despencando do céu me deixou incrédula. Olhei para os lados, examinando tudo à minha volta. O céu vespertino estava riscado de lampejos de cores cintilantes que mergulhavam na terra. Eram mais pássaros. As pobres criaturas caíam impotentes, como pedras, caindo, caindo, caindo até chegar ao chão.

Encolhi-me ao ouvir baques terríveis à minha volta.

Sempre adorei as aves. Não suportava testemunhar aquele lamentável desastre. Se pássaros estavam caindo do céu, eu sabia que tinha de correr, e correr depressa, em busca de abrigo. Mas estava paralisada, congelada naquele lugar.

Olhei para a trilha tentando encontrar Sarbast. Conhecia bem meu marido. Se ele soubesse que eu estava em perigo, iria me socorrer. Mais provável, porém, era que ele deduzisse que eu já estava no abrigo. Pela natureza repentina do ataque, talvez fosse forçado a buscar proteção no abrigo comunitário do vilarejo.

Mordi o lábio enquanto continuava olhando para a trilha, tentando identificar a silhueta imponente de Sarbast, sentindo um súbito pânico em relação a sua segurança. Não havia dúvida de que Bergalou vivia uma situação de emergência.

Um pássaro caiu junto aos meus pés. O som do impacto quase me fez gritar de susto. A criatura sofria muito. O bico preto e fino se movia vigorosamente, mas os movimentos foram perdendo força e velocidade, e o ar era sugado com esforço doloroso e inútil.

Continuei ali parada, porque as bombas silenciosas ainda caíam do céu. Podia ouvir meu coração batendo violentamente ao ver que aqueles estranhos projéteis ainda provocavam nuvens, que se transformavam em outra nuvem escura que ia envolvendo toda a área.

Outro pássaro caiu perto de mim.

Eu sabia que os animais dão o primeiro sinal de um ataque químico. Seria esse o ataque com gás venenoso que Ali al-Majid havia prometido?

O pensamento aterrorizante me fez esquecer a cautela e correr para casa, temendo por minha vida.

Tudo era nebuloso, mas notei uma mula solta se debatendo em flagrante agonia. Ela passou por mim na trilha estreita, correndo tanto que mais parecia dançar. Nunca havia visto um animal daquele porte mover-se com tanta velocidade.

Continuei correndo, tentando evitar os pássaros que caíam à minha volta. Finalmente, entrei em casa ofegante, mas... a salvo!

Segundos mais tarde, Sarbast entrou com ímpeto pela porta, que tinha ficado aberta. Eu o encarei boquiaberta, sem dizer nada.

Ele gritou:

– Joanna, estamos sofrendo um ataque químico!

Sim! Eu sabia! Já reconhecia o odor desagradável a que se referiam sobreviventes de ataques anteriores: maçã podre, cebola e alho. Sarbast estava certo. *Estávamos* sofrendo um ataque químico!

Ele se moveu depressa, erguendo a mão para pegar algo em uma prateleira alta sobre a porta lateral. Eram nossas máscaras, constatei aliviada. Meu marido gritou:

– Joanna, use isto! – Ele me entregou uma das máscaras, colocando imediatamente a outra sobre o rosto, ajustando as tiras estreitas que a prendiam em torno da cabeça.

Prendi a respiração enquanto tentava colocar a máscara. Estava tão agitada que uma tarefa simples parecia impossível de realizar. Sarbast e eu havíamos falado sobre as máscaras muitas vezes, e ele me incentivara a manipular o aparato para entendê-lo melhor, mas eu, estupidamente, não seguira sua sugestão.

Finalmente, Sarbast arrancou a máscara de minhas mãos e a colocou sobre meu rosto, ajustando-a. De mãos dadas, corremos juntos para o abrigo atrás da casa, rastejando para o fundo do espaço apertado.

Ficamos ali encolhidos. Eu havia prendido a respiração ao longo de todo o trajeto e, sem ar, tentei encher os pulmões, mas não consegui. Por mais que distendesse os músculos da garganta, nada acontecia. Não conseguia respirar!

Sarbast não tinha idéia do que estava acontecendo comigo. Desesperada, puxei a máscara para afastá-la do rosto e gritei:

– Não consigo respirar com essa coisa!

Meu marido se virou para mim com enorme esforço, uma vez que não havia espaço para nos movimentarmos, e examinou minha máscara.

Sentindo que eu estava prestes a explodir, tive de respirar os gases fétidos. Meus olhos começavam a sentir o efeito da substância química. Era como se estivessem em brasa. Era uma dor tão intensa, que agulhas perfurando meus olhos não teriam provocado agonia maior. Não podia mais suportar. Comecei a esfregar os olhos com as mãos, sem me importar com a instrução de não tocá-los em caso de ataque químico.

– Meus olhos! O gás está nos meus olhos! – gritei, tossindo e sufocando com o ar envenenado que se acumulava dentro do abrigo.

Os gases iam atingindo áreas cada vez mais baixas, preenchendo o buraco onde tentávamos nos proteger. Sarbast se moveu depressa, saindo do abrigo e me puxando com ele. Segurando a máscara em uma das mãos, ele me arrastava com a outra, levando-me de volta para casa.

Pensei que seria melhor subirmos a montanha, pois me lembrava vagamente de Sarbast ter comentado que era conveniente buscar abrigo baixo em caso de ataque com bombas, mas que um ataque químico exigia refúgio em local elevado.

Mas, antes, eu precisava de uma máscara que funcionasse.

Minha garganta doía, meus olhos ardiam. Eu me encolhi no chão e Sarbast ajoelhou-se a meu lado. Uma névoa densa prejudicava meu raciocínio e confundia-me os sentidos.

"Olá, morte", pensei.

Forçada a respirar novamente, inalei mais gases. Minha condição ia piorando. Eu só esperava que o fim fosse rápido. Tinha pavor da idéia de sofrimento prolongado.

Então, para minha surpresa, tomei consciência de uma presença diáfana na sala. Uma mulher envolta em um manto negro pairava diante de mim. Estava confusa demais para sentir medo. Era tia Aisha!

Ela veio me visitar naquele momento. Isso era totalmente inesperado, apesar de Halabja não ser muito distante de Bergalou. Tia Aisha se mudara para Halabja quase dez anos atrás, alguns anos depois da morte de meu pai. Ela era uma mulher religiosa, e ao envelhecer ela havia anunciado o desejo de ir viver perto do mausoléu de Al-Shaikh Ali Ababaili, um reverenciado clérigo islâmico que estava sepultado lá.

Tia Aisha era minha tia favorita desde a infância, e eu sempre admirara sua habilidade especial de acalmar todas as minhas apreensões. Já adulta, descobri que ela recebia mensagens de Deus em seus sonhos.

Apesar da devoção, ela era uma mulher de coração surpreendentemente leve que gostava de se cercar de crianças, de rir e se divertir com nossas atitudes ingênuas e tolas. Mas ela não estava rindo durante aquele ataque com gás. Pelo contrário. Havia em seu rosto uma expressão sombria.

Mas o que minha tia fazia em Bergalou? Não era um bom momento para ir me visitar. Mesmo assim, eu me sentia melhor em sua presença, inundada por uma confiança infantil de que tudo se resolveria, agora que tia Aisha estava ali.

Ela ainda flutuava, dominando minha atenção de maneira a me impedir de pensar em outra coisa. Só queria saber quando ela havia aprendido a levitar daquele jeito. Ela era uma tia mágica em muitos sentidos, mas nunca antes a vira suspensa no ar. Aquela era uma mulher fascinante.

Tia Aisha se inclinou para mim, aproximando o rosto do meu, e sussurrou quatro palavras chocantes:

– Agora estou morta.

Eu murmurei angustiada:

– Morta?

Tudo era muito sinistro. Seria, então, o fantasma de tia Aisha?

Os guerrilheiros dispunham de máscaras de gás, mas não havia o suficiente para toda a população civil do Curdistão. Tia Aisha não era uma guerrilheira. Não devia ter recebido uma máscara de gás.

Seu vilarejo havia sido atingido por gás venenoso, como Bergalou? Ela estava morta? *Eu* estava morta?

Esperava que não. Era jovem demais para morrer. Aos 25 anos, tinha muito tempo pela frente, anos e anos que queria dividir com meu amado Sarbast, anos nos quais teríamos nossos filhos. Com os sinais de uma possível gravidez, apesar de meu marido e eu termos combinado que não teríamos filhos ainda, não enquanto vivêssemos naquele mundo de tantos perigos, a vida parecia mais preciosa que nunca.

Eu adiara o anúncio de minha provável gravidez. Sarbast já tinha preocupações demais nesse momento.

Tudo era confuso. Levei as mãos ao rosto para proteger meus olhos, mas espiei por entre os dedos para ver o que tia Aisha estava fazendo.

Fiquei desapontada ao constatar que ela havia evaporado. Logo deduzi que minha tia só havia aparecido por uma razão: ela queria ter certeza de que eu conhecia o perigo dos gases. Queria que eu vivesse. Queria que eu soubesse que estava zelando por mim.

Essa idéia me deu esperança. Tia Aisha era uma mulher poderosa. Como eu poderia morrer com alguém tão diligente olhando por mim?

Olhei para Sarbast, que examinava minha máscara, visivelmente incomodado por não conseguir identificar o problema.

Comecei a sufocar. Ele olhou para mim e levou as mãos ao rosto, removendo a própria máscara para colocá-la em mim, mas me neguei a aceitá-la.

– Não!

Nunca eu poderia aceitar tal oferta. Não ia mesmo querer viver sem ele.

Prendi a respiração mais uma vez, fechando os olhos com força, segurando o rosto entre as mãos e dobrando o corpo para frente. Enterrei o rosto nas dobras da roupa.

Quando já começava a ficar tonta, como se fosse perder a consciência, Sarbast solucionou o problema removendo a pequena tampa que ativava a ventilação da máscara. Ele a ajustou sobre meu rosto.

Respirei com avidez, enchendo os pulmões como se nunca antes houvesse experimentado a sensação do ar entrando em meu corpo. Havia um cheiro forte de plástico ou borracha misturado ao ar, mas qualquer coisa era melhor do que a asfixia que me ameaçara até então.

Meu Deus! Eu estava feliz! Vida!

O alívio inundou meu corpo. Pensamentos variados desfilavam por minha mente. Tia Aisha me salvara! Sarbast me salvara! Eu viveria! Bani da mente a inquietante idéia de que tia Aisha poderia ter morrido em um ataque semelhante. Disse a mim mesma que ela estava segura em sua casa em Halabja. Provavelmente, fizera contato comigo valendo-se de um de seus sonhos visionários.

Eu ri. Minha alegria descabida assustou Sarbast. Sabíamos que pessoas fatalmente prejudicadas por substâncias químicas sempre perdem a razão antes da morte.

Os comandantes peshmergas preocupavam-se tanto com a possibilidade de nosso vale sofrer um ataque químico que haviam redigido um relatório sobre os efeitos físicos verificados em ataques anteriores. Comentava-se que homens e mulheres haviam rido e dançado pelas ruas tomadas pelo gás, agindo como idiotas intoxicados. Eu esperava não dar esse vexame.

No fundo, sabia que não estava maluca. Sentia-me simplesmente feliz por estar viva. Mas minha alegria foi interrompida quando dois peshmergas usando máscaras de gás invadiram nossa casa. Toalhas molhadas envolviam a cabeça e os ombros desses guerrilheiros.

Um dos homens afastou um pouco a máscara do rosto para nos informar sobre o fim do bombardeio, embora as substâncias ainda estivessem ativas, executando sua missão de morte.

– Saiam! Saiam! O gás é pesado... vai acabar se acumulando nas áreas mais baixas. Não é seguro permanecer aqui! Saiam!

Os guerrilheiros saíram para ir prevenir outros habitantes da área, e um deles deixou cair a toalha molhada que estava sobre seus ombros. Sarbast a recolheu e jogou sobre minha cabeça. E me levou para fora de casa.

Cambaleávamos pela encosta da montanha, sempre subindo, e eu enxergava a paisagem em cores cinzentas, nebulosas. O vilarejo mergulhara no caos. Todos corriam do vale para as montanhas.

Sarbast e eu acompanhávamos a maioria.

Eu me movia tão depressa quanto era possível, apesar do crescente desconforto. Sentia uma substância pegajosa escorrendo de meus olhos e se acumulando em minhas faces, sob a máscara. Mais assustador ainda era que o gás continuava prejudicando minha capacidade de pensar, de reagir. Cada passo exigia um esforço descomunal. Cada pedra no caminho assumia as proporções de um penhasco; cada pequena inclinação se assemelhava a uma montanha. Eu não conseguiria chegar ao nosso objetivo, o cume.

Finalmente, atingimos um patamar suficientemente alto para oferecer abrigo contra os gases pesados. Minhas pernas cederam, e caí na terra úmida.

Sarbast removeu sua máscara e a minha.

– Está segura agora, querida – disse ele. – Tudo bem.

Estendi os braços, mas ele me conteve e me preveniu:

– Joanna, não toque em mim. Não toque em você mesma. Estamos contaminados.

Àquela altura, meus olhos incharam a ponto de estarem quase fechados. Olhava para meu marido por frestas minúsculas, tentando entender como eu poderia contaminar alguém que já estava completamente contaminado. Antes que eu conseguisse formular essa pergunta, ouvimos o som de um avião iraquiano sobrevoando o vale. Havíamos sido encontrados?

– Para o chão! – gritou Sarbast.

Violentas explosões soaram à nossa volta. Permanecíamos colados à superfície da rocha. Poeira e pequenas pedras voavam por conta dos fragmentos explosivos que choviam sobre nossos corpos.

Sarbast ergueu-me em seus braços, e antes que eu percebesse o que ele fazia saltamos para o espaço, como se fôssemos dois amantes sem nenhuma preocupação mergulhando nas ondas do mar. Mas não havia água. Rolamos pela encosta da montanha, girando e girando até a queda ser bruscamente interrompida por uma saliência rochosa.

Atordoados, ficamos em silêncio, nossos corpos ainda entrelaçados.

Meu Deus! Sarbast podia ter nos matado com aquele salto montanha abaixo! Queria esbofeteá-lo, mas não tinha forças nem para me mover.

Pelo menos o avião se afastara.

Sarbast estava tão perto de mim, que sentia sua respiração quase como se fosse a minha.

Ele sussurrou:

– Desculpe, querida. Desculpe. Você está bem? – Trêmulo, ele removia pequenos torrões de terra e fragmentos de galhos que estavam em minha boca e meu cabelo. – Joanna?

Aturdida pela queda e o choque contra a rocha, fazia um grande esforço para falar, principalmente porque queria acusá-lo de ter posto nossas vidas em risco. Mas o esforço produziu apenas grunhidos roucos, estranhos. Cheguei a pensar que me afogava em sangue. Meu próprio sangue.

Devagar, removi minhas mãos dos ombros de Sarbast e as deslizei por meu corpo, do pescoço aos pés, tentando localizar ferimentos. E de repente notei que meu mundo mergulhava numa súbita escuridão.

Minha língua estava grossa. Tive de engolir em seco três ou quatro vezes numa seqüência lenta antes de conseguir grasnar:

– Sarbast, meus olhos...

Ele segurou meu rosto entre as mãos.

– Está enxergando?

Eu pisquei.

– Um pouco. Só um pouco.

Sarbast ficou apavorado com a notícia. Sabíamos que a cegueira era um dos efeitos colaterais mais comuns do gás venenoso. Ele respirava arfante, mas não disse nada; em vez disso, tomou-me nos braços e começou a me embalar como se eu fosse um bebê.

Era difícil conter as lágrimas. Estava assustada, mais do que jamais estivera em toda minha vida. Minha imaginação fugia ao controle do cérebro racional. E se o ataque ainda não houvesse terminado? Eu não enxergava! Se um ataque ainda mais violento ocorresse e a frente de batalha houvesse sido levada até ali, onde vivíamos, logo haveria luta real, combate direto. Sarbast estaria prejudicado por uma esposa inválida. Seríamos abandonados pelos outros, entregues à morte, e nossos corpos sem vida seriam atirados em uma vala aberta.

Era o que acontecia com os curdos em todo o Curdistão. Talvez fosse nossa vez.

Sarbast tinha outra opinião.

– Joanna, não se preocupe. Vamos lavar seus olhos. O bombardeio acabou. O gás vai se dispersar, e nós voltaremos ao vilarejo.

Ele estava certo. O ataque terminara. O cenário tenebroso criado por minha imaginação não existiria de fato. O ataque químico não havia precedido um ataque real e direto. Sentia-me grata, porque não tinha nenhuma condição de me defender.

Com meus olhos inúteis ainda fechados, ouvi os moradores peshmergas passarem por nós a caminho de Bergalou. Um guerrilheiro relatou que a fumaça se dissipava. Podíamos voltar. Talvez houvesse sobreviventes por lá, esperando por socorro.

Outro anunciou:

– Temos de prevenir todo o Curdistão. Agora eles usam substâncias químicas mais fortes.

Pensei em nossos parentes. Somando a família de Sarbast e a minha, tínhamos centenas de familiares morando no Curdistão. E todos corriam perigo.

Vozes soavam mais próximas, e cobri meus olhos inchados e doloridos com as mãos. Sentia vergonha por não poder ajudar os companheiros feridos no ataque. Sem enxergar, eu me tornava inútil ali.

Uma náusea violenta tomou-me de assalto. Reagindo ao gás que atacava órgãos vitais e chegava à corrente sangüínea, vomitei várias vezes. E de repente compreendi que ainda poderia morrer.

E se estivesse grávida? O feto havia sofrido algum prejuízo? Mesmo que o bebê fosse saudável, abriria seus pequenos olhos para ver a guerra! Eu tinha o direito de submeter uma criança àquela vida de perigo que havia escolhido para mim?

Decidi que não. Minha vida era perigosa demais. Se não estivesse grávida, seria mais cuidadosa.

Ainda não conseguia enxergar, por isso pedi a Sarbast para relatar o que acontecia.

Ele descreveu como os soldados peshmergas percorriam a antiga trilha voltando a suas casas, levando nas costas camaradas feridos. Muitos iam silenciosos, levando no rosto um olhar vazio, cambaleando pelo caminho que, de acordo com o relato de Sarbast, era agora coberto por crateras abertas pelas explosões.

Ainda caída na terra úmida, ouvi os murmúrios dos homens que passavam por nós. Sarbast me entregou a máscara de gás, depois me levantou do chão. Permaneci ereta e corajosa, confiando que sua mão firme me guiaria em segurança montanha abaixo.

Em vez disso, meu adorado Sarbast ergueu-me nos braços e carregou-me aninhada em seu peito como se eu fosse uma criança. Ele caminhava pela encosta, descendo a montanha enquanto sussurrava doces palavras de amor em meu ouvido.

– Meu amor, minha rainha, aceitarei todas as provações do mundo, mas não suportaria ver você ferida. Joanna, Joanna, amo esse mundo porque você vive nele.

Fechei os olhos e encostei a cabeça em seu ombro. Apesar de minha potencial cegueira, naquele momento eu era a mais feliz de todas as mulheres do mundo.

19

Cega

BERGALOU
1987

Sarbast me carregava pela montanha e permanecia alerta, observando e calculando, planejando o próximo movimento. Sabia que meu marido estava compenetrado, atento ao perigo mais letal jamais enfrentado pelos peshmergas ou pela emissora de rádio. Apesar de ter os olhos fechados pelo inchaço e não conseguir ver nada, podia imaginar sua expressão.

Ele me fazia sentir segura. Pela primeira vez na vida, estava vulnerável. Precisava contar com outra pessoa, depender dela. Sentia-me feliz por essa pessoa ser Sarbast.

De repente, a voz dele soou rouca, mas decidida.

– Nossa casa ainda está em pé.

Um grito de alegria brotou de meu peito. Aquela casa modesta e pequenina era tão valiosa para mim quanto um palácio ricamente decorado.

Sarbast acrescentou:

– O vilarejo não foi invadido.

– Graças a Deus!

As casas simples eram queridas por aqueles que nelas viviam.

Eu ainda estava preocupada. O Quinto Batalhão Iraquiano usava novas táticas. Talvez nos houvessem enfraquecido com a arma química e agora planejassem uma invasão devastadora. Estávamos temporariamente protegidos pelas montanhas e pela escuridão da noite. Mas o exército podia estar se reunindo. Seríamos invadidos ao nascer do dia?

A confusão reinava no vilarejo. O ataque químico havia perturbado todos ali.

Sarbast anunciou:

— Preciso tirar você daqui. Temos de encontrar um médico para examinar seus olhos.

Eu não enxergava, estava nauseada e fraca. Pensei que, provavelmente, havia passado minha última noite na choupana que dividia com meu marido, o lugar onde havia conhecido a felicidade e vivido os momentos mais perigosos de minha vida.

— Houve algum prejuízo material?

— Nenhum. Tudo continua como antes — respondeu Sarbast.

Aliviada, fiz um rápido inventário mental, porque já havia conseguido transformar nossa cabana em um lar.

Os dois colchões ficavam apoiados à parede no canto mais afastado da porta, onde estavam também todos os nossos bens. Eu havia ajeitado meus livros e as fotos de família naquela estante. A televisão ainda ocupava seu lugar no canto da sala de estar. Havia construído duas mesinhas com madeira de árvores da floresta, e elas também estavam em seus lugares. A roupa de cama cor-de-rosa e os travesseiros ocupavam a superfície de uma delas.

Sarbast continuava em pé, ainda ofegante.

O silêncio entre nós era tão pesado quanto os gases. Era como se não soubéssemos o *que* dizer um ao outro. O que significava aquela estranha quietude nos envolvendo, aquele abismo aparentemente intransponível, aquela parede que nenhum dos dois conseguira atravessar?

Tive um pensamento indesejado: e se a química acarretasse perda definitiva da visão? Minha cegueira mudaria tudo? Eu me tornaria para Sarbast um símbolo da derrota, em vez de fonte de afeto, companheirismo e força?

Quando finalmente compreendera o que eu sabia desde o início, que éramos perfeitos um para o outro, Sarbast escrevera para mim muitas cartas de amor e poemas. Nesse momento um deles me vinha à mente e, instintivamente, recitei o verso que mais apreciava, e agora, considerando meu estado, considerava irônico:

– Para mim, você é o mundo, e meus pesares são como um barco que afunda se não encontra a praia de seus olhos.

– Querida. – Ele tocou meu ombro. – Joanna, você *ainda* é meu mundo.

Para provar o que dizia, e apesar de estarmos contaminados, ele me beijou nos lábios. Segurando meu rosto entre as mãos, perguntou:

– Consegue enxergar alguma coisa? Pode identificar claro ou escuro, ou contornos, ao menos?

Eu tinha os olhos inchados e selados por muco. Via apenas sombras vagas. Evitava contar a Sarbast meus piores temores. Toquei o rosto dele, acariciando a região áspera do queixo. Há muito tempo eu havia cumprido minha promessa e removido a barba que ocultava sua beleza, um momento de deliciosa intimidade que jamais esqueceria. Afaguei-lhe a testa e acariciei os cabelos escuros, sentindo nos dedos a textura dos cachos que, no passado, me haviam hipnotizado, e que agora estavam molhados de suor. Tracei lentamente o contorno de sua boca.

Sarbast pigarreou e tossiu, era uma tosse seca e entrecortada, efeito dos gases químicos, o que me preocupou:

– Você está bem? – perguntei ansiosa.

– Bem. Estou bem. E você também. Escute. Escute, querida, ouça o que digo. Tudo isso é temporário. Sua visão *vai* voltar. Há registros de danos temporários à visão de indivíduos expostos ao gás. É passageiro.

Eu não concordava, e explodi.

– Um corpo morto pode se levantar e voltar a viver? – gritei. – Não! Não! A química arruinou minha visão definitivamente. Tenho certeza disso.

Sarbast segurou minhas mãos.

– Venha comigo.

Fui levada para fora de casa. Ouvi sons que sugeriam que ele manipulava a mangueira de água.

Apesar de vivermos em uma área de montanhas onde a água mineral era abundante e mais pura do que se podia encontrar em qualquer região do Iraque, transportar essa água até nossa casa tinha suas complicações. O vilarejo tinha diversas mangueiras que os peshmergas mantinham conectadas à fonte mais próxima. Uma vez por semana, a rede de mangueiras era passada de casa em casa para que os moradores pudessem encher manualmente os reservatórios que havia sobre cada telhado. Por sorte, uma dessas mangueiras estava em nossa casa.

– Isso é melhor do que nada – comentou meu marido.

Ainda estávamos vestidos, mas ele nos lavou com a água pura e fria. Ensopados da cabeça aos pés, nós nos sacudimos como cachorros para remover o excesso de água dos cabelos. Depois, ele me guiou de volta ao interior de nossa casa.

– Onde está a caixa de remédios? – perguntou.

– No refrigerador.

Toda família peshmerga recebia do movimento uma caixa com suprimentos para primeiros socorros. A clínica do vilarejo estava tão carente de tudo, que seria perda de tempo ir até lá. Nos últimos tempos, os guerrilheiros feridos em batalha eram levados ao Irã para receber atendimento médico.

Fiquei quieta enquanto Sarbast ia buscar a caixa.

– Temos um colírio aqui – anunciou ele.

Cuidadoso, ergueu uma pálpebra de cada vez derramando algumas gotas dentro de cada olho. Ele tentava remover a secreção que se acumulara sobre meus olhos e secara, mas eu ainda tinha a sensação de que minhas pálpebras estavam coladas.

– Joanna, já li muitas coisas sobre a cegueira química. As vítimas sempre recuperam a visão, às vezes em um ou dois dias, às vezes em algumas semanas. A visão dos sobreviventes sempre volta ao normal. Há muitos casos registrados.

Não respondi.

Sarbast decidiu abordar os problemas mais imediatos.

– Tenho certeza de que vamos receber ordens para remover mulheres e crianças. Acho... que eles finalmente estão a caminho daqui.

Eu pensava o mesmo. Algo devastador e cruel caminhava em nossa direção. Inclinei a cabeça, tentando identificar os sons de soldados inimigos, mas não ouvi nada. E suspirei.

A voz de Sarbast soou mais suave.

– Está com fome, minha querida?

– Não, não. – Na verdade, nem pensava em comida desde o início do ataque. E ainda estava enjoada.

Sarbast começou a massagear meus ombros.

— Vai sentir fome. E qualquer comida que não esteja dentro de uma lata estará contaminada.

— E aquelas delícias que seu irmão trouxe para nós? Estão guardadas no refrigerador. Nosso pão também está lá.

— Sim, você tem razão. O refrigerador é vedado, à prova de ar... Nossa comida deve estar protegida lá dentro.

— Não vamos morrer de fome.

— Preciso ir ao vilarejo. Quero saber o que está acontecendo. E depois vou ter de tirar você daqui.

Injetando na voz uma leveza que estava longe de sentir na alma, eu o incentivei.

— Vá ajudar os outros. Enquanto isso, vou preparar tudo para a nossa partida.

— Não gosto de deixar você sozinha.

— Mas é necessário. Agora vá.

— Tome cuidado. Fique atenta a qualquer ruído. Se ouvir qualquer coisa incomum, pegue a máscara e vá para o abrigo.

— Está bem — concordei, mesmo sabendo que, no caso de os inimigos estarem próximos o bastante para eu poder ouvi-los, ir para o abrigo seria um esforço inútil.

— E não caia — preveniu-me.

— Não vou cair. Nossa mansão é pequena — ri. — Três passos em qualquer direção, e encontrarei uma parede para me apoiar.

Houve um silêncio. Eu não podia enxergar o rosto de meu marido, mas sentia sua concentração e sabia que ele reunia forças para ir cumprir seu dever.

— Então está bem — concordou Sarbast. E prometeu: — Volto logo.

— Pode me fazer um favor? Vá verificar se Ashti e Hema estão bem.

— É claro.

Meu marido saiu, e pude dar vazão a sentimentos verdadeiros. Não queria que ele soubesse quanto eu estava arrasada, por isso me mantivera firme, exibindo uma aparência de otimismo. Mas, na verdade, estava muito abalada com o rumo que nossas vidas tomavam.

Mas eu era uma sobrevivente. Enfrentara perigos e emergências variadas desde o momento de minha concepção. Não desistiria facilmente. Porém, essa determinação misturou-se à tristeza quando pensei que um importante segmento de minha vida se encerrava. Quando partíssemos de Bergalou, nunca mais eu retornaria.

Preparei-me para os desafios que enfrentaria desse momento em diante.

– Muito bem, Joanna, não pode ficar parada como um lagarto ao sol. É preciso se mexer.

Meu pobre pai sempre havia me servido de inspiração, e usei sua imagem para fortalecer minha determinação. Ele não falava nem ouvia. Sua vida havia sido triste e solitária em muitos aspectos. Mas ele seguira em frente, sustentando com valentia a esposa e cinco filhos. Nesse momento, tinha a sensação de que ele olhava por mim. E para mim. Não podia desapontá-lo.

Afastei a máscara para o lado e apoiei as mãos no chão, sabendo que, acima de tudo, não podia passar pela porta, pois certamente rolaria pela encosta. Já tinha problemas demais com todos os ossos inteiros.

Com os braços estendidos para frente, comecei a caminhar. Um passo de cada vez. De repente, fui invadida pela lembrança de um velho filme de horror ao qual assistira ainda menina em Bagdá. Nele, um grupo de zumbis escapava de um cemitério para aterrorizar a cidade. Os zumbis se moviam eretos, com braços, pernas, mãos e pés em posições rígidas, como eu devia estar agora. Não contive o riso.

Encontrei sem nenhuma dificuldade as roupas que guardava em um recipiente plástico num canto da sala. Felizmente, as peças não haviam sido contaminadas.

Encontrei uma barra de chocolate num bolso traseiro de uma das calças. Percebi que estava com fome. Decidira guardar o chocolate para dividir com Sarbast em uma ocasião especial. Mas ele não se incomodaria se eu o comesse. Pelo contrário, ficaria feliz. Segurei a barra, sem saber se a embalagem havia protegido o conteúdo da contaminação. Decidi comer o chocolate mesmo assim. O prazer imediato provocado pelo açúcar me fez sorrir. Já me sentia melhor.

Levantei o braço por algum motivo, e então senti um cheiro forte de suor. Eu estava fedendo! Esfreguei as mãos na calça e na camisa. As roupas estavam cobertas de terra. Os cabelos estavam embaraçados e sujos.

O que minha mãe diria? Ela havia elevado a limpeza a um novo patamar. Nossa casa em Bagdá era imaculada, e minha mãe sempre exigira que tomássemos banho todos os dias. Nos meses quentes de verão eram dois banhos diários para todos nós. Nunca *soube* de alguém em nossa família que cheirasse mal. Teria sido um escândalo.

Mas, em Bergalou, manter tais padrões de higiene era impossível. Aprender a ser modesto em relação a todas as necessidades era um requisito básico para a vida de peshmerga. Sarbast e eu havíamos decidido que alternaríamos os dias de banho.

O dia do ataque havia sido a vez de meu marido se lavar, por isso eu estava suja. Teria de ignorar o mau cheiro. Mas queria preparar nossas coisas.

Temendo cair, comecei a me movimentar engatinhando, tateando o chão. Estava examinando a área sobre a mesa quando meus dedos encontraram a pistola de Sarbast. Sabia que ele devia ter levado o rifle, já que raramente o deixava longe da mão. Havia muita munição ao lado do revólver. Peguei a pistola carregada e deixei a munição.

Fiz várias viagens pela sala, arrastando nossos pertences. O piso áspero feria minhas mãos e meus joelhos. Eu não ia sentir saudade daquele chão, pensei sem pena.

Logo ouvi os passos pesados de Sarbast. E sorri. Meu marido transformava o ato simples de caminhar em uma forma de guerra.

– Ouviu alguma coisa enquanto eu estava fora? – perguntou ele.

– Não. Nada. – E especulei: – Eles devem estar certos de que nos mataram com aquele gás. Estão comemorando, esperando o dia nascer para virem jogar os corpos na vala.

– Não sei. É provável que estejam planejando nos atacar com gases por algumas semanas, porque assim se certificarão de que toda a água e a comida estarão contaminadas, o que nos obrigaria a fugir. Então, eles poderão invadir o vale.

Sarbast tossiu alto. Aquela ânsia persistente começava a me preocupar. Eu esperava que os pulmões de meu marido não estivessem comprometidos. Engasgado, ele disse:

– Trouxe comida.

O chocolate abrira meu apetite. A náusea desaparecera.

Sarbast estava ofegante.

– Encontramos várias caixas de alimento congelado e livre de contaminação. Dividimos as latas entre nós. Temos aqui ervilhas e carne de galinha em lata.

Sarbast abriu uma das latas com seu canivete. Ouvi o rangido de metal contra metal e senti o cheiro de carne de galinha.

– Ashti e o bebê estão bem? – perguntei.

– Sim, eu os vi de relance. Rebwar decidiu que eles também vão deixar o vilarejo.

– Rebwar também está bem?

– Sim, ele estava com Ashti e Hema. Todos sobreviveram.

– O bebê não sofreu com o gás?

– Joanna, realmente não sei. Só os vi rapidamente. Não tive tempo para fazer perguntas. Mas eles pareciam estar bem. O bebê estava envolvido por um cobertor, mas olhava em volta e parecia alerta, interessado. Agora, quero que coma depressa, porque tudo à nossa volta está contaminado. Abra a boca.

Senti-me imediatamente miserável. Ser alimentada como uma criança marcava a desanimadora gravidade de meu estado. Mas só minha visão havia sido afetada. Eu não era uma criatura indefesa e imprestável. Podia me alimentar sozinha.

– Vamos, Joanna. Coma – ordenou Sarbast impaciente. – Abra a boca. Depressa!

– Sou perfeitamente capaz de comer sozinha – reagi irritada, estendendo a mão direita. – Dê-me a lata.

Sarbast falava enquanto eu comia.

– Os olhos de Saddam estão voltados para o vale Jafati. Tudo aqui está se tornando perigoso demais. A invasão é só uma questão de tempo. Recebemos ordens para transferir a estação de rádio para outro lugar. Seguiremos primeiro para Merge, e de lá para o local designado. Encontraremos essa locação amanhã. Acredito que a emissora será levada para mais perto da fronteira. Se eu estiver certo, você receberá tratamento médico no Irã.

Fiquei surpresa ao saber que fugiríamos. Porém, compreendia que a estação de rádio não podia ser capturada. Seria impossível substituir o equipamento, e nada era mais importante para a PUK do que o centro de comunicação.

– Merge ainda é seguro?

– Sim, creio que sim. Somos o primeiro alvo. Quando deixarmos o vale, o inimigo desviará o foco para outras áreas.

Então, voltaríamos para Merge, o vilarejo onde Sarbast fora me encontrar antes de viajarmos para Serwan em lua-de-mel. Talvez pudéssemos ir visitar Zakia e sua família. Nada me daria mais prazer.

– Comeu alguma coisa? – perguntei enquanto mastigava.

– Mais tarde. Mais tarde – respondeu rapidamente.

– Quando vamos deixar Bergalou?

– Amanhã, espero.

– Há alguma água limpa que possamos beber?

– Não. Acho melhor não bebermos essa água. Amanhã encontraremos uma fonte limpa, em um ponto mais alto da montanha, onde os gases não tenham contaminado nada. Até lá, vamos ter de esperar.

Eu assenti. Depois respirei fundo e criei coragem para fazer a pergunta que me atormentava.

– Houve alguma baixa?

Sarbast hesitou antes de revelar:

– Quatro ou cinco guerrilheiros. Ainda não temos mais dados. Algumas pessoas foram surpreendidas em áreas abertas e não conseguiram voltar para casa a tempo de pegarem suas máscaras. Teremos mais informações nos próximos dias.

Eu rezava para que todos sobrevivessem. A morte levava muitos de nossos soldados.

E Sarbast tinha razão. Bagdá agora incluía em sua lista de alvos os vilarejos no vale Jafati. Os moradores da região suportavam bombardeios diários que ocorriam há um ano, praticamente, mas nem o maior e mais forte guerrilheiro poderia sobreviver, caso os ataques químicos se tornassem rotina. Era possível sobreviver ao ataque propriamente dito valendo-se das máscaras, mas haveria contaminação da água, da comida e de tudo que era necessário à vida. O verdadeiro problema estaria em viver *depois* de um ataque químico.

Bebi o suco do fundo da lata, tão sedenta que não deixei sequer uma gota do líquido.

– Vai querer as ervilhas agora?

Antes que eu pudesse responder, ouvimos um baque.

Sarbast murmurou:

– Vá para trás da porta. Depressa!

Ele saiu da sala.

Decidi não me esconder. De que adiantaria? Meus dedos afagaram o cabo da pistola. Se alguém me agarrasse ou atacasse, eu me defenderia.

Momentos de tensão se prolongaram até o retorno de Sarbast.

– Não encontrei nada.

– Talvez tenha sido um animal – sugeri. Pelo pouco que conseguira ver antes de o ataque atingir meus olhos, todos os animais de Bergalou deviam estar mortos ou morrendo.

– Talvez. – Mas meu marido parecia preocupado. – Pegue sua máscara de gás. Vou levá-la para o abrigo. Você vai ficar lá enquanto eu volto ao vilarejo. Não vou demorar.

– Não, não. Estarei segura aqui, dentro de casa.

O último lugar onde eu planejava ficar era naquele abrigo tenebroso. Seria mais aterrorizante do que um túmulo, e eu estaria sozinha. Não. De jeito nenhum. Prejudicada pela condição de meus olhos, não poderia ver os vermes e outras criaturas de longas patas que sempre tentavam se instalar no meu cabelo ou sob minhas roupas. Sem mencionar as cobras. Talvez estivessem incapacitadas de atacar, vencidas pelo gás venenoso. Talvez estivessem só desmaiadas e, nesse caso, poderiam acordar furiosas e famintas.

O tom de voz de Sarbast refletia impaciência.

– *Joanna!*

Cruzei os braços.

– Não! Prefiro *morrer aqui a viver lá.*

– Quero deixá-la em segurança.

Eu falei com os dentes cerrados:

– *Não vou* ficar naquele abrigo sem conseguir enxergar o que me cerca, Sarbast!

Ele perdia a paciência.

– Joanna, por favor. Será por pouco tempo. Poderia levá-la comigo, mas prefiro que descanse, se puder. Fique no abrigo enquanto eu estiver fora. Irei buscá-la assim que voltar.

– Pode haver cobras naquele buraco! – Esse era o ponto principal.

– Joanna, soldados a *matarão*, se a encontrarem.

– Cobras! Cobras, Sarbast! Já esqueceu? Meus olhos estão fechados! Eu não veria uma cobra enrolada a meu lado! Não!

– Os soldados de Ali al-Majid são mais perigosos do que qualquer cobra.

– Não!

Sarbast moveu-se depressa. Seus braços enlaçaram minha cintura e me tiraram do chão. Meus gritos rasgaram o silêncio, obrigando-o a me soltar.

– Bem, se o inimigo está mesmo por perto, agora ele sabe onde pode nos encontrar.

Apoiei as mãos abertas em seu peito para equilibrar-me.

– *Já disse não*, Sarbast. Não! Não vou entrar naquele abrigo sem enxergar o que poderia estar lá comigo. Nunca!

Cerrei os punhos como se me preparasse para um embate físico.

Nasci teimosa e determinada, mas Sarbast é ainda mais obstinado. Somos idênticos nesse aspecto.

Mas... oh, dia feliz! Sarbast cedeu!

Com tom de admiração, ele comentou:

– Você me surpreende, querida. Caso o inimigo apareça, por favor, *grite* – e riu. – Seus gritos vão alertar todos os moradores do vilarejo. Só não fugirá quem não quiser.

Respondi calma e séria.

– Pode contar comigo. Eu gritarei, se for necessário.

Sarbast riu novamente.

Mudei de assunto, contando qual era meu plano para manter-me em segurança.

– Depois que você sair, vou dormir com o corpo encostado na porta. E a pistola vai ficar comigo. Na minha mão. Quando voltar, avise antes de empurrar a porta para que eu possa me afastar.

Ele me abraçou e saiu para voltar ao vilarejo.

Satisfeita com a solução de nosso primeiro desacordo, eu me abaixei para engatinhar sem soltar a pistola. Peguei a coberta cor-de-rosa e me levantei para sacudi-la vigorosamente, tentando remover as substâncias tóxicas que ainda pudessem impregná-la, e chacoalhei também os travesseiros. Quando já me sentia exausta com toda essa atividade, eu me surpreendi pensando se sacudir os objetos dessa maneira não era um engano. Eu podia ter devolvido ao ar as terríveis substâncias venenosas! Haveria à minha volta um veneno invisível, partículas minúsculas que penetravam em minhas narinas e se depositavam sobre minha pele exposta? Comecei a ficar nervosa. Essas mesmas toxinas não podiam atingir o feto? Toquei meu ventre enviando pensamentos cheios de amor e força. Se estivesse mesmo grávida, a vida de meu filho era mais importante que a minha.

Foi então que as senti: pequeninas bolhas doloridas se formavam na ponta de meus dedos. Notei também pequenos caroços se formando sob a pele em todas as partes que haviam estado expostas durante o ataque químico. Rosto, pescoço, mãos e tornozelos. Já ouvira falar nas bolhas, outro efeito colateral dessas substâncias utilizadas em ataques. Mais uma preocupação.

Decidi que não podia fazer nada além de dar algum descanso aos meus olhos e à minha pele. Preparei-me para ir dormir.

Tudo era muito mais difícil naquela escuridão. Mas consegui arrumar a coberta cor-de-rosa no chão de concreto, colocar os travesseiros no meio da cama improvisada e puxar metade da coberta sobre mim. Estava contaminada, certamente, mas *tudo* em Bergalou estava contaminado, por isso não tinha importância. Tateei o chão até encontrar a pistola, deixando-a ao meu alcance.

Tive a sensação de ter me deitado há poucos minutos quando senti uma grande pressão contra o corpo.

A voz de Sarbast chegou aos meus ouvidos como um sopro distante.

– Joanna, com licença...

Precisei de alguns minutos para superar a confusão.

Sarbast tropeçou na ponta do edredom, e o movimento brusco me jogou no chão de concreto. Ouvi seus passos pesados, sinal evidente de que ele se movia de um lado para o outro pelo aposento.

– O que está fazendo? – indaguei. – Não devia descansar?

Ele não respondeu. Relutante, com algum esforço, eu abri os olhos. Sarbast puxou a coberta.

– Vamos para o leste e para o norte. Essa é a rota.

Eu mergulhava em um mundo próprio. Pisquei várias vezes e coloquei uma das mãos na frente do rosto. Olhei para ela aliviada. Minha visão já havia melhorado. Lá estava meu Sarbast! Um pouco nebuloso, sim, mas familiar e forte.

Eu me levantei, ainda insegura, e fui pisando com cautela tentando me locomover sem tropeçar ou cair.

– Sarbast, olhe para mim.

– Joanna, *por favor*.

– Sarbast, quero que olhe para mim. *Agora*.

Ele respirou ruidosamente, soprando o ar pela boca e pelo nariz numa reação impaciente. "Meu marido está se tornando um dragão raivoso", pensei debochada.

– O que é? – Ele se virou segurando um par de sapatos.

– Sarbast, estou enxergando – anunciei sorrindo. – Pouco, ainda, mas estou.

A expressão irritada foi se dissipando lentamente para dar lugar a uma alegria quase infantil.

– Está falando sério?

– Ainda enxergo pouco, mas já enxergo.

Ele se aproximou para examinar meus olhos atentamente.

– Joanna, a parte branca dos seus olhos está cor-de-rosa. Rosa-shocking!

– É mesmo? Quer dizer que meus olhos agora são da minha cor preferida? – disse, sorrindo.

Era uma alegria ainda ter olhos. Havia ficado obcecada pela idéia de acabar com as órbitas murchas, como tia Muneera.

Sarbast acrescentou:

– Há uma película leitosa cobrindo os dois globos. Tem certeza de que está enxergando?

– Tenho! – exclamei com voz mais alta do que pretendia.

– O tempo vai trazer de volta sua visão *integral* – afirmou ele confiante.

– Você acha?

— Pode ter certeza. Vai enxergar melhor a cada dia.

— Se puder ver apenas como estou vendo agora, não vou reclamar — prometi, a ele e a mim mesma.

Sarbast abraçou-me forte.

Senti lágrimas de felicidade correndo por meu rosto. Eu as enxuguei na camisa de meu marido. Sem se importar com a camisa molhada, Sarbast olhou para mim e riu.

Eu o encarei sorridente.

— Meu garanhão selvagem — sussurrei. Apesar do perigo que nos ameaçava, experimentava um forte impulso de correr e gritar de alegria. Mas a cabana era pequena demais para abrigar minha felicidade, por isso corri para fora.

Sentia-me linda e forte. Meus olhos enevoados, mas gratos, iam reconhecendo os contornos do terreno acidentado. Eu queria correr para o topo da montanha. Minha felicidade fazia-me tola, infantil. Corria em pequenos círculos na estreita faixa nivelada diante de nossa porta, rindo, pensando, "sou uma égua indomada, uma parceira perfeita para meu garanhão selvagem".

Pelo canto do olho, vi que Sarbast me seguira.

Ele estendeu uma das mãos.

— Venha. Vamos entrar.

Eu atendi ao chamado, e ele afagou minha nuca com aquele bigode sexy. Meus joelhos se dobraram, e eu só queria uma coisa: estar tão perto dele quanto pode ser possível para um homem e uma mulher apaixonados.

Queria dizer a ele que talvez estivesse grávida, mas me contive. Naquelas circunstâncias, a notícia seria fonte de preocupação adicional para meu marido.

Sarbast olhava por cima de meu ombro. Ele sussurrou:

— Sinto que eles estão perto, observando... Pode ser hoje, ou amanhã, ou na semana que vem, mas eles estão aqui. Estamos nos encaminhando para a batalha de nossas vidas, Joanna.

Quase como um presságio, ouvimos tiros distantes. Onde?

Corremos para casa e reunimos nossos poucos pertences. Havia muito a fazer. Precisávamos deixar Bergalou. Eu necessitava de cuidados médicos. Outra locação teria de ser organizada para receber a estação de rádio da PUK.

Enquanto olhava tudo em nossa pequena casa, despedindo-me do lugar com grande tristeza, convenci-me de que não devia me deixar desanimar, porque o mais importante era sobreviver, viver para poder amar e lutar por mais um dia.

20

Fuga para Merge

DE BERGALOU PARA MERGE
Outono de 1987

Chegamos rapidamente ao centro de Bergalou, onde encontramos um pequeno grupo de moradores reunidos. Sujos e exaustos, eles pareciam assustados e entorpecidos. O ataque químico modificara tudo.

Olhei em volta. Vi várias pessoas usando roupas sobrepostas. Em outro ambiente, eles teriam sido razão de riso e espanto. Fiquei pensando, porém, se aquele arranjo não poderia tornar perigosa a subida da montanha, mas refleti que, caso rolassem pela encosta ou caíssem em uma vala, teriam os ossos protegidos pelas diversas camadas de tecido.

Só algumas pessoas se reuniram. Meu coração batia acelerado. Onde estavam todos os outros? Sarbast mentira para não me preocupar? Havia mais mortos do que vivos?

Questionei as pessoas mais próximas e soube que a maioria dos guerrilheiros havia ficado para trás a fim de defender Bergalou, pelo menos até que fosse instalada a nova emissora da rádio.

Olhei em volta e senti uma grande tristeza, pensando que a unidade antes perfeita dos habitantes de Bergalou logo seria uma seqüência de elos partidos, um colar cujas pérolas seriam espalhadas pelo Curdistão.

Foi então que notei que muitos eram atormentados pelas mesmas bolhas pequeninas, uma lembrança assustadora de que havíamos sido expostos aos gases venenosos. Alguém informou que as bolhas provocadas pelo gás desapareceriam com o tempo.

Não havia nada a fazer se não esquecê-las, mas eu não conseguia deixar de me preocupar com meus olhos, que ainda doíam. Minha visão era reduzida. Talvez enfraquecesse ainda mais. Eu estava ansiosa para sair de Bergalou e procurar ajuda médica.

E tinha outras preocupações. Toquei meu ventre. Tinha de tomar cuidado para não tropeçar e cair. Havia caminhado pelas montanhas que nos cercavam muitas vezes, e sabia que o terreno era traiçoeiro, coberto por pedras pontiagudas que podiam rasgar a pele e provocar ferimentos profundos. Uma queda podia se estender por até 300 metros.

Sofri um sobressalto. Não via Ashti e sua família. Também não via Bahar, Kazal ou Pakhshan e a pequena Lasik. Imaginei se as outras mulheres já haviam deixado Bergalou. Compartilhamos tragédia e dor, amor e riso. Quando eu as veria novamente?

Virei-me para Sarbast, e foi então que vi os contornos de um rosto familiar: Kamaran, o primo de Sarbast que estivera em treinamento militar na PUK. Ele indagou preocupado:

— Joanna, você está bem?

— Kamaran! — Eu ri. Seu rosto amigo era como um tônico para mim.

Havia me esquecido quanto eu gostava do belo Kamaran. Vira-o várias vezes em Bagdá, onde ele e Sarbast não eram apenas primos, mas grandes amigos. Muitas pessoas brincavam com ele, dizendo que Kamaran era parecido com Tom Cruise. Ele não era apenas bonito, mas carismático, também, e dono de uma personalidade agradável, simpática. Ele também era inteligente. Graduara-se em Economia, mas, como Sarbast, abandonara a chance de uma carreira confortável e promissora para arriscar a vida como peshmerga.

Kamaran disse:

— Eu estava a caminho de Bergalou quando guerrilheiros me contaram que o vilarejo já havia sido atingido por um ataque químico. Vim o mais depressa possível.

Sarbast interferiu:

— Kamaran vai conosco para Merge.

Fiquei muito animada com a notícia.

Os dois homens se abaixaram, desenhando no chão de terra o mapa da nossa rota de fuga. Embora a PUK controlasse uma boa extensão do território curdo, não havia como saber a localização exata do inimigo. A rota mais segura para nós seria pelo norte e ao leste. Percorreríamos a área mais acidentada da montanha. Um homem forte e ágil levaria um dia inteiro de subidas e descidas para empreender a jornada. Mas, com minha visão limitada, eu retardaria nossa viagem. Envergonhava-me por ter me tornado um fardo. *Detestava* esse sentimento. Odiava ser vulnerável.

Mas, na verdade, todas as mulheres curdas eram vulneráveis. Recentemente haviam sido encontrados papéis que documentavam um fato sórdido: o governo de Saddam havia conquistado a atroz reputação de "governo estuprador", um título devido às autoridades carcerárias de Saddam, homens cujo único dever era violentar esposas diante de seus maridos, e filhas diante de seus pais.

Todos os maridos e pais curdos se enfureceram com essa revelação, e toda mulher curda passara a temer a sombria possibilidade, já que o estupro era considerado o destino mais desonroso que podia se abater sobre uma mulher em nossa tradicional sociedade.

Era um pensamento insuportável. Mas, se eu fosse capturada, esse poderia ser meu destino. Afinal, acontecia com milhares de inocentes mulheres e meninas curdas.

– Vamos, Sarbast – disse eu.

Meu marido assentiu.

– Sim, está na hora. Vamos nos dividir em pequenos grupos. Seremos apenas nós três em nosso grupo. Eu serei a cabeça, você, Joanna, será o corpo, e Kamaran será a cauda.

Dei o primeiro passo da jornada, esquecendo repentinamente a tristeza por deixar Bergalou. O vilarejo e todo o vale se haviam transformado de repente em um lugar para morrer. Mais nada.

Sarbast tivera a boa idéia de levar três cantis vazios, pois certamente encontraríamos muita água pura nas fontes da montanha. Ele e Kamaran carregavam pesados Kalashnikovs. Eu havia escondido a pistola no bolso do meu casaco. Kamaran não tinha bagagem, pois havia corrido em nosso socorro com indiscutível altruísmo, deixando seus pertences pessoais pelo caminho ao tomar conhecimento do ataque químico. Assim, ele se encarregava de metade do fardo de Sarbast e insistia em carregar minha bolsa, também.

Kamaran explicou sorrindo:

– Não vamos sobrecarregar nossa cabeça.

Deixamos Bergalou, despedindo-nos dos guerrilheiros que ainda traçavam seus planos.

Uma trilha escarpada e rochosa nos levou para fora de Bergalou. Minha visão limitada aumentava o nível de estresse, por isso nos mantínhamos bem próximos uns dos outros. Sentia-me confortada pelo fato de poder pedir ajuda a qualquer momento estendendo a mão para frente ou para trás. Mantinha os olhos baixos, olhando os calcanhares de Sarbast; mas, principalmente, eu me concentrava no caminho, que felizmente era liso por muitos passos dados antes dos nossos. Ia colocando um pé na frente do outro com movimentos mecânicos, ignorando minhas misérias. Minha garganta queimava de sede e meus ouvidos registravam a ansiedade da minha urgente necessidade de ouvir. Tinha certeza de que, a qualquer momento, eu ouviria o clamor dos soldados inimigos ou as pulsantes reverberações de suas armas.

Olhei para cima, para o céu. O sol nascente banhava as montanhas com seu brilho. A manhã era fria, encoberta por uma névoa úmida. Por sorte, eu tivera a idéia de acrescentar uma jaqueta ao tradicional traje peshmerga de calça masculina e camisa que vestia desde o dia anterior.

Continuamos subindo, e notei algumas flores do campo. Minha garganta estava ainda mais seca, dolorida. Olhei para as flores e percebi que suas pétalas guardavam a umidade do orvalho. Abaixei-me e colhi várias flores sem me deter, lambendo as gotas depositadas sobre as pétalas. Eram deliciosas. Mantendo os olhos nas costas de Sarbast, joguei fora as flores que me haviam aliviado a sede.

Ouvi a risada de Kamaran atrás de mim e também sorri, porque me sentia melhor.

Senti-me ainda mais animada quando a trilha se desviou para serpentear por áreas menos expostas, porque caminhar em espaço aberto havia sido inquietante. Se houvesse vigias do inimigo observando Bergalou, três viajantes solitários seriam alvo fácil.

De repente, ouvi um ruído no meio dos arbustos perto de nós. Eu gritei.

Uma cabra montanhesa pulou na frente de Sarbast.

Fiquei irritada com minha reação.

Sarbast se virou para me encarar, surpreso com meu deslize. Eu sabia que ele se orgulhava de sua esposa, uma legítima guerrilheira da liberdade, como costumava me apresentar a todos que chegavam em Bergalou. Eu odiava decepcioná-lo.

Kamaran deu um passo para frente e me tranqüilizou com seu sorriso largo. Eu soube que estávamos apenas começando um dia longo e difícil.

Depois de uma hora, minhas panturrilhas doíam pela subida constante, as solas de meus pés ardiam e eu sentia uma sede que ameaçava me levar à loucura.

Consegui caminhar num ritmo constante por três horas, mas então comecei a cambalear perigosamente.

Kamaran sussurrou:

– Sarbast, cinco minutos de descanso.

Meu marido se virou com ar surpreso, estranhando o pedido do primo, mas ele me viu e compreendeu o significado da solicitação.

Ofegante, eu me sentei exausta na relva úmida da trilha.

Nesse silêncio tenso do breve intervalo, tivemos uma surpresa maravilhosa. Ouvimos o som de água corrente. Pensar em uma nascente cristalina arrancou-me do transe provocado pela mistura de sede e fraqueza.

– Estão ouvindo? Ali. – Sarbast apontou. – Água corrente.

– Onde? – Kamaran olhou em volta.

Movi a língua inchada dentro da boca e decidi que beberia essa água, mesmo que Sarbast a declarasse contaminada. Planejei minha estratégia. Pularia em pé na correnteza antes que ele pudesse me deter. Eu era capaz de ser bem rápida, quando a situação assim exigia.

– Esperem. – Sarbast pôs no chão o fardo que carregava e retirou do ombro o rifle e a munição, colocando-os perto de um arbusto. Depois, ele removeu as tampas dos cantis que levava pendurados por tiras de couro atravessadas sobre o peito. Para meu alívio, ele anunciou: – Aqui em cima a água está livre de contaminação.

Por uma brecha entre a folhagem vi uma corrente de água serpenteando por sobre as rochas na direção de uma pequena lagoa antes de fluir encosta abaixo. A imagem me encantava.

Sarbast se debruçou sobre a água e levou-a à boca. Ele assentiu em sinal de aprovação e declarou:

– Sim, eu estava certo. A água aqui é pura.

A descoberta daquela fonte limpa elevou nossos espíritos e nos deu ânimo. Kamaran pegou um cantil cheio e o colocou em minha mão.

– Agora vamos conseguir um ritmo melhor – comentou ele sorrindo. – Já estávamos desidratando.

Eu não conseguia parar de beber. Nada tivera um sabor tão delicioso quanto aquela água fresca e limpa. Depois de beber metade do que havia no cantil, tirei um lenço do bolso e ensopei metade dele para limpar minha testa, os lábios ressequidos e os olhos inchados. A água causou um ardor surpreendente em meus olhos, mas repeti o procedimento, limpando as pálpebras com o pano molhado.

Bebi as últimas gotas antes de devolver o cantil vazio para Sarbast voltar a enchê-lo.

Depois de tomarmos mais água, meu marido sugeriu que mudássemos de roupa. Antes de sair de casa, havíamos incluído na bagagem aquelas peças envoltas em plástico. Nós as vestiríamos agora e jogaríamos nossas roupas sujas e contaminadas em uma ravina próxima.

Estava tão aflita para me ver livre daquelas roupas imundas que nem precisei de mais incentivo. Levantei-me animada. A calça peshmerga que eu comprara em Sulaimaniya era velha e começava a ficar desconfortável, apertando-me a cintura. Esperei impaciente que Sarbast abrisse a embalagem, de onde tirei uma calça limpa e uma blusa rosa de poliéster. Busquei o refúgio dos arbustos para despir-me, enrolei as roupas imundas e as joguei para Sarbast dizendo:

– Pegue!

Vesti a blusa rosa e a ajeitei com os dedos. Certifiquei-me de que a pistola ainda estava no bolso do sobretudo. Decidi mantê-lo comigo, porque poderíamos passar a noite nas montanhas, onde era sempre muito frio, independente da estação do ano. Fiquei com os mesmos sapatos, porque eram os mais confortáveis para caminhar, e refiz o rabo-de-cavalo.

Logo estávamos novamente subindo a encosta. Eu tentava ignorar as bolhas em meus pés. Se não estivéssemos fugindo para salvar nossas vidas, o ritmo poderia ser mais lento e agradável, mais sereno, um passeio em um local de rara beleza e distante de um mundo atormentado por guerras e ditadores. Mas não tínhamos tempo para admirar a rica tapeçaria da vegetação ou os desenhos dourados que o sol criava nas folhas.

Enquanto subíamos a montanha, eu via o passado do Curdistão como um filme projetado dentro de minha cabeça. Caçadores primitivos haviam lutado ferozmente com animais naquela região, e rostos iluminados pelo fogo haviam habitado as cavernas locais. Por aquele mesmo caminho que agora meus pés percorriam, seres humanos ainda selvagens se haviam retirado do Iraque, então conhecido por Mesopotâmia, para povoar o mundo. Minha amada terra já havia sido o centro do mundo civilizado, o berço da escrita e das primeiras leis. Pensando em nossa situação de desespero, tentei entender onde tudo havia dado errado. Em que ponto aquela rica região deixara de progredir dentro da civilização para retornar ao estado de total ausência de leis e direitos?

Sarbast me tirou do transe. Chegávamos a um trecho de caminhos sinuosos e arbustos espinhosos, e meu marido decidiu que devíamos parar para comer e descansar um pouco antes de prosseguirmos.

Eu poupava toda energia que tinha, por isso nem me dei ao trabalho de responder, apesar de me sentir grata por poder comer algo. Lembrei-me de que devia alimentar o corpo que podia estar abrigando outra vida. A essa altura, a gravidez já era praticamente uma certeza para mim.

Eu me sentei no chão e cruzei as pernas sob o corpo. Abri o cantil e lavei meus olhos novamente. A dor era implacável.

Sarbast ajoelhou-se na minha frente.

– Como se sente, querida?

– Bem – respondi com economia, segurando o lenço molhado sobre os olhos.

Sarbast acariciou meu ombro antes de se levantar para ir falar com Kamaran. Os dois conversaram em voz baixa.

Descruzei as pernas e me reclinei, apoiando a cabeça sobre os braços. Depois de alguns poucos instantes de descanso, senti algo frio e pesado sobre meus membros inferiores. Ergui a cabeça e vi uma serpente negra se enroscando em minhas pernas.

– *Cobra!* – gritei. E me movi mais depressa do que jamais havia feito em toda minha vida, saltando com agilidade espantosa. O movimento jogou a serpente para cima. Ela atingiu o chão com um baque ruidoso e rastejou para os arbustos.

Fiquei ali ofegante, com as duas mãos na garganta.

Sarbast e Kamaran me olhavam estupefatos, assustados com meu grito.

– *Uma cobra!* – gritei novamente, apontando para o local onde o animal desaparecera entre os arbustos, um trecho por onde, constatei desanimada, logo teríamos de passar.

– Você foi picada? – perguntou meu marido.

Sua voz era tão calma que me senti revoltada.

Eu o encarei. Vira, realmente, a língua bifurcada se movendo e até sentira uma leve lambida em minha perna, mas, não, as presas não me haviam perfurado a carne.

– Não, mas a língua chegou a tocar minha perna – respondi irritada.

Eu me abaixei e levantei a calça em busca de sinais de picada na pele. Felizmente, não havia nada.

Sarbast e Kamaran riram.

– Bem, sinta-se feliz por ter sido apenas lambida – comentou Sarbast alegre.

Depois, ele se virou para o primo e retomou a conversa.

Fiquei olhando furiosa em sua direção.

Ergui-me na ponta dos pés, mantendo o menor contato possível entre meu corpo e o chão, olhando em volta e tentando encontrar outras serpentes, apesar da visão prejudicada.

Sarbast e Kamaran abriram uma lata de ervilhas e três de sardinhas. Comeríamos e retomaríamos a caminhada o quanto antes. Meu marido estava satisfeito com nosso progresso e começou a brincar comigo, devolvendo-me aos poucos o bom humor. Ele dizia que havíamos percorrido uma distância tão grande, que havia boas chances de chegarmos em Merge antes do anoitecer.

A notícia me trouxe grande alívio, porque, depois do breve encontro com a cobra, eu não queria nem pensar em passar a noite no chão da floresta.

Todos os curdos sabem que as serpentes são atraídas pelo calor de corpos adormecidos. Eu mesma já ouvira muitas histórias de guerrilheiros peshmergas que acordavam e se viam dormindo lado a lado com uma cobra enrolada confortavelmente em sua cama.

Sarbast e Kamaran comeram rapidamente suas sardinhas. Eles insistiram para que eu comesse as ervilhas.

– Super-homens – brinquei, consciente de que, sem mim, eles poderiam ir de Bergalou a Merge sem nenhuma parada, escalando as montanhas do Curdistão com a agilidade de cabras.

Eu estava terminando de comer quando ouvi um farfalhar estranho entre as árvores. Empunhamos nossas armas ao mesmo tempo. Sarbast fez sinal para que eu me escondesse atrás de um arbusto. Kamaran se colocou atrás de uma árvore.

Sarbast ficou quieto, atento, depois nos deixou para refazer parte do caminho que havíamos percorrido pouco antes. A espera por seu retorno foi interminável.

Senti-me muito perturbada com o som de vozes masculinas. Sarbast havia sido capturado? Ouvi por mais alguns instantes e decidi que devia ir ver o que estava acontecendo. Dei alguns passos, mas Kamaran chamou minha atenção tossindo e moveu a cabeça de um lado para o outro. Não. Decidi fazer como ele sugeria.

Sarbast voltou em seguida.

– Não era nada. Apenas outro grupo de peshmergas viajando pelas montanhas.

– O que vamos fazer se encontrarmos soldados inimigos? – perguntei, expressando pela primeira vez meu maior temor.

– Vamos lutar até... – Meu marido passou a ponta do indicador pela garganta num gesto assustador.

Kamaran riu. Ele era sempre capaz de ver o lado engraçado de todas as situações.

Eu estava atenta quando ele ajeitou os óculos e levantou quatro dedos da outra mão.

– Joanna, não se preocupe, porque há quatro coisas que, tenho certeza, não vão acontecer. A primeira: Saddam Hussein *não* vai morrer tranqüilo em sua cama. – Ele riu e ergueu o cantil para beber um pouco de água. – A segunda: as fontes de água fresca do Curdistão *não* se tornarão cataratas de champanhe, como eu gostaria. A terceira: seu querido primo Kamaran *jamais* irá morar em um palácio, como gostaria. E – fez uma pausa enfática – a quarta: Sarbast e eu nunca nos deixaremos capturar vivos pelo inimigo.

Eu sorri, apesar das nossas circunstâncias sinistras. Estar perto dele animava-me o espírito, lembrando-me que, apesar de não termos sequer uma casa, ainda tínhamos muitas razões para sermos gratos.

Sarbast também se divertia.

– Vamos seguir viagem – decidiu ele sorrindo.

Comecei a sentir a segurança de Merge me atraindo como um ímã poderoso.

Merge! O nome soava como algo mágico para mim. Seria maravilhoso estar novamente no vilarejo onde eu havia encontrado Sarbast antes de nossa lua-de-mel. Era como se houvesse acontecido em outra vida.

Logo ultrapassamos os trechos mais altos das colinas e começamos a descer. O terreno, embora ainda acidentado, oferecia menor dificuldade do que as trilhas que havíamos deixado para trás, mas, ao final de um longo dia de caminhada, eu nem notava a diferença. Cercados por árvores frondosas e montanhas, fomos rapidamente envolvidos pela escuridão da noite, o que nos obrigou a reduzir o ritmo.

Sarbast ergueu a mão direita e parou.

Olhei por cima de seu ombro e vi uma estrada de cascalhos cortando a montanha na direção do vale. Poderíamos nos conectar àquela estrada ao pé da montanha. Além dela estava Merge.

Sarbast estudava a área em silêncio.

Olhei para a parte mais baixa da encosta, tentando ouvir os sons da vida no vilarejo distante. Não ouvia nada. Estudei o vale, que ainda era verde com extensos campos de grãos e flores coloridas.

Eu já havia viajado pelo Iraque e conhecido diversas regiões do país, mas nenhuma era tão bela quanto o Curdistão. As exuberantes terras altas e os vales cor-de-esmeralda eram tesouros territoriais transbordando riquezas insubstituíveis, lamentavelmente ameaçadas pelos efeitos da guerra que, eu temia, esvaziaria o lugar de tudo que havia de bom.

Sarbast recuou para falar com Kamaran, mas eu me mantive atenta às palavras de meu marido.

– É impossível saber o que está acontecendo no Curdistão, mesmo aqui, ao norte. É melhor nos separarmos. Voltaremos a nos encontrar na casa de Karim. Em uma hora.

Kamaran voltou para o refúgio oferecido pelas árvores. Ele ficaria esperando enquanto Sarbast e eu seguíamos na frente.

Meus ouvidos registraram o tom precavido de Sarbast. Estaria ele pensando que o Quinto Batalhão de Ali al-Majid havia espalhado substâncias químicas por todo o Curdistão? Encontraríamos Merge abandonado?

Um vento maléfico soprava de Bagdá.

Sempre cuidadoso, Sarbast me disse:

– Joanna, venha atrás de mim, mantenha-se alguns passos distante e não diga nada.

– Certo – concordei prontamente. Não queria mesmo que meu marido me observasse de perto.

Eu guardava um segredo. Minha visão havia piorado de certa forma, melhorando em outra. Eu ganhava nitidez, mas perdia amplitude. Meu escopo de visão era invadido por sombras em sua periferia; restava apenas um túnel estreito pelo qual eu via a luz do sol como se penetrasse por uma fresta muito fina. Assustada com a possibilidade de ficar completamente cega, decidi não dizer nada a Sarbast. Ainda não, pelo menos, porque não havia nada que ele pudesse fazer além de preocupar-se.

Sarbast caminhava rapidamente, tomando o cuidado de empreender um ritmo que eu pudesse acompanhar.

Chegamos à estrada de cascalho e seguimos paralelamente a ela. Normalmente, a via de acesso para Merge estaria movimentada, ocupada por moradores entregues a suas atividades rotineiras, mas tudo ali era silêncio e vazio. A ausência de tráfego humano convenceu-me de que Merge também havia sido atingido por um ataque químico, mas fizemos a primeira curva, e eu me senti aliviada por ver os primeiros sinais de normalidade. Quatro mulheres caminhavam em nossa direção, todas relaxadas e vestidas com coloridos trajes longos de algodão. Suas cabeças eram cobertas por véus que combinavam com os vestidos. Mesmo com minha visão prejudicada, notei que a mais encorpada do grupo levava sobre a cabeça um tecido branco enrolado sobre o qual ela transportava um recipiente de tamanho considerável. As mulheres curdas eram especialistas em manter o equilíbrio e a postura enquanto transportavam objetos pesados sobre a cabeça, uma habilidade útil que eu nunca conseguira desenvolver, apesar de diversas tentativas hilárias.

Estudei os contornos do pote. Talvez fosse iogurte. Eu suspirei. Adoraria poder saborear um bom iogurte.

Passamos pelas mulheres e, temendo parecer antipática, sorri e as cumprimentei com um movimento de cabeça. Mas o gesto não gerou a conversação esperada, porque, naqueles tempos de incerteza, o medo dos jahshs prejudicava a formação de novas amizades e as conversas entre pessoas estranhas.

Dois homens montados em burros se aproximavam de nós em sentido contrário ao das mulheres. As largas calças curdas pendiam de suas cinturas e se abriam como leques nas pernas, presas aos tornozelos. Nenhum dos dois usava selas de montaria. Um deles incitava o burro a seguir em frente valendo-se de uma vareta fina e comprida.

Logo alcançamos o trecho da estrada que cortava o vilarejo, e ali vimos mais pessoas. Estranhamente, ninguém ali olhava para nós com espanto ou curiosidade, apesar de estarmos sujos e descompostos o bastante para levantar suspeitas.

Eu estava faminta. Meu estômago roncou quando passamos por um grupo de rapazes bebendo refrigerantes de laranja e comendo castanhas.

Uma mulher idosa permanecia sentada no chão, ocupada com a fabricação de máscaras caseiras para proteção contra gás venenoso. Ela construía o aparato usando lã de algodão e panos para envolver pequenos pedaços de carvão. Sabia que seu próximo passo seria costurar as partes em meias-luas de gaze antes de prender uma pequena tira de elástico nas pontas, o que manteria a máscara presa à cabeça do usuário.

Já havia visto esses aparatos caseiros antes, mas os considerava basicamente inúteis em caso de ataque químico maciço como o que nos expulsara de Bergalou. As telas rústicas eram pouco mais que um subterfúgio para acalmar as vítimas que não tinham acesso a máscaras industrializadas.

Eu achava lamentável que não fosse possível garantir máscaras para todos os habitantes do Curdistão. Mas Saddam decretara crime a posse dessas máscaras por curdos, e agora eu sabia por quê.

Mas nossos líderes da PUK o haviam superado em astúcia. Cada máscara de gás peshmerga havia sido contrabandeada para o Curdistão em mulas. Sem elas, Sarbast e eu teríamos morrido, como muitos outros moradores do vale Jafati.

Sarbast virou à direita em uma viela que nos levou a outra rua. Eu tinha a impressão de que todas as casas eram iguais. Modestas e limpas, muitas eram decoradas por vasos de flores coloridas nas janelas e ao lado da porta.

Finalmente chegamos ao nosso destino, a casa de Karim e sua esposa, Sozan. Sarbast bateu à porta.

– Sarbast! – exclamou Karim ao abrir. – São e salvo! Estávamos preocupados! – Ele segurou meu marido pelos ombros. – Acabamos de ouvir a notícia de que substâncias químicas foram lançadas sobre todos os vilarejos do vale.

Meu coração disparou. Fomos levados para dentro da casa de Karim e Sozan, simpatizantes do movimento peshmerga. Apesar de tê-los conhecido apenas rapidamente em nossa lua-de-mel, eu sentia genuína afeição pelo casal, um sentimento que era retribuído por eles.

Karim e Sozan ofereciam cordialidade simples e sincera. Eles nos convidaram a deixar a pouca bagagem na porta, tirar os sapatos e sentar.

Sozan disse o que eu mais queria ouvir:

– Devem estar com fome. Vou buscar refrescos. Mais tarde, quando as crianças retornarem das casas vizinhas, teremos uma refeição.

– Contem-nos o que sabem – pediu Sarbast, preocupado.

– Bagdá se gaba do ataque – Karim começou com tom frustrado. – O governo relata que Bergalou e Sergalou foram atingidos. De acordo com o anúncio, a PUK sofreu muitas baixas. – Karim olhou para Sarbast, preocupado. – Isso é verdade?

– Bem, é verdade que fomos atingidos por um ataque químico, mas não houve mortes. Ferimentos graves, sim, que ainda podem causar baixas. E não tenho informações sobre Sergalou e outros vilarejos no vale. É certo que pretendiam matar todos nós. Vamos instalar uma nova estação de rádio em área mais segura, mais ao norte, longe do front e do exército de Saddam. – E, sorrindo, acrescentou: – Ainda temos nosso equipamento.

– Muitas pessoas estão deixando o vale Jafati – acrescentei.

Sozan deixou escapar um gemido angustiado na cozinha. Deduzi que ela estivesse aflita, temendo que Merge enfrentasse o mesmo dilema em breve. Ela era mãe de crianças ainda pequenas. Seu alarme era compreensível.

Toquei meu ventre num gesto instintivo de proteção.

– Graças a Alá por ninguém ter morrido – comentou Karim.

– Teríamos morrido, não fosse por nossas máscaras.

– E Ma'am Jalal?

– Ele não estava em Bergalou. Mas presumo que esteja seguro. Caso contrário, já teríamos notícia.

Karim suspirou profundamente.

– Bem, melhor assim.

Jalal Talabani, chamado Ma'am [Tio] Jalal por seus dedicados seguidores, juntara-se à resistência curda quando tinha apenas 14 anos de idade e, quatro anos mais tarde, fora eleito para o comitê central do partido. Sempre sério, ele havia estudado para tornar-se advogado e graduara-se em Direito no ano de 1959. Depois de se indispor com os líderes da resistência curda e defender sua crença de que um movimento por liberdade deveria ser mais democrático, Talabani formara a PUK em 1975. Com o passar dos anos, Talabani conquistara não só o respeito dos curdos, mas admiração internacional, também. Todos os guerrilheiros o respeitavam e admiravam. Perder Jalal Talabani seria um golpe sério para o movimento.

Karim continuou:

– Há rumores de que eles lançaram um coquetel de gases tóxicos composto por...

Sarbast completou:

– Sarin, provavelmente, e outros agentes de ação sobre o sistema nervoso. Vi queimaduras e bolhas.

Eu mostrei meus dedos.

– Bolhas como essas – disse. – Por alguma razão, meu marido não foi afetado, exceto por uma tosse persistente.

Karim olhou perplexo para meus dedos. Sozan aproximou-se para examinar as bolhas.

– Vou buscar uma pomada – disse.

Sarbast repetiu:

– Sem as máscaras, todos teríamos morrido durante o ataque.

Desde o início da Guerra Irã-Iraque, os peshmergas se defendiam com valentia contra o exército de Saddam, conquistando vitórias sucessivas e retomando boa parte do território que Saddam invadira no Curdistão, expulsando seus soldados das terras curdas.

Com a ajuda do Irã, vislumbrávamos a vitória no período de um ano. Com uma forte mão curda na mesa de negociações, obteríamos um acordo de paz aceitável, e finalmente nós, os curdos, conquistaríamos autonomia significativa.

Mas Saddam, mesmo enfraquecido pela guerra contra o Irã, agora ganhava força, porque esse confronto se enfraquecia.

Como poderíamos enfrentar o inimigo? Onde buscaríamos refúgio? Todos os países vizinhos odiavam suas próprias populações curdas.

Turquia? Como poderíamos correr para o colo de um governo que desconfiava de sua população curda ainda mais que o governo iraquiano?

Síria? O presidente Hafez al-Assad era um homem tão energicamente violento quando Saddam. Para manter-se firme no poder, Al-Assad já havia provado que poderia exterminar comunidades inteiras, em caso de necessidade. A população curda da Síria era tão rigidamente controlada quanto seus irmãos iraquianos.

Irã? O governo iraniano era atualmente um aliado do peshmerga iraquiano, mas só por estar em guerra contra o governo do Iraque, porque, em casa, eles também reprimiam a população curda.

Porém, se Saddam insistisse nos ataques químicos, os curdos iraquianos seriam obrigados a atravessar a montanha Kandil, última barreira geográfica entre o Curdistão e o Irã.

Enterrei o rosto entre as mãos. Os curdos *algum dia* seriam livres?

Karim notou minha aflição.

– Joanna? Não se sente bem?

Sarbast respondeu apressado.

– Os olhos dela foram prejudicados pelas toxinas. Ela ficou cega temporariamente, mas agora vai recuperando a visão lentamente.

Sequei as lágrimas e sorri ao levantar a cabeça.

– Mas estamos todos vivos, Karim – disse eu. – Vivos para lutar mais uma vez. Mais um dia. *Essa* é a verdadeira vitória.

Sozan voltou com um tubo de pomada cicatrizante, e cobri meus dedos com o bálsamo fresco.

Ela foi à cozinha e retornou equilibrando uma bandeja de cobre coberta por especialidades curdas. Havia um pote de chá quente e doce, passas e castanhas, e confeitos curdos cobertos por mel. Havia também quatro copos de suco de romã.

Eu mal podia me conter, mas lembrei as regras da boa educação e esperei Sozan servir seus convidados.

Ainda estava saboreando os primeiros goles de chá, quando ouvi batidas suaves à porta. Karim olhou para Sarbast com ar intrigado.

Meu marido explicou:

– Deve ser Kamaran, meu primo. Ele viajou conosco. Nós nos separamos antes da entrada do vilarejo. Combinamos que nos encontraríamos aqui.

Karim foi abrir a porta, perguntando antes pela identidade do visitante. Kamaran sussurrou seu nome e foi admitido rapidamente.

Os três homens tomaram chá e comeram castanhas e passas, discutindo o plano de instalação de uma nova emissora de rádio e de um centro de comunicação. Comi um confeito de mel e ouvi as opiniões de cada guerrilheiro sobre qual deveria ser o próximo passo da PUK. Suas vozes foram se tornando um zumbido cada vez mais distante. O cansaço e o estômago cheio criaram uma sensação de torpor que induziu um sono incontrolável e profundo, embora eu estivesse sentada no sofá.

Várias horas mais tarde, despertei em uma cama estreita num aposento pequeno que não reconhecia. Onde estava? E onde estava Sarbast?

Comecei a recordar fragmentos do dia anterior. Logo lembrei que estava na casa de Karim e Sozan. Sentia sede e fome, e deduzi que meu marido me havia posto na cama, onde eu repousara enquanto a dona da casa preparava a refeição noturna.

Toquei meus olhos inchados. Não havia mais secreção, mas a dor persistia.

Examinei o ambiente à minha volta. O aposento era imaculado, embora modestamente decorado. Exceto pela cama onde eu repousava, havia apenas uma mesa pequena e redonda coberta por uma delicada toalha branca e bordada e três fotos nas paredes, retratos de locais importantes para os curdos. Olhei para cima e notei uma janela com grades na parte mais alta de uma parede. Uma cortina de renda branca a cobria.

A luz penetrava por essa janela. Minha visão estava mais clara, e isso me animou.

Eu me levantei e alonguei os braços. Tinha todo o corpo dolorido. Saí do quarto descalça e percorri um corredor estreito que me levou à sala, onde Sozan cuidava dos filhos.

Ela sorriu ao me ver. Sozan era uma mulher de coloração tipicamente curda, com pele clara, olhos escuros e cabelos negros. Seus traços não eram simétricos, mas o sorriso era caloroso e simpático, e me surpreendi estranhando não ter notado sua beleza antes.

– Dormiu bem, Joanna?

– Muito bem. Como se alguém houvesse me medicado. Onde está Sarbast?

Sozan sorriu.

– Você dormiu tão profundamente que ninguém conseguiu acordá-la. Era quase como se estivesse em coma. Sarbast chegou a brincar passando um pedaço de frango assado sob seu nariz, mas nem mesmo o aroma delicioso conseguiu arrancá-la do sono profundo. Ele a levou para a cama, nós jantamos e fomos dormir, também. Você dormiu a noite toda. Sarbast me pediu para deixá-la dormir até acordar naturalmente. Ele contou como tem sido corajosa e forte. Compreendemos que estava precisando de um bom período de descanso.

O sorriso de Sozan se apagou enquanto observava, preocupada, meu rosto. Senti um arrepio, era um pressentimento.

– Sim, mas... Onde está meu marido?

– Sarbast e Kamaran partiram hoje de manhã para Sandoulan.

– Não!

– Joanna, escute! Há muitos bloqueios nas estradas. Eles terão de evitar as principais vias de acesso e viajar pelas montanhas.

Estava atordoada, sem saber o que dizer, mas minha mente continuava ativa. Sarbast partira sem mim?

– Há quanto tempo eles saíram?

Sozan leu meus pensamentos.

– Não vai conseguir alcançá-los. Eles partiram há horas. – Ela afagou meu braço. – Preste atenção, Joanna, sabemos que os soldados iraquianos são ainda mais cuidadosos nos postos de verificação e nos bloqueios. Eles permitirão a passagem de mulheres e crianças, mas não deixarão de capturar os homens que tentarem atravessar. Há registros de meninos de 12 anos detidos nesses bloqueios. Sarbast e Kamaran não podem disfarçar a identidade peshmerga. Tentar atravessar um desses bloqueios ou passar por um ponto de verificação seria ir ao encontro da morte. O governo adotou uma nova política. Agora todos os guerrilheiros são executados automaticamente. Os soldados matam nossos homens nas florestas assim que os detêm nos postos de verificação.

– Mas eu devia estar com Sarbast! – gritei. – Sou perfeitamente capaz de andar! Veja! – E marchei em volta da sala, duas vezes.

Sozan balançou a cabeça com um misto de paciência e tristeza.

– Você, minha querida criança, já ultrapassou seu limite físico. Precisa descansar, e depois será levada de carro até Sandoulan. – Ela apontou para alguns papéis sobre a pequena mesa da cozinha. – Sarbast deixou documentos de identificação para você. Papéis iraquianos. Do ponto de vista do governo, você volta a ser apenas uma iraquiana de origem árabe, uma Al-Askari. Não há nada nos seus documentos que a ligue aos curdos. É certo que vai passar pelos postos de verificação sem nenhum problema.

Sozan baixou a voz e olhou para o filho pequeno, distraído com os desenhos animados transmitidos pela antiga tevê em preto-e-branco.

– Mas terá de partir logo, porque os aviões já estão sobrevoando nosso vilarejo. Não sabemos o que vai acontecer.

Só então tomei conhecimento do ruído. Aviões inimigos sobrevoando a região. Após meses de vida como um alvo daquelas aeronaves, eu havia aprendido a reconhecer cada reverberação de um aeroplano. Sabia como roncavam quando estavam só observando a área, e reconhecia o estrondo específico de um avião se aproximando para jogar bombas. Ouvi por quase um minuto antes de deduzir que não corríamos nenhum perigo imediato. Ainda não.

Sozan pôs as mãos sobre meus ombros, confirmando o que eu pensava.

— Acreditamos que são apenas vôos de reconhecimento. Eles fizeram a mesma coisa ontem, sobrevoando o vilarejo durante toda a manhã.

Eu não estava preocupada com o avião. Estava ofendida com a partida de Sarbast. Desde o primeiro dia do nosso casamento, eu nunca havia sido um fardo para meu marido. No dia anterior, mesmo depois de ter minha visão prejudicada, havia acompanhado Sarbast e Kamaran por todo o caminho sem uma única queixa.

Estava tremendo de raiva.

Sarbast conhecia minha determinação e minha teimosia, por isso evitara uma cena desagradável deixando-me enquanto eu dormia. Se estivesse acordada, eu jamais o teria deixado ir sem mim. Teria me pendurado nele, literalmente, perseguido seus passos pela vizinhança, gritado e chorado, enfim, teria feito *qualquer coisa* para evitar uma separação nesse momento de nossas vidas. Provavelmente, o momento mais perigoso.

Eu andava de um lado para o outro e gesticulava. Nunca me sentira tão perturbada antes.

De repente, a tensão aumentou quando um novo pensamento invadiu minha mente: talvez nunca mais voltasse a ver Sarbast. Ele podia estar morto enquanto eu estava ali, na confortável casa de Sozan.

Não tinha meios para saber onde ele estava ou o que acontecia com ele. Desaparecimentos sem nenhuma explicação aconteciam em todo o Curdistão. Se ele nunca chegasse em Sandoulan, como eu o encontraria?

A sensação de impotência diante do desconhecido aumentou minha raiva, dando força aos tremores que me sacudiam. Eu seria capaz de estrangular Sarbast com minhas próprias mãos; porém, não queria que mais ninguém o ferisse.

Sozan entrou em ação. Segurando-me com firmeza, ela me levou para a cozinha.

— Você precisa comer. Vou fazer um ovo quente. Temos pão e geléia. E uma xícara de chá quente e doce vai lhe fazer bem.

"Se pretendo perseguir meu marido pelas montanhas", pensei, "precisarei de energia. Força. Alimento. Tenho que comer".

Eu estava tomando um delicioso café-da-manhã quando senti um cheiro desagradável que se desprendia de meu corpo.

– Estou precisando de um bom banho, Sozan. Desde o ataque, só consegui enxaguar o corpo vestido para me livrar das substâncias tóxicas. Não suporto mais ficar suja. Acha que é seguro?

Sozan refletiu um pouco. Estudando minha aparência lastimável e, provavelmente, sentindo meu cheiro, ela decidiu:

– Sim, desde que seja rápida. Já lavei todas as suas roupas hoje de manhã. Estão secando ao sol, no varal. Vou buscar roupas limpas para você vestir.

Eu sorri agradecida.

Enquanto terminava de comer o pão com geléia, fiquei olhando Sozan do lado de fora, espiando pela janela. As roupas limpas estavam penduradas quase diretamente sobre o abrigo antiaéreo da família. Ótimo, pensei. Era sempre útil saber onde ficava o abrigo mais próximo, caso os aviões decidissem atacar.

Sozan tocava as roupas, escolhendo apenas as que já estavam secas e retirando-as do varal. Ela era uma boa amiga. Se algum dia precisasse de abrigo e segurança, eu esperava poder ajudá-la.

Ela voltou apressada trazendo um vestido e roupas de baixo, todas deliciosamente perfumadas pelo sabão e pelo sol do Curdistão. Depois me levou ao banheiro da família, um aposento bem pequeno de paredes de blocos de concreto. O banheiro era escuro e quase vazio. Havia no alto do cômodo uma janela do tamanho de duas mãos espalmadas, não mais do que isso.

Aproximei-me do reservatório de água situado sobre um aquecedor a gás. Uma torneira instalada no fundo do reservatório derramava a água para uma vasilha de metal no chão. Decidi encher a vasilha, ensaboar o corpo e os cabelos, depois me enxaguar.

Sozan providenciou sabonete, xampu, toalha limpa e uma bucha nova.

– Seja rápida – aconselhou-me antes de se afastar.

– Vou bater o recorde do tempo no banho – respondi brincando.

Despi-me o mais depressa que pude. Despejei a água morna sobre a cabeça e o corpo, deliciando-me com a sensação, espalhei xampu nos cabelos, criando uma espuma abundante, e esfreguei com vontade, removendo toda a gordura e a sujeira. Era maravilhoso.

Mas a vida pode mudar em um só momento.

Ainda estava ali em pé, completamente ensaboada, quando ouvi o estrondo de um avião voando muito baixo. Apoiei as mãos nas paredes, e elas vibraram. Mas não entrei em pânico. Depois de viver em Bergalou e passar por muitos perigos, simplesmente prendi a respiração, esperando para ver o que aconteceria. O avião arremeteu no último instante sem jogar sua carga.

Voltei a respirar. Talvez o perigo houvesse passado.

Antes que pudesse terminar de me enxaguar, ouvi o avião voltando. Ainda havia espuma de sabonete no meu rosto e nas costas, mas meu tempo se esgotara. Era hora de correr. Sem enxergar bem o que fazia, agarrei o vestido e o vesti pela cabeça. Se ia morrer, não seria nua.

Estava deixando o banheiro, quando ouvi o estrondo mais forte de toda minha vida, um som tão retumbante que meus ouvidos zuniram dolorosamente.

Eu gritei.

Explosões sucessivas começaram a soar à minha volta. Caí de joelhos, protegendo o rosto e a cabeça com os braços.

Era *realmente* o fim. Eu ia morrer. Fui tomada por um profundo ódio contra Sarbast. Ele nem se havia despedido de mim! Morreria sozinha.

Assim que gritei "Sarbast", um estrondo final fez balançar as paredes e o chão sob mim.

Em meu último momento de lucidez, lembrei-me do bebê e senti uma enorme tristeza.

Meu corpo foi erguido no ar. Depois, como uma pena levada por um vento forte, fui atirada contra a parede de concreto do banheiro.

E mergulhei na escuridão.

21

Bombardeio em Merge

A ZONA PROIBIDA, MERGE, CURDISTÃO
Outono de 1987

Eu era uma felizarda por ter sido atingida. A violência do ataque me lançara diretamente ao paraíso. Era o que eu pensava.

Em meio à atmosfera nebulosa e tranqüila do que eu pensava ser o paraíso, ouvi uma voz familiar chamando minha atenção. Foi quando vi meu pai.

Espantada, vi a silhueta descrever piruetas diáfanas até ganhar substância e clareza. E ouvi meu pai, um surdo-mudo, falar.

Seu rosto expressava preocupação enquanto a voz me censurava:

– Joanna, o que faz aqui? Devia estar em casa com sua mãe.

A voz de meu pai soava exatamente como eu sempre imaginara, gentil e firme. E eu estava sem ar. Aquele era um momento que eu havia imaginado desde a infância.

– Papai, papai. – Eu costumava sussurrar ainda menina. – Por favor, fale comigo. – Mas ele nunca falou.

A imagem familiar começou a clarear, e ouvi um eco, outra voz distante chamando meu nome.

– Joanna! Joanna! Você está viva? Joanna?

Tentei organizar os pensamentos, mas era difícil, porque as lembranças eram como pedaços de papel atirados ao vento. Movendo os braços com esforço convulsivo, toquei a cabeça e o rosto com a ponta dos dedos, estranhando encontrar os cabelos tão molhados. Eu estivera nadando?

– Joanna?

Tentei mover as pernas.

– Joanna, grite, se puder.

Minha confusão aumentava. Tremendo, abri os olhos e examinei o espaço escuro à minha volta. O ar era enfumaçado, mas eu pude ver o suficiente para deduzir que estava deitada sobre um chão de concreto.

Pedaços de minha memória começaram a se unir devagar. Eu estava em Merge. Na casa de Sozan. Tomava banho quando um avião inimigo despejara suas bombas sobre o vilarejo.

Toquei a cabeça novamente, tentando calcular por quanto tempo havia estado inconsciente. Tinha a sensação de que o sangue jorrava me banhando o rosto e o pescoço. O ferimento devia ser grave. Gemi mais alto que antes, temendo o pior, apesar de não sentir dor.

Sarbast! Onde ele estava?

– Joanna! Onde você está?

Tentei responder, mas só consegui emitir um som estrangulado que morreu ainda no fundo da garganta. Eu tinha a boca bloqueada. Por uma fratura na mandíbula, talvez?

Explorei delicadamente a região com os dedos. Descobri que minha cavidade bucal estava obstruída por uma massa que, ao toque, aprecia ser barro endurecido. Em pânico, usei os dedos para ir desfazendo aquele bloco. Não tinha idéia de onde vinha aquela massa enrijecida. Fui removendo os pedaços que ia quebrando do bloco, cuspindo, engasgando, temendo sufocar. Sentia na boca o gosto do sangue que vertia da língua e dos lábios cortados.

A situação me fez lembrar um dos ditados favoritos de minha avó. Ela sempre me dizia:

– Joanna, abra bem os olhos, mas mantenha a boca fechada.

Como sempre, eu devia ter aberto a boca em hora errada.

– Joanna! Saia daí! Estamos sofrendo um ataque!

Eu grunhi baixinho. Por que ninguém ia me buscar? Estava enterrada viva? O teto e as paredes da casa desabaram sobre mim?

– Joanna!
Com a boca desobstruída, pude por fim emitir um grito alto.
– Você está viva! Graças a Alá!
Alguém me ouvira. Seria salva, enfim. Imaginei todo o vilarejo de Merge cavando freneticamente os escombros, arriscando-se em espaço aberto por minha causa.

Eu ainda era ingênua, mesmo depois do período em Bergalou.

Usando toda a força que consegui reunir, abri as mãos para empurrar o que me mantinha imóvel no chão. Não havia nada me prendendo. Confusa, olhei em volta na tentativa de me localizar, pensando nos últimos momentos que haviam antecedido o ataque e meu mergulho na inconsciência. O banheiro...

Passei as mãos pelo corpo para ter certeza de que estava inteiramente vestida. Não podia aparecer na casa nua.

Lembrei-me da dificuldade para pôr o vestido e respirei aliviada. Sem dúvida, eu era uma criação da minha sociedade tradicional. Arriscara a vida retardando a fuga, tudo porque sentira necessidade de cobrir minha nudez. Melhor ser um cadáver vestido do que continuar viva e nua, exposta ao escândalo. Eu não me arrependia.

Encontrar a saída foi um desafio. Havia escombros em todos os lugares. Engatinhei sobre as mãos e os joelhos pelo espaço entre o banheiro e o quarto. Parei por um instante, tentando ajustar a visão. A casa ainda estava em pé. As paredes de concreto sobreviveram ao impacto da explosão.

Tremi aliviada.

Quantas vezes eu ainda poderia contrariar todas as expectativas? Havia sido um infortúnio ter tantos encontros com o perigo de morte, mas eu me considerava abençoada por ter sobrevivido a todos eles.

Toquei minha cabeça. Ainda estava molhada de sangue. Lembrei-me de tê-la batido contra a parede de concreto. Esperava não ter uma concussão.

– Joanna?
– Aqui...
– Consegue sair?

Tentei me levantar, mas foi impossível. Os braços estavam fracos demais para sustentar o corpo. As pernas tremiam.

— Estou aqui — repeti chorando.

Ouvi o som do motor de um avião. O inimigo ainda estava por perto.

O ruído prometia novos desastres, e essa constatação me fez seguir em frente, engatinhando sobre os cacos de vidro de vasos e outros objetos quebrados. Os fragmentos rasgavam o tecido do vestido, ferindo meus joelhos e se enterrando em minhas mãos.

Passei por uma abertura e, por fim, vi o rosto de meu salvador do outro lado. Era Karim.

Olhei em volta. Ele estava sozinho. Onde estavam os outros? Mortos?

Karim estendeu a mão em minha direção.

— Venha, Joanna. Vamos sair daqui.

Verifiquei mais uma vez a existência de outras pessoas ali.

Não havia ninguém.

Karim respondeu à pergunta estampada em meus olhos.

— Todos foram para o abrigo. O ataque é violento demais.

— Oh... — Então, Karim se expunha a grande risco! Estava em espaço aberto, desprotegido durante um bombardeio, procurando por mim.

Ele puxou-me pela mão até me pôr em pé. Então perguntou:

— É capaz de andar?

Eu assenti.

Ouvíamos as bombas explodindo perto dali. Karim apressou-se.

— Venha. Temos de ir para o abrigo.

Ele me levou ao principal abrigo de Merge, perto dali. Foi um alívio não ter de me espremer no minúsculo abrigo no quintal da casa. Estava farta daqueles poços estreitos e assustadores.

As explosões ganharam força quando estávamos entrando no abrigo. Quase não tivemos tempo para proteger-nos.

Sozan gritou:

— Joanna, graças a Deus! Você está viva!

Karim soltou minha mão e cambaleei na direção de Sozan. Ela correu ao meu encontro de braços abertos e, amparando-me, levou-me para um pequeno grupo de mulheres e crianças.

— Eu sabia que aquele banho seria um grande risco! — exclamou ela perturbada.

As mulheres me cercaram. Algumas carregavam toalhas que punham sobre meus ombros e em torno de minha cabeça, enquanto outras examinavam os ferimentos em minhas mãos e meus dedos.

Eu tremia de medo.

– Vou morrer?

– Na. Vai sobreviver.

– Mas... Minha cabeça... – Toquei a parte posterior e senti o sangue ainda molhado.

Uma mulher se aproximou ainda mais.

– Deixe-me ver.

Ela removeu a toalha que envolvia minha cabeça e foi afastando os cabelos que cobriam o ferimento, examinando-o. Eu quase não respirava.

Ela encolheu os ombros.

– Está tudo bem. É superficial, graças a Deus.

A notícia me animou:

– Realmente?

A mulher segurou meu rosto entre as mãos.

– Sua face está ferida, porque foi atingida pelos pedaços de cimento, e seus lábios estão cortados. – Ela sorriu. – Mas você vai sobreviver.

Uma terceira mulher acrescentou:

– Você tem o vestido rasgado. E os joelhos sangrando. E notei alguns cacos de vidro neles.

Movi a cabeça em sentido afirmativo. Mas meus joelhos ficariam bons novamente. O que me preocupava mais era o ferimento na cabeça. Olhei para a primeira mulher.

– Minha cabeça... – repeti. – De onde vem tanto sangue?

– Não há tanto sangue assim. O que está sentindo é o xampu com que lavava os cabelos.

Eu levei as mãos ao peito e ri. Não me lembrava de que não tivera tempo para remover o xampu. Era *essa* a substância viscosa que eu sentia escorrer pelo rosto e no pescoço.

Uma enorme onda de alívio me invadiu. Porém, quando eu ainda saboreava a deliciosa sensação de me libertar de uma grande preocupação, meu ventre se contorceu bruscamente. Era como se algo se desprendesse.

Meu bebê!

Assustada, segurei a barriga com as mãos.

– Sente dor? – perguntou Sozan apreensiva.

Fiz um movimento negativo com a cabeça, preferindo não compartilhar o segredo com ninguém, a menos que fosse absolutamente necessário. Além do mais, não sabia se estava realmente grávida. Decidi ficar quieta.

Sozan chamou o marido e pediu a ele para trazer a água do reservatório que era mantido ali para os habitantes. Não havia copos, mas fui encorajada a beber diretamente do reservatório, o que fiz sem hesitar. A água fresca era pura, mineral. Deliciosa.

Depois disso, duas mulheres removeram os cacos de vidro de meus joelhos.

Sozan providenciou dois cobertores e um travesseiro.

– O bombardeio não vai acabar tão cedo. Descanse – sugeriu ela.

Encolhi-me em um canto, envolta em um cobertor, e Sozan me deu toalhas secas para a cabeça, já que não havia no abrigo um lugar onde eu pudesse enxaguar o xampu.

Dormi enquanto o vilarejo era bombardeado. E não acordei espontaneamente. Fui despertada pelo som doce da voz de Sarbast.

– Joanna. Acorde.

Grogue, virei a cabeça e me deparei com seu rosto.

– Joanna?

Um momento de felicidade. Ele estava vivo!

– Sarbast!

Sentei-me apressada, sem antecipar que figura cômica eu apresentaria. Meu marido explodiu em gargalhadas.

– Por que está com a cabeça enrolada em toalhas?

– Sarbast! Viu o que aconteceu? Não devia ter me deixado! – Eu reagia furiosa, mas, na verdade, estava alegre por estar viva. Tínhamos mais uma chance. Mais uma.

Sarbast não conseguia parar de rir. Ele retirou as toalhas da minha cabeça.

– O que é isso?

– Eu estava no banho.

Sarbast me ergueu em seus braços.

— Acho que precisa terminar esse banho, minha querida. Seu rosto está cheio de marcas de espuma seca.

— Não é espuma. Foi o cimento — disparei, tomada novamente pela revolta por ter sido abandonada naquela horrível situação. — Sei que queria me proteger da trilha, mas só conseguiu me deixar em situação ainda pior. Se não me houvesse abandonado, eu teria estado segura longe daqui. Com você.

Meu marido segurou delicadamente meu braço.

— Venha, vamos voltar para a casa de Karim. Precisamos discutir nossos planos.

Cansada, dolorida e mancando por causa da dor nos joelhos, saí do abrigo e olhei em volta. O pôr-do-sol era especialmente belo, rosado com reflexos dourados, mas essa luminosidade se derramava sobre um vilarejo parcialmente destruído pelo inimigo. Mas estávamos vivos e, naquele momento, nada mais importava.

Senti outra cãibra na parte inferior do ventre. Se estivesse realmente grávida, o bebê corria perigo. Mas não havia nada que eu pudesse fazer, porque não havia atendimento médico em Merge. Com exceção dos mais básicos e rudimentares primeiros socorros, o local de atendimento mais próximo ficava em Sulaimaniya. Eu não poderia chegar lá naquele momento. Além do mais, ouvimos que o governo iraquiano havia ordenado a execução de toda e qualquer pessoa que buscasse tratamento para lesões por substâncias químicas. Meus olhos revelariam rapidamente que eu era uma sobrevivente de Bergalou. Ainda estavam vermelhos, inchados e grudando pela ação da secreção.

Mas eu estava desesperada para salvar meu bebê. Caminharia devagar e sem fazer esforço além do estritamente necessário. Talvez o feto se aquietasse.

Em relação aos meus olhos, tudo que eu podia fazer era pingar mais colírio e esperar pelo melhor.

Olhei para o rosto de Sarbast, imaginando se devia ou não contar sobre minha possível gravidez. Um olhar para o rosto sério e eu soube que ele estava ocupado demais com outros problemas. Não queria dar a ele mais um motivo para apreensão.

Naquele momento eu não sabia, mas, quando Sarbast me deixara em Merge, eu poderia tê-lo alcançado na trilha, se me houvesse apressado. Sarbast prevenira Sozan sobre meu caráter determinado, e assim, para dar tempo suficiente a meu marido e Kamaran, ela mentira ao dizer que os dois haviam partido horas antes. De fato, descobri posteriormente que meu marido deixara a casa poucos minutos antes de minha conversa com Sozan. Isso explicava seu rápido retorno ao abrigo e como ele me encontrara ainda molhada do banho, desorientada pelo bombardeio.

Sarbast e Kamaran percorriam a trilha havia trinta minutos, quando ouviram as bombas explodindo em Merge. Eles viram os aviões inimigos sobrevoando o vilarejo. Mais tarde, Kamaran me contou:

— Sarbast ficou paralisado quando viu aquelas bombas caindo sobre Merge. Ele gritou seu nome e voltou correndo, escalando colinas e saltando sobre rochas. Você é muito querida para seu marido, Joanna. Nunca duvide disso.

As palavras de Kamaran me encheram de felicidade, mas eu continuava pensando que não devíamos nos separar. Infelizmente, não era para acontecer. Era arriscado demais viajar pela estrada principal, e Sarbast e Kamaran tiveram de cortar caminho pelas florestas.

Eu estava ferida demais para empreender a difícil jornada. A situação exigia transporte. Com os olhos ainda inchados e os joelhos feridos, eu não conseguiria vencer a encosta íngreme. Como já estava certa da gravidez, decidi que seria melhor descansar meu corpo. Sarbast ficou chocado quando, obediente, concordei em me separar dele em uma bifurcação da estrada. Eu iria por um lado, ele, pelo outro.

Sarbast e Kamaran me encontrariam no pequeno assentamento em Sandoulan, distante quatro horas de Merge de automóvel, mas dez ou doze horas distante para o viajante que seguia caminhando. Pelo menos sabíamos que Sandoulan ainda estava sob o comando da PUK, embora o assentamento se localizasse alguns poucos quilômetros além das áreas controladas pelo governo, o que significava que poderia cair em mãos inimigas a qualquer momento. De lá seguiríamos para Sangaser, uma localização perigosa para nós, pois era uma cidade controlada por nossos inimigos. Mas não havia alternativa além de Sangaser, porque éramos guiados por um famoso contrabandista que nos levaria para a montanha Kandil.

Seria uma empreitada muito arriscada. Estaríamos correndo perigo, caçados como animais durante toda a viagem.

Sarbast tocou num ponto delicado quando perguntou se eu consideraria um retorno a Bagdá. Em sua opinião, eu poderia entrar na cidade sem ser notada e evitar o que certamente estava por vir. Ele não suportaria me ver morrer.

Eu o encarei incrédula e, superado o choque inicial, esmurrei seu peito duas vezes. Essa foi minha resposta. Nossos destinos estavam entrelaçados. Éramos um só. Chegaríamos vivos ao lado seguro para reconstruir nossa vida, ou morreríamos juntos. Era simples assim. Eu não duvidava de que outras esposas amassem seus maridos tanto quanto eu amava o meu, mas sabia com certeza que nenhuma delas amava mais do que eu.

Sarbast e Kamaran deixaram Merge pela segunda vez, e finalmente consegui concluir o perigoso banho, vestir roupas limpas e refazer minhas duas pequenas valises.

Algumas horas mais tarde, Karim, Sozan e seus filhos me desejaram boa viagem. Karim não era um peshmerga, por isso acreditava na possibilidade de Saddam e seus homens não irem molestá-lo ou a sua família. Juntei-me a um grupo que viajava para Sandoulan. Sarbast providenciara meu transporte em um carro com conhecidos de sua confiança. Não vimos sinal algum do inimigo, porque a principal estrada de Merge para Sandoulan ainda era controlada pela PUK. Sarbast e Kamaran teriam viajado conosco, mas achamos melhor não fazer mudanças desnecessárias nos planos. Os dois eram procurados pelo governo de Bagdá.

Ao longo do caminho, vi pela janela do automóvel grupos de apressados refugiados curdos correndo pela estrada, movendo-se de maneira determinada. Todos os homens seguiam armados com Kalashnikovs, a arma escolhida pelos curdos, com pentes de munição pendurados sobre os ombros, atravessados sobre o peito. Várias mulheres andavam levando seus bebês presos ao corpo. Crianças pequenas andavam atrás das mães, enquanto outras, um pouco maiores, mas aparentemente atordoadas pelo tumulto, puxavam burros e vacas por cordas amarradas no pescoço. Galinhas e patos eram levados em gaiolas de madeira presas aos burros. A situação me dilacerava por dentro. Onde os civis encontrariam segurança, se o perigo explodia em todos os lugares à nossa volta?

A viagem teria sido linda, não fosse pelo fato de estar fugindo para salvar nossas vidas. Era final de outono, e o gelo ainda não tocara a vegetação. As árvores eram como monumentais buquês de verde, dourado e laranja se debruçando sobre o marrom da relva queimada. As colinas se sucediam até uma cadeia distante. A neve ainda não chegara, mas a temperatura baixa me fazia sentir contente com o brilho do sol, com a luz que trazia conforto para aqueles que tinham de enfrentar o ar frio de outono.

Eu sabia que seria ainda mais frio sob a abóbada formada por árvores frondosas. Olhei hipnotizada para aquela floresta, sabendo que meu Sarbast estava andando por ali, em algum lugar.

Quando chegamos em Sandoulan, um pequeno assentamento de poucas casas, fui levada ao lugar onde viviam duas pessoas chamadas Abdullah e Minich, peshmergas que comandavam uma rede subterrânea de fuga para guerrilheiros do vale Jafati.

Fiquei aflita quando soube que Sarbast e Kamaran ainda não haviam chegado, embora o bom senso me avisasse que eles não poderiam mesmo estar ali, a menos que tivessem criado asas.

O casal que oferecia hospitalidade era inegavelmente belo. Abdullah era quase tão bonito quanto Sarbast, e Minich era uma morena de traços exóticos. E eles também eram destemidos, porque não revelavam preocupação com a possibilidade de morte para eles e os três filhos pequenos, caso suas atividades fossem descobertas por um jahsh. Nenhuma morte era mais brutal do que aquelas impostas aos guerrilheiros da PUK escondidos no Jafati.

Por causa de meus ferimentos, todos insistiram para que eu descansasse, mas eu não podia repousar até ter certeza da segurança de Sarbast. Aquele casal generoso sentou-se comigo sob uma árvore frondosa, e bebemos chá doce, comemos pão curdo e queijo e esperamos por nossos companheiros de viagem pela floresta. Apoiei minha cabeça no tronco de uma árvore, piscando intermitentemente. O farfalhar das folhas de outono atraía meus olhos para a trilha. Muitas horas mais tarde, vozes abafadas nos alertaram para a aproximação de alguém, e de repente eles estavam ali, pálidos de exaustão, mas sorrindo e acenando como se a caminhada de quase 12 horas fosse rotina, como se planejássemos uma atividade de lazer em família, não mais uma corrida pela sobrevivência.

Fiquei eufórica por ver meu marido novamente, mas vi em seu rosto a evidência de que havia algo de errado.

Depois de cumprimentar todos rapidamente, Sarbast anunciou que deveríamos deixar Sandoulan o quanto antes. Meu marido afirmava poder sentir a aproximação do perigo. Ele dizia que o inimigo estava cada vez mais perto, que todos em Sandoulan corriam sério risco.

Quando ouvi isso minhas mãos começaram a suar e senti um arrepio na nuca. Eu conhecia Sarbast o suficiente para acreditar em sua intuição. Por isso, eu me levantei de imediato para partir. Quanto mais cedo, melhor.

Sarbast e Kamaran engoliram um copo de chá cada um, e nós partimos enquanto eles ainda comiam, mastigando grandes pedaços de pão com queijo. O objetivo era alugar um veículo para nos transportar pela estrada de terra até a cidade jahsh de Sangaser.

Eu não conseguia desprezar um terrível sentimento relacionado ao que estava por vir, mas não tínhamos opção senão viajar no meio de forças inimigas. Os jahshs se haviam plantado em nossas montanhas como cobras venenosas enroscadas na base da montanha Kandil, a principal rota de fuga.

Felizmente, Sarbast e Kamaran encontraram um veículo disponível e capaz de atravessar o território acidentado, e na manhã seguinte demos adeus aos hospitaleiros e corajosos Adbullah e Minich. Se eu soubesse o que enfrentariam, teria pedido a eles para virem conosco, abandonar Sandoulan e escalar a montanha Kandil, porque o destino do belo e adorável casal era terrível. Abdullah logo seria morto em uma aguerrida batalha contra nosso inimigo, e Minich teria de fugir com os filhos para salvar sua vida e a deles. Mas ainda não tínhamos consciência do escopo da tragédia que se abateria sobre o Curdistão.

Quatro dias após deixarmos Merge, chegamos em Sangaser.

Entrar no lugar foi relativamente simples, porque os jahshs que ali viviam jamais poderiam acreditar que um peshmerga seria tolo, inconseqüente ou até corajoso o bastante para penetrar por conta própria em seu campo armado. Pelo contrário, muitos peshmergas evitavam a cidade viajando pela floresta, mas não poderíamos escalar a montanha Kandil sem um guia, por isso seguimos diretamente à porta do famoso contrabandista curdo conhecido como "Hassan Doido". Dizia-se que ele era maluco pelos riscos a que se expunha, um homem celebrado por sua ousadia e pelo vasto conhecimento de cada trilha que cruzava o Curdistão. Sua aparência era a de um típico homem da montanha; poucos anos mais velho que Sarbast, ele era alto, magro, com cabelos longos e abundantes e um grosso bigode.

Hassan nos convidou a sentar e beber chá. E anunciou em tom solene:

– Vieram num momento muito ruim. Meu irmão é um jahsh, e ele me contou que pelo menos mil deles estão reunidos aqui, com outros a caminho.

Olhei para meu marido com ar assustado. Nosso contrabandista e guia era irmão de um jahsh? O rosto de Sarbast era uma máscara que nada revelava. Ele apenas ouvia. Olhei para Kamaran e notei que ele também permanecia impassível.

Hassan relatou:

– Eles receberam ordens. Os acampamentos da PUK no vale Jafeti são a prioridade. Bagdá pretende fechar a emissora de rádio para sempre. O papel dos jahshs é perseguir e matar guerrilheiros em fuga. Vocês, por exemplo. E eles vão punir duramente todo e qualquer civil que ajudar um peshmerga. Eu, por exemplo. De agora em diante, vão tirar os moradores dos vilarejos de suas casas, matando homens e meninos, realocando mulheres e crianças ao sul, nos campos de refugiados. A idéia é esvaziar o Curdistão.

Meu coração disparou.

A resposta de Sarbast foi fria, calculada.

– Se está dizendo a verdade, devemos partir agora.

– É perigoso demais – argumentou Hassan.

– Pensei que fosse um contrabandista de verdade.

Hassan Doido reagiu como um louco de verdade, louco de raiva com o insulto de Sarbast.

Meu marido reclinou-se na cadeira como se não tivesse nenhuma preocupação, mas notei que seus braços estavam tensos.

A altercação seria inevitável. Sarbast sempre havia sido mais ousado do que a maioria, mas agora eu temia que ele estivesse abusando da sorte. Os dois homens eram fortes, mas estávamos no território de Hassan Doido. O que poderia impedir esse sujeito tão desequilibrado de chamar os jahshs e nos delatar?

Ele olhou para meu marido com ar sério.

– É o que vamos ver – disse.

– É sim ou não – insistiu Sarbast. – Se não tem capacidade para nos guiar pela montanha Kandil, encontrarei outro guia.

Hassan Doido aceitou o desafio

– Eu vou. Mas vão ter que fazer tudo que eu disser.

Os olhos de Sarbast brilhavam.

– Quando partimos?

– Não hoje. Vou conversar com meu irmão. Ele me dará todas as informações de que necessito.

Sarbast levantou-se.

– Vamos com você.

Kamaran também ficou de pé. Os dois ficaram lado a lado, ajeitando suas armas.

Hassan Doido olhou para mim.

– Ela fica aqui. Com as mulheres.

– Está bem – concordou Sarbast e olhou para mim transmitindo uma mensagem silenciosa: eu devia manter a calma.

Estava paralisada de medo, mas fiquei quieta enquanto os três homens saíam da casa. Por que Sarbast se encaminhava voluntariamente para a casa de um jahsh? Havia perdido o juízo também? Se ele voltasse em segurança, eu mesma passaria a chamá-lo de Sarbast Doido.

Não conseguia acreditar nos perigos que iam cercando nossa jornada. Meu marido seria morto? E eu? Seria entregue ao inimigo?

A esposa de Hassan Doido e outras mulheres foram me buscar na sala. Elas conversavam animadas e alegres, como se ninguém ali corresse risco de morte. Finalmente, encontrei coragem para perguntar:

– Seu cunhado é um jahsh? Como isso pode funcionar?

Ela parecia ser uma mulher recatada e séria, com um rosto prematuramente enrugado que sugeria muitos anos de trabalho duro e privações, mas sua natureza era doce e generosa. A mulher de Hassan riu da minha pergunta.

– Ah, mas ele não é um jahsh *de verdade*. Recebe dinheiro do governo, mas é inofensivo. E protege o irmão, meu marido.

Eu esperava que ela estivesse dizendo a verdade, porque a vida do meu marido dependia dos dois homens.

A versão da mulher era plausível, porque a história dos jahshs era complicada. No passado, muitos curdos preferiam morrer de maneira honrada a aceitar uma única moeda do governo iraquiano para espionar e trair amigos e vizinhos. Os jahshs eram tão desprezados que passaram a ser tratados pela expressão pejorativa "*esterco de burro.*" Mas alguns curdos mudaram de atitude durante a longa guerra contra o Irã. Essa guerra transformou toda a vida do Iraque, inclusive a dos curdos ao norte.

Todo homem iraquiano devia ir para as trincheiras e defender o governo em Bagdá. Se um curdo se recusava a ir para a batalha, os membros de sua família eram aprisionados, lares eram devastados, e jovens eram mortos. E havia o embargo. O governo em Bagdá tentava matar os curdos de fome decretando um severo embargo de alimentos. Com as famílias passando fome, alguns curdos começaram a aceitar as exigências do governo, fingindo ser informantes para evitarem o front.

A ganância passou a ser um fator de grande importância, porque os jahshs eram bem remunerados. Havia até recompensas oferecidas pelas cabeças de alguns peshmergas como Sarbast, famosos por escreverem e divulgarem suas idéias pela emissora de rádio. Com algum dinheiro em jogo, o número de jahshs chegou a algumas centenas de milhares.

Agora nos encontrávamos no coração do território jahsh, sem saber em quem podíamos confiar. Em ninguém, pensei.

Meus piores receios ganharam força quando Hassan Doido voltou sem Sarbast e Kamaran. Ele podia ter trocado a vida de meu marido por um carro novo!

Fiquei tão furiosa, que decidi arrancar os olhos daquele homem!

Obviamente, Sarbast previra minha reação, porque logo apareceu para explicar que estava tudo bem, mas seria perigoso demais ficarmos os três juntos na casa de Hassan. Eu ficaria ali com as mulheres e estaria segura, em caso de uma revista jahsh. Era o que eles estavam fazendo em Sangaser. Revistas noturnas. Mas a casa do irmão de Hassan não seria revistada, porque ele era um conhecido jahsh.

Sarbast e Kamaran passariam a noite lá, na casa do irmão de Hassan. Meu marido confiava nos dois homens, um contrabandista e um jahsh. Eu desconfiava de ambos.

Aquela noite foi a mais longa de minha vida.

Na manhã seguinte, Sarbast e Kamaran retornaram. Kamaran parecia descansado, mas meu marido estava abatido, com olheiras escuras em torno dos olhos. Em um momento de privacidade, ele me contou que não havia dormido nem por um segundo. Enquanto Kamaran dormia, ele passara a noite sentado no hall, guardando a casa.

Nada acontecera, para nossa sorte, mas Sarbast era agora um homem exausto e no limite de suas forças.

Ele argumentou quando Hassan anunciou que ainda era perigoso demais tentar sair de Sangaser. E insistiu até nosso guia concordar com a partida. Ele seguia na frente em sua mula, e nós íamos caminhando. Mal havíamos deixado a cidade, quando percebemos um bloqueio jahsh alguns metros adiante. Eles dominavam toda a área como abelhas furiosas. Sendo assim, retornamos para mais uma longa noite de insônia.

No final da tarde seguinte, tentamos novamente deixar a cidade. Encontramos outro bloqueio e retornamos a Sangaser mais uma vez.

A essa altura, Sarbast era um homem enlouquecido. Pela primeira vez na vida, comecei a roer as unhas. Somente Kamaran permanecia calmo.

Na terceira noite, Sarbast anunciou com firmeza:

– Vamos partir esta noite, Hassan.

– Ainda não sei. Vamos esperar para ver se...

– Hassan, mesmo que o próprio Saddam Hussein esteja integrando um daqueles bloqueios, nós vamos passar!

Tivemos sorte, por fim. Na terceira tentativa conseguimos passar pelos bloqueios sem sermos notados, porque os jahshs estavam ocupados demais interrogando outros viajantes menos afortunados.

O sucesso era doce, mas eu não conseguia esquecer que a viagem ainda estava apenas começando, e que seria traiçoeira e cheia de perigos. Sabíamos que os jahshs nos ameaçariam até chegarmos ao topo da montanha Kandil.

Seguíamos a mula cinzenta que transportava Hassan Doido, e eu olhava para o horizonte, para o véu branco de neve que já recobria o pico da montanha Kandil. Aquela teria sido uma visão linda em outras circunstâncias, mas eu não me sentia capaz de apreciar tanta beleza, porque sabia que teria de escalar aquela montanha.

Poderíamos morrer tentando, mas, se sobrevivêssemos, se conseguíssemos chegar à base da montanha, como poderíamos subir até seu topo? Só com a poderosa intervenção de Deus, concluí.

Mais uma vez, eu me preparei para enfrentar uma árdua missão.

22

Escalando a montanha Kandil

A ZONA PROIBIDA NO CURDISTÃO, PERTO
DA FRONTEIRA IRANIANA
Final de outubro de 1987

Durante meus 25 anos de vida, pouco eu havia pensado sobre mulas. Mas, depois de alguns momentos me agarrando com desespero ao animal de carga, aquela mula tornou-se meu mundo. Eu tinha consciência de cada um de seus movimentos, das orelhas compridas aos cascos que tocavam o chão. Meu único objetivo era não cair da sela e me estatelar no chão. Meus braços agarravam o pescoço do animal, e eu nem me importava com a posição pouco modesta de meu traseiro, saliente como estava. Era evidente que aquela era uma posição incorreta para cavalgar, e a mula parecia tão incomodada comigo quanto eu estava com ela. Jamais sentira tamanho pavor antes.

Assim que nos afastamos da cidade, Sarbast e Hassan insistiram em me colocar sobre a mula. Diziam que eu caminhava muito devagar, embora eu tivesse certeza de minha capacidade de acompanhá-los. Sarbast acrescentou outras razões para essa decisão. A jornada até o vale da montanha Kandil tomaria dois ou três dias de dura caminhada. Meus ferimentos ainda não haviam cicatrizado. Eu só os retardaria.

Reagi indignada. Já havia cavalgado um pequeno burro ocasionalmente, mas os burros são muito baixos, e minhas longas pernas quase tocavam o chão. Se eu me cansasse da cavalgada, poderia simplesmente ficar em pé, permitindo que o burro se distanciasse.

Mas a mula de Hassan Doido era diferente.

Sempre tive medo de altura, e ela era forte. Sem dúvida, um animal magnífico com sua bela coloração cinzenta e o peito largo, e o movimento de suas longas orelhas era muito expressivo. Hassan Doido orgulhava-se dela. Eu tinha razões para acreditar que nosso guia amava sua mula quase tanto quanto amava os filhos pequenos. Mas, para mim, aquela montaria era terrivelmente alta, muito maior do que muitos cavalos.

Hesitei em subir naquela criatura até que Sarbast, desesperado, implorou:

– Joanna, por favor, suba na mula. Não temos tempo a perder! Você vai acabar nos matando.

Olhei fixamente para o animal. Ele já estava carregando dois sacos com meus pertences, pendurados como alforjes, um de cada lado. A minha roupa de cama rosa, que causou tanto desentendimento com Sarbast durante a viagem, estava jogada em seu dorso, sobrecarregando a mula sem necessidade.

Além de mim, o animal levaria minhas duas bolsas e o edredom cor-de-rosa, razão de discórdia com meu marido, que alegava que o pobre animal não precisava desse peso adicional.

Os três homens estavam me olhando. Respirei fundo algumas vezes, decidindo que, como meus joelhos latejavam, talvez eu devesse tentar montar a mula.

– Tudo bem, eu vou tentar – disse a Sarbast com tom obediente.

Eu não tinha idéia de como montar em uma mula. Contornei o animal com cautela, procurando o melhor local para subir. Os olhos da mula se abriram, alertas a todos os meus movimentos. Ela obviamente me considerava indigna de montá-la, porque, quando me aproximei, ela recuou.

Inquieto, Sarbast finalmente entregou seu Kalashnikov a Kamaran e me ergueu nos braços com um movimento rápido, acomodando-me no lombo da mula. Lembrei-me da irmã de Sarbast zombando das minhas calças peshmerga e finalmente percebi que ela estava certa. Eu podia realizar movimentos difíceis com a calça adaptável.

Kamaran, que era muito irônico, fez uma piada que não ouvi, arrancando risadas de Sarbast.

Eu teria lançado um olhar furioso para os dois homens, mas estava nervosa demais para fazer qualquer movimento repentino. Não havia nada de divertido em estar sentada sobre aquela mula. Eu estava tão longe do chão que sentia vertigens.

Hassan Doido gesticulou enquanto instruía:

– Balance o peso de um lado para o outro. Deixe a mula senti-la.

Olhei boquiaberta para Hassan Doido. Ele estava completamente maluco se pensava que eu ia fazer alguma coisa para perturbar a mula. Balançar? Eu me inclinei e agarrei-me ao pescoço do animal.

Hassan Doido balançou a cabeça contrariado, pegou uma rédea e me deu a outra. Depois começou a conduzir a mula pela trilha.

A mula cavalgava com firmeza e segurança, mesmo na escuridão da noite. Em silêncio, decidi chamá-la de Bela, porque o orgulho do proprietário era evidente. Logo percebi que era melhor não tocar o animal, a menos que fosse absolutamente necessário, porque, em um momento de descuido, quando aproximei meu rosto de sua cabeça, ela esticou o pescoço de tal maneira que me levantou com o movimento, e quase caí.

De fato, Bela não estava satisfeita com sua relutante passageira.

Minha ansiedade era tão grande que eu quase nem respirava. Mas a mula finalmente relaxou e esticou o passo.

Sarbast perguntou:

– Como você está, querida?

Apenas resmunguei algo, porque não queria incomodar Bela com conversa à toa.

Eu sofria com a cavalgada. Cada movimento do animal causava-me dores. Era como se todas as células de meu corpo estivessem atentas aos músculos da mula, como se pulsassem e formigassem, resultado óbvio da tensão e do medo de cair dali.

Hassan Doido era um contrabandista muito conhecido pelos peshmergas. Ele atuava há anos no arriscado ofício de suprir os guerrilheiros na área do Curdistão que Saddam denominara a "zona proibida". Com o auxílio da mula, ele transportava remédios, comida, armas e munição. Saddam planejava matar os peshmergas de fome, mas contrabandistas como Hassan Doido contrariavam seus planos. Para reduzir os riscos, alguns desses contrabandistas chegavam a treinar suas mulas, ensinando-as a atravessar o território das montanhas sem a companhia de seus proprietários. Elas saíam dos vilarejos iranianos que eram os principais fornecedores para os peshmergas curdos e iam ao encontro dos contrabandistas que esperavam do lado iraquiano da fronteira, onde descarregavam seus bens. As mulas descansavam, eram alimentadas e enviadas de volta ao Irã, e o processo recomeçava. A situação era sempre trágica para os pobres animais. Se o carregamento não fosse cuidadosamente arranjado e se deslocasse no caminho, a mula podia cair, e não seria capaz de se levantar sozinha. A menos que fosse encontrada por um viajante generoso, a pobre besta morria ali caída, atacada ou devorada por animais selvagens, ou perecia de fome e frio. O Curdistão era um lugar cruel para homens e animais.

Hassan Doido se espantava por homens ainda enviarem suas mulas nessas viagens solitárias.

– Eu jamais poria em risco minha belezinha – confessou ele, enquanto olhava para sua mula com tanta afeição que por um momento pensei que fosse beijá-la na boca.

Eu admirava a coragem daquele homem. A vida de um contrabandista era muito perigosa. Nenhum de nós esquecia que o movimento peshmerga jamais teria durado sem a ajuda desses fornecedores.

Viajávamos há algumas horas, quando um incidente assustador aconteceu.

Hassan Doido parou de repente e começou a gritar:

– Sou Hassan Doido! Sou Hassan Doido! Quem está aí? Estou furioso! Saia do caminho ou se identifique! Sou Hassan Doido!

Sarbast e Kamaran correram para perto de mim. Fascinada e horrorizada, notei que os dois empunhavam seus rifles.

Quem poderia estar na nossa frente? Os jahshs? Os soldados de Saddam?

Bela tremia, e decidi desmontar antes de ser jogada no chão. Mas, olhando para o chão, percebi que ele estava muito longe dos meus pés e mudei de idéia. Se estivesse mesmo grávida, um salto daquela magnitude certamente acarretaria um aborto. Decidi não me arriscar. Abaixei a cabeça e fiquei quieta, compreendendo que Bela e eu éramos alvos fáceis.

Hassan continuava gritando ameaças desconexas, avisando que não sabia que tipo de reação maluca poderia ter, caso alguém insistisse em causar problemas em sua viagem. Ele se orgulhava da alcunha que tinha, e agora eu compreendia de onde ela havia sido tirada.

Depois de alguns minutos, ouvimos uma voz responder aos gritos de Hassan. Ele a reconheceu e se acalmou, caminhando para a voz a fim de esclarecer possíveis mal-entendidos.

Quando ele retornou, fomos informados de que havia ali uma gangue de contrabandistas que sempre assaltava os viajantes desacompanhados. Eram oportunistas, apenas. Não eram assassinos. Sem a presença de Hassan Doido, teríamos sido roubados.

Não me contive e ri, imaginando a decepção daqueles homens depois de nos assaltarem. Éramos os mais pobres dos pobres!

A noite parecia não ter fim. Agarrada à mula, eu ouvia a conversa abafada dos homens e me preocupava com a criança que podia estar em meu ventre. Uma eventualidade física poderia causar muitos problemas naquelas circunstâncias.

Estava tão cansada que comecei a ter visões de Bagdá. Sonhava com minha antiga cama e ansiava por uma refeição de verdade. Pela primeira vez desde meu casamento com Sarbast, surpreendi-me questionando o que estava fazendo ali no Curdistão, no meio da noite, montada em uma mula que não gostava de mim.

Finalmente, quando eu já pensava que acabaria caindo da mula como uma pedra, Hassan Doido decretou uma parada ao lado de uma pequena fonte.

– Passamos um ponto perigoso. Agora podemos descansar um pouco, e retomaremos a viagem ao amanhecer.

Aquelas palavras soaram como uma doce canção aos meus ouvidos.

Enquanto Hassan acariciava Bela, por certo sussurrando doces palavras, Sarbast se esforçava para me ajudar a apear.

Como estávamos exaustos, ninguém se animava a conversar. Ficamos sentados num círculo silencioso dividindo as provisões simples, frutas e castanhas levadas por Hassan e pão curdo que Sarbast acrescentara ao alforje. O pão curdo era assado até ficar rígido como um biscoito, mas, umedecido, recuperava a suavidade. Kamaran levou nosso pão à fonte para umedecê-lo.

Comi pouco, depois fui até a fonte para saciar a sede, sem me importar por Bela estar dividindo a mesma poça de onde eu bebia.

Sarbast protegia-me enquanto eu usava um pequeno arbusto como banheiro, porque Hassan Doido nos havia prevenido sobre a presença de animais selvagens na região, especialmente lobos e ursos. Quando confessei que me preocupava mais com as cobras e os escorpiões, Sarbast examinou o chão em torno do arbusto e no local onde dormiríamos. Ele me envolveu na coberta cor-de-rosa e beijou-me a testa, sussurrando que sentia grande orgulho de sua noiva de Bagdá, uma mulher muito corajosa.

Eu estava cansada demais para responder, mas, antes de dormir, vi que meu marido continuava sentado a meu lado. Atento aos ursos, imaginei.

Só mesmo no Curdistão poderíamos encontrar um lugar tão deserto. Adormeci com visões trêmulas de Sarbast lutando contra um urso feroz em nosso pequeno acampamento. Horas mais tarde, acordei com um ruído. Pássaros cantado, vozes humanas... Sentei-me assustada e descobri que nosso pacato acampamento estava cheio de gente e mulas.

Minha boca ficou seca. Olhei para Sarbast tomada pelo medo, mas ele sorriu.

– Estamos entre aliados. Contrabandistas. Eles conhecem bem a região. Trata-se de um ponto de parada muito utilizado por eles.

Eu era a única mulher no acampamento, o que me causou grande pressa em partir. Comemos pão e frutas e, depois de ver tantas mulas lambendo a água da fonte, decidi suportar minha sede. Havia muitas fontes no Curdistão. Logo encontraríamos outra. E eu também aliviaria outras necessidades mais tarde, porque os arbustos ali eram pequenos demais para garantir privacidade.

Relutante, Sarbast concordou em me deixar caminhar um pouco, antes de voltar ao lombo da mula. Hassan também concordou, porque logo estaríamos na base da montanha Kandil, e o animal ia mesmo precisar de energia para empreender a dura escalada. Meu medo de escalar aquela montanha logo se transformou em uma realidade aterrorizante.

O atraso foi inevitável, porque Hassan repetia constantemente aquele gesto irritante indicando que devíamos parar. Ainda estávamos na área controlada pelos jahshs e por tropas do governo, e só ele tinha conhecimento de onde, exatamente, estavam localizados os pontos oficiais de verificação. Em alguns momentos não podíamos sequer sussurrar. Teríamos parado até de respirar, se seguíssemos a vontade de Hassan.

Só por milagre não fomos descobertos. Hassan contava histórias aterrorizantes sobre viajantes que haviam sido capturados pelos jahshs. As famílias haviam sido separadas, os homens foram executados e as mulheres foram levadas às prisões, onde suportaram horrores que o contrabandista se negava a descrever. Mas ele se gabava de nunca ter sido surpreendido pelo inimigo. Suas missões eram sempre bem-sucedidas.

Saber disso me causava um certo alívio. Mas nós logo tivemos que nos agachar no mato novamente depois de ouvirmos vozes inimigas vindas do matagal.

Até Bela sentia o perigo. A mula parecia estar em perfeita harmonia com o dono, pisando manso nos momentos em que Hassan estava mais atento aos ruídos à nossa volta. Bela dava todos os indícios de ser uma mula muito inteligente.

Logo houve motivo para sentir pena de Bela. Sarbast conversava com Hassan Doido quando ficou evidente que ela havia comido alguma coisa que causava terríveis problemas intestinais. Kamaran e eu conversávamos em voz baixa quando nos assustamos com a saída explosiva de gases da mula. Calei-me pelo ruído e pelo cheiro, embaraçada demais para reconhecer o que ouvira. Mas Kamaran, que nascera jocoso, não resistiu ao impulso de fazer uma piada. Ficamos para trás, aumentando a distância do animal, porque Bela continuava expelindo gases de maneira ruidosa. A situação piorou. A cada passo do animal, o problema aumentava, e o ruído era cada vez mais alto. Incapaz de conter-se, Kamaran começou a imitar a mula produzindo sons revoltantes com a boca.

Embora no início eu não me divertisse com a infelicidade de Bela, Kamaran tirava proveito da ocorrência, encontrando razões para rir em nossa situação tão sem graça. Ele insistiu até me contagiar com suas brincadeiras.

Hassan Doido ofendeu-se e olhou para nós com expressão furiosa.

– Estão debochando de minha mula?

A reação de Hassan Doido inflamou o entusiasmo de Kamaran. Sua testa estava franzida e seus olhos brilhavam enquanto ele gargalhava. Incapaz de conter-me, cobri a boca com as mãos.

Sarbast irritou-se.

– Parem com isso! Acham que estamos aqui para brincar?

Nós nos contivemos com grande esforço.

Mas a pobre mula continuava sofrendo. Por isso, convenci meu marido de que eu devia continuar caminhando, até que, impacientes, ele e Hassan Doido decretaram que meu ritmo era lento demais e ordenaram que eu montasse novamente.

E foi o que fiz. Na verdade, eu começava a sentir alguma afeição por Bela, admirando sua disposição em seguir pelos meandros da trilha. Logo relaxei o suficiente para apreciar a beleza da paisagem. A imagem do vale da montanha Kandil ganhando contornos mais nítidos era fascinante.

A viagem diurna não era tão aterrorizante quanto a experiência de atravessar a floresta à noite, mas ainda havia razões para desconforto. O sol brilhava com força inesperada para aquela época do ano. Naquela altitude, a luminosidade era tão intensa que eu tinha de manter a cabeça baixa para proteger os olhos da claridade ofuscante. A neve ainda não se fazia presente, para nossa felicidade. Nevascas trariam perigo adicional a uma empreitada já muito arriscada.

Nossa rotina de viagem era simples: seguíamos em frente. Parávamos e ouvíamos. Seguíamos em frente outra vez. Parávamos e ouvíamos. Raramente parávamos para descansar. Nossa maior preocupação era que os pontos de verificação houvessem mudado de lugar desde a última viagem de Hassan Doido pela área. Muitas vezes chegamos a ouvir as vozes de nossos inimigos em algum lugar próximo, no meio da floresta. Esses eram os piores momentos. Se fôssemos descobertos, seríamos executados. E, sabíamos, seríamos torturados antes de morrer.

Sarbast afirmava que não permitiria tal destino.

– Melhor morrer num tiroteio do que ser capturado e torturado pelo inimigo. – E olhou detidamente para mim. – Prefiro matá-la, Joanna, a permitir que esses homens ponham as mãos em você.

Eu não sabia se me sentia aliviada ou apavorada. Certamente, sabia que meu marido era um homem de fibra e coragem. Se fosse necessário, ele não hesitaria em me matar para poupar-me da tortura cruel imposta pelo inimigo. E eu sabia que, caso chegássemos a esse ponto, meu marido não suportaria a dor.

Hassan Doido movia de maneira energética um palito de dentes no interior da boca, enquanto os olhos varriam a paisagem buscando algum perigo.

Só Kamaran parecia relaxado diante das ameaças, surpreendendo-me com seu sorriso pronto e suas reações rápidas. Decidi que a morte de Kamaran seria a maior perda em nosso grupo. Ele era jovem e solteiro e ainda não havia experimentado o amor de uma mulher.

No alto, e numa jornada que não estimulava conversa inútil, decidi assumir a responsabilidade pela observação do horizonte em busca de algum sinal do inimigo. Felizmente, não via nada.

A região era cada vez mais interessante. Havia relva em todos os lugares e a terra se tornava mais e mais escarpada, uma promessa do que estava por vir. Meu estômago se contraiu. As colinas iam ganhando inclinação maior, transformando-se na montanha que almejávamos escalar. Eu sabia que o momento do grande desafio se aproximava. Bela também pressentia a gravidade da situação e ia ficando mais tensa.

Finalmente, chegamos à base da montanha Kandil.

Silenciosa e admirada, olhei para cima até sentir dor nos músculos do pescoço. Não conseguia enxergar o topo! O sol desenhava estranhas figuras na encosta. Eu havia imaginado escalar uma montanha coberta por árvores e trilhas sinuosas se estendendo como fitas marrons por entre o verde exuberante, mas Kandil estava longe de ser a montanha dos meus sonhos. Teríamos de progredir sobre granito, e num ângulo tão inclinado que, visto de baixo, parecia impossível para a capacidade humana.

E como uma mula se manteria em pé sobre a rocha lisa? Bela ficaria na base? Não. Hassan Doido amava aquele animal. E Bela transportava tudo que tínhamos. Pela primeira vez desde o início da viagem, até Kamaran ficou silencioso, sério.

Foi quando Sarbast me deu as piores notícias.

– Não vai mais caminhar, minha querida. De agora em diante, vai seguir viagem montada sobre a mula.

Não! Meu marido pedia o impossível!

A notícia ganhou tons ainda mais sombrios quando Hassan acrescentou:

– É perigoso demais. Se começarmos a subir agora, seremos vistos de baixo e nos tornaremos um alvo tentador para o fogo inimigo. Vamos esperar ali – apontou para uma área de arbustos – até o anoitecer.

Olhei para Sarbast mais uma vez. Então, ele pretendia que eu me sentasse sobre o lombo de uma mula e me deixasse transportar pela mais íngreme montanha do Curdistão, e à noite. Sarbast devia ter perdido a razão.

Enquanto esperávamos o sol se pôr, sentei-me ereta, olhando fixamente a montanha. Pelo que eu podia ver de onde estava, a montanha Kandil tinha penhascos íngremes e milhares de metros de altura. A inclinação da encosta era assustadora, e havia em suas laterais abismos tão profundos, que um escorregão da mula nos lançaria para a morte certa. Jamais eu havia estado em situação tão miserável. Pela primeira vez na vida, via-me diante de uma prova que, sabia, não poderia realizar.

Sarbast tentava animar-me. Sentado a meu lado, ele me encorajou a comer o que restava das frutas, segurando minhas mãos e até afagando meus ombros, um sinal de intimidade raramente visto em público no nosso mundo curdo. Percebi que ele estava me preparando para então dizer algo assustador.

– A mula é capaz de subir **essa** montanha de olhos vendados – disse ele bruscamente.

Eu contive um grito. Então era isso! Agora eu sabia como era feito o treinamento dos animais. Como as mulas escalavam a montanha sem se deixar vencer pelo terror e mergulhar no vazio de um precipício.

– Não! Esqueça! Se tem de ser assim, eu volto para Bagdá.

– O que está dizendo, Joanna? Não há como voltar para Bagdá. Teerã, talvez, mas Bagdá? Impossível! – exclamou ele rindo.

– Escute aqui, não vou montar numa mula que vai subir uma montanha de três mil metros de altura com os olhos vendados!

Sarbast ficou chocado com minha reação, mas, depois de alguns segundos, ele sorriu. O sorriso transformou-se em uma gargalhada que ele não conseguia controlar ou interromper, chegando até a chorar de tanto rir.

Tive certeza de que meu marido havia mesmo enlouquecido. Era de se esperar. Nenhum homem poderia viver sob pressão constante e alto nível de estresse, como os guerrilheiros peshmergas, dia após dia, ano após ano, sem pagar um preço por isso. E o preço cobrado era a saúde mental.

Kamaran veio saber o motivo de tanto riso. Até Hassan e Bela olharam em nossa direção.

Sarbast balançava a cabeça ainda rindo:

– Joanna, essa foi boa! *Muito* boa!

Eu tremia de raiva, compreendendo que interpretara mal o comentário de Sarbast. A mula não teria os olhos vendados. Não é de se admirar que eu pensasse dessa forma. Nada sobre a viagem foi-me dito claramente, a verdade surgia aos poucos. E meu marido ria de minha confusão.

Hassan Doido comentou:

– Minha mula é tão inteligente, que às vezes permito que ela escolha a melhor rota a seguir.

A informação me deixou ainda mais nervosa. A mula escolheria o caminho? Bem, não havia nada a fazer. Por isso, relaxei e tentei me conformar com meu destino.

Ainda não estava inteiramente resignada quando, montada sobre Bela, comecei a subir a encosta da montanha Kandil. Ainda havia no céu alguns reflexos rosados do sol poente, mas já não seria possível para o inimigo nos ver subindo a montanha. Meu nervosismo retornou quando Hassan Doido adiantou-se para orientar Bela na subida da encosta. Eu balançava enquanto a mula se movia com esforço.

Hassan Doido percebeu minha apreensão e preveniu-me:

– Sente-se relaxada. Se uma mula sente que o peso está mudando de lugar incorretamente ou se a carga é pesada demais, ela salta da montanha.

Tenho certeza de que reagi como uma doida.

– Sarbast! Mulas sobrecarregadas se atiram montanha abaixo! Aqui... – Eu cutucava um dos alforjes com o joelho. – Tire isto daqui – pedi. – Kamaran, pegue o outro alforje.

Ouvi meu marido e o primo dele rindo. Naquele momento senti vontade de esbofeteá-los.

Foi então que eu soube que meu destino dependia das boas graças de Bela. Lampejos de arrependimento me assaltaram. Como lamentava não ter alimentado a mula com minha fruta, afagado seu focinho e beijado o animal. Devia ter contido água com minhas mãos para ela beber. Mas havia perdido a chance de me aproximar de Bela.

Aquele foi o início de uma noite de pesadelo. Os cascos de Bela batiam contra a rocha da encosta. Os músculos do pescoço do animal estavam tão tensos, que eu podia ver as veias salientes. A mula suava. Tremi de medo quando ouvi pedras rolando, deslocadas pelos passos do animal. Pela primeira vez entendi a sabedoria da PUK ao escolher o vale da montanha Kandil como novo esconderijo. Nenhum exército comum poderia subir até o topo daquela montanha e descer pelo outro lado para chegar ao vale. A nova estação de rádio estaria segura, sem dúvida.

Uma hora depois do início da viagem, nosso atento guia sentiu que éramos observados. Ele nos levou a um trecho protegido por rochas mais altas, uma espécie de vala, indicando que devíamos ficar em silêncio. Hassan foi verificar a área e retornou anunciando a presença de soldados do inimigo em um ponto de verificação instalado recentemente bem abaixo de onde estávamos. De lá, eles podiam ter uma visão nítida da nossa posição. Teríamos de seguir por outra rota. Ele se afastou para decidir qual seria o melhor caminho.

Esperamos por muito tempo. Eu estava nervosa demais para descansar, mas Sarbast e Kamaran eram verdadeiros guerrilheiros, e usaram esse tempo de inatividade para dormir. Minha visão ainda não era perfeita, mas melhorava gradualmente e era beneficiada pela luz da lua.

Olhei para a silhueta de meu marido e tentei imaginar quantas vezes ele já havia estado em condições similares, lutando e se escondendo do inimigo. Enquanto isso, eu me cercava de conforto em Bagdá, desconhecendo os rigores da realidade da vida de um peshmerga. Sempre havia pensado na rotina peshmerga como uma sucessão interminável de ação e aventura, mas a verdade era bem menos excitante. Para cada momento de ação, havia dias inteiros de espera interminável, fome e angústia.

Determinada a não ser o elo frágil daquela corrente que os homens pretendiam formar, jurei ser tão forte e corajosa quanto todas as outras mulheres peshmergas que havia conhecido. Não causaria mais problemas para Sarbast.

Finalmente, Hassan Doido retornou gesticulando muito, indicando que devíamos segui-lo.

A adrenalina me inundava quando seguimos em frente. Depois de uma hora de escalada, Hassan Doido parecia satisfeito por termos escapado do olhar do nosso inimigo, olhos que deviam estar ainda fixos na face da montanha.

Eu acreditava que era muita falta de sorte termos de empreender nossa jornada no auge da tensão entre Bagdá e Curdistão, mas estava enganada. Tínhamos sorte por estarmos entre os primeiros curdos a escalar Kandil. O verdadeiro caos ainda estava por vir. A situação se deterioraria até que uma grande crise eclodisse, levando a um holocausto curdo. Muitos curdos logo seriam forçados a deixar sua terra natal, partindo do Curdistão a pé. Milhares de homens, mulheres e crianças pereceriam na montanha Kandil. Mas, naquela noite em que fugíamos pela montanha, ainda desconhecíamos essa parte do nosso futuro curdo.

A noite foi uma seqüência de sustos. Quando não estávamos buscando abrigo para não sermos vistos por olhos predadores, escalávamos encostas tão íngremes que eu não tinha coragem de olhar para baixo. Por alguma razão bizarra, Bela se sentia mais confortável caminhando à beira do precipício. Mesmo quando dispunha de amplo espaço, ela preferia caminhar no limite, literalmente.

Em algumas ocasiões, a mula escorregou e ameaçou despencar penhasco abaixo, mas Hassan Doido sempre conseguia salvá-la no último segundo. E a mim também.

O medo e a tensão enrijeciam meus músculos, e eu sentia dores pelo corpo todo.

Após quatro horas de total terror, Hassan Doido anunciou que interromperíamos a jornada por seis horas, pois Bela chegara ao limite de suas forças. Sarbast tirou-me da montaria, e quando meus pés tocaram o chão eu mal pude acreditar que havia sobrevivido.

Meu alívio teve curta duração, porque meu marido logo anunciou que ainda não havíamos começado a pior parte da escalada. Eu o encarei incrédula, tão entorpecida mentalmente que nem consegui pensar em uma resposta.

Comemos um lanche enquanto Hassan alimentava, lavava e escovava a mula, e depois nos ajeitamos para dormir. Era frio ali, no alto da montanha, mas nos cobrimos com nossas roupas. Eu tinha meu lençol cor-de-rosa, mas não conseguia relaxar naquele chão duro e gelado. Apesar da exaustão, era impossível dormir. Olhei em volta e vi que Sarbast e Kamaran descansavam tranqüilos sobre as pedras. Apesar do frio e do desconforto, ambos dormiam em completo abandono, contentes como lagartos ao sol.

Hassan Doido fez o primeiro turno de sentinela. Depois foi a vez de Sarbast, e Kamaran foi o último. Me ofereci para colaborar cumprindo meu turno, mas meu marido recusou a oferta, dizendo que eu utilizava toda minha energia para escalar a montanha, e nada era mais importante que isso.

Apesar do perigo, a paisagem dali era linda. A escuridão da noite era iluminada pela lua crescente e por uma infinidade de estrelas que pareciam muito próximas de nós. Eu tinha a sensação de que poderia colhê-las como frutos maduros e suculentos. Observando aquele céu de rara beleza, toquei meu ventre e me senti confiante, certa de que o bebê finalmente estava seguro dentro de mim. Pela primeira vez, deliciei-me realmente com a idéia de talvez estar grávida, e decidi que, assim que superássemos o perigo, eu contaria tudo a Sarbast. Imaginei a alegria que ele sentiria e sonhei com o momento em que me tomaria nos braços e giraria no ar. Em alguns meses, teríamos nosso bebê entre nós, nos nossos braços, e planejaríamos juntos seu futuro.

– Filho do meu coração – sussurrei. Esperava que nosso bebê fosse parecido com Sarbast, mesmo que fosse uma menina.

Pensando em como desejava desesperadamente aquele filho, pela primeira vez me permiti pensar como minha mãe podia ter sequer considerado a possibilidade de me arrancar do útero. Ela havia sido perfeita para mim, mas tentara abortar porque, mãe de quatro filhos, sem nenhuma ajuda, com um marido que havia perdido tudo na revolução de 1958, ela entrara em desespero com a notícia de que teria mais um filho para criar. Sim, sua situação era inegavelmente aflitiva, mas não mais do que a minha nesse momento.

Eu nunca pensaria em fazer mal ao meu bebê, apesar de estar basicamente sem uma casa para morar, fugindo para salvar minha vida, a caminho de tornar-me uma refugiada, e sem uma única moeda para chamar de minha. Teria sacrificado minha própria vida para proteger o filho que estava em meu ventre.

Adormeci olhando para as estrelas e desfrutei de cinco horas de sono ininterrupto.

Quando Sarbast me acordou na manhã seguinte, o céu se tingia com as cores do amanhecer.

Eu me sentia ansiosa para terminar a perigosa escalada. Em algumas horas chegaríamos ao nosso destino de Dohlakoga, o local da nova estação de rádio. Estávamos todos aflitos para concluir a última etapa da nossa viagem.

Nossos dias eram repletos de muitos desafios. Experimentei momentos de puro terror combinado a intensa satisfação. O caminho ia se tornando cada vez pior, com a trilha mais e mais estreita, com um espaço quase insuficiente para as patas de Bela. Ela parecia estar se esforçando ao máximo, como se as patas doessem em conseqüência do contato com o solo acidentado.

Eu me sentia melhor, e uma vez, quando olhei acidentalmente para baixo, vi árvores e arbustos, tão distantes que mais pareciam palitos de fósforos. Oscilei perigosamente. O sol matinal tornou-se um tormento. A viagem *tinha* de acabar. Mais uma hora, e eu não toleraria.

Suportando o calor dos raios abrasadores, olhei para cima e descobri que não poderíamos subir mais. A rocha maciça chegava ao fim. Fui tomada por uma intensa excitação. Pela primeira vez, a vitória sobre a montanha parecia possível. Olhei para baixo, e a imagem foi uma recompensa inigualável. O inimigo estava *lá embaixo*, dominando apenas o terreno onde pisava. Jamais conquistariam o Curdistão. Nunca! Nós, os curdos, estávamos concentrados na vitória, dispostos a todo e qualquer sacrifício pela liberdade.

Chegamos a um amplo platô pouco antes do topo da montanha. Estávamos em Dohlakoga. Não havíamos fracassado. Os últimos passos de Bela foram para mim um presente valioso.

Sarbast tirou-me do lombo da mula pela última vez. Afaguei o focinho do animal, compreendendo que devia minha vida a ele.

Olhei em volta e vi que não estávamos sozinhos no platô. Havia ali quarenta ou cinqüenta guerrilheiros, incluindo duas mulheres. Uma delas era Ashti, de Bergalou. Fui inundada por uma intensa alegria quando vi o pequeno Hema com suas bochechas rosadas e cheias e sua boquinha molhada. Hema parecia desabrochar, apesar do ambiente inóspito. Por sorte, aquele precioso bebê não havia sofrido os efeitos nocivos dos gases venenosos. Rewbar, marido de Ashti, era o engenheiro da emissora de rádio, e por isso era muito importante para o sucesso da nova estação.

Havia poucas construções em Dohlakoga, e elas não haviam sido erigidas obedecendo a uma ordem específica. Muitos guerrilheiros viviam em tendas, embora já houvesse algumas construções em andamento. Eram galpões simples, casas pequeninas, um abrigo antiaéreo e até um banheiro comunitário, o que me animou ainda mais. Eu precisava muito de um banho, mas teria de me lavar com água de uma bacia no futuro próximo.

Tirei minhas roupas imundas, lavei-me com a água fria, e já começava a acreditar que nossos piores problemas haviam ficado para trás, quando senti uma dor intensa em meu ventre.

Nesse momento perdi meu já tão amado bebê.

Chorei amargamente essa perda.

23

Procurando tia Aisha

SAQQEZ, IRÃ
Verão de 1988

O exército de Saddam estava em movimento, espalhando a morte ao norte e ao sul, disparando balas e lançando bombas de gás. Nós, curdos, só podíamos imaginar quando chegaria a nossa vez de sermos derrubados por uma bala ou por uma bomba. Eu já não esperava sobreviver. Como poderia ter alguma esperança de vida, quando tantos outros estavam mortos e morriam diariamente? E se a situação já estava ruim, ficou ainda pior.

Desde que deixamos Bergalou, o Curdistão foi varrido pelo caos provocado pelas tropas de Saddam. Montanhas e vales eram tomados pelos curdos que fugiam tentando salvar suas vidas. A ameaça ganhara corpo com Ali al-Majid e suas armas químicas ampliando o alvo. Agora, não só peshmergas eram atacados, mas todo o Curdistão e sua população civil. Milhares de curdos aterrorizados pereciam durante os bombardeios com gás. Mães e pais eram dominados pelo pânico, e bebês e crianças morriam sozinhos em pontos isolados das montanhas.

Nós, curdos, pensávamos que o restante do mundo tomaria conhecimento desses ataques químicos e exigiria o imediato cessar das atitudes bárbaras dos baathistas. Para nossa surpresa, ninguém parecia notar. O desinteresse do mundo deu força à ousadia dos baathistas, que passaram a usar suas armas químicas de maneira ainda mais brutal. E assim o genocídio curdo prosseguia.

Sarbast e eu não tínhamos casa desde que deixamos Bergalou. Quando chegamos a Dohlakoga, ficou evidente que não poderíamos passar os meses de inverno ali. A estação de rádio ainda não começara a operar, o que isentava meu marido de pôr em prática seus talentos de redator e locutor. Não havia moradias disponíveis. Mesmo com o inverno chegando, muitos guerrilheiros ainda viviam em barracas. Havia três esposas de peshmergas em Dohlakoga, mas não eram feitas exceções especiais para as mulheres. Sarbast e eu vivíamos em um pequeno abrigo utilizado para guardar ferramentas. Mas o inverno traria pesadas nevascas. Barracas e abrigos improvisados não ofereciam a proteção necessária contra as pesadas tempestades de neve típicas das elevadas altitudes.

Como já havíamos notado, Dohlakoga era um lugar difícil mesmo quando o clima era perfeito. Durante os meses mais duros do inverno, viajar seria impossível. Bancos de neve de até dez metros impossibilitavam o transporte de alimentos e outros suprimentos indispensáveis. Nessas circunstâncias, o número de guerrilheiros poderia ser reduzido ao mínimo, pelo menos nesse período. Todos aqueles que não eram necessários foram instruídos a deixar a área.

Nossa jornada para Dohlakoga havia sido tão cansativa e perigosa, que ficamos desapontados. Mas, superada a frustração inicial, veio o alívio. O vilarejo não era um lugar adequado para alguém com a saúde debilitada. Meus olhos haviam melhorado muito, mas ainda eram um problema. Em alguns dias, minha visão tornava-se inexplicavelmente turva. Os cortes e ferimentos que eu sofrera no bombardeio em Merge estavam cicatrizados, mas eu enfrentava problemas decorrentes do aborto natural. Precisava de cuidados médicos.

Sarbast e eu teríamos de seguir para o Irã, onde passaríamos algum tempo. Kamaran ficaria em Dohlakoga. Depois de tanto tempo juntos, a separação foi dolorosa. Mas meu marido e eu nos despedimos e começamos a difícil jornada montanha abaixo. Hassan Doido e sua mula já haviam deixado Dohlakoga, e nós tivemos de providenciar outro animal de transporte. Descer foi mais fácil do que subir. Não havia soldados inimigos esperando para nos matar, porque aquele lado da montanha era iraniano, e apesar do precipício aterrorizante e do frio conseguimos sobreviver a mais essa provação.

Nosso destino, a cidade iraniana de Al-Wattan, na fronteira, ficava a sete ou oito horas de viagem partindo de Dohlakoga. Esperávamos encontrar moradia provisória e descansar por lá algum tempo, até Sarbast ser convocado para sua próxima missão. Eu ansiava pelo descanso, mas senti uma certa decepção ao ver Al-Wattan pela primeira vez.

– É tão isolado! – exclamei. – E parece ser tão primitiva quanto Dohlakoga. – Estava sendo sincera. Para onde eu olhasse, via rudes habitantes e moradores malvestidos. – E é frio, também. Odeio o frio.

Sarbast se impacientava com minhas queixas.

– É claro que é frio, Joanna. Ainda estamos em área muito elevada. – Lançou-me um olhar de reprovação. – Devia estar feliz por não ter de morar numa barraca.

Ele estava certo. Tínhamos sorte. Como peshmergas, Sarbast e eu teríamos o privilégio de nos instalarmos em um vilarejo iraniano, uma acolhida que não era estendida aos civis curdos em fuga, homens, mulheres e crianças confinados em campos de refugiados. Sabíamos que os campos eram terríveis e que os refugiados viviam em condições miseráveis.

Com os documentos apropriados providenciados por Sarbast, podíamos atravessar a fronteira quando quiséssemos e quantas vezes julgássemos necessárias.

Essa era a teoria. Mas, quando chegamos em Al-Wattan, espantei-me com o número de peshmergas curdos iraquianos já instalados no vilarejo. Tive um mau pressentimento. Logo soubemos que todos os aposentos já estavam ocupados.

– A cidade está cheia de iraquianos – alguém nos disse.

Passamos o dia procurando por acomodações para alugar, mas não encontramos nada. Eu estava tensa. Sabia que, mesmo ainda sendo verão, as noites nas montanhas eram sempre frias. Quando o sol começou a desaparecer, Sarbast desesperou-se e começou a abordar desconhecidos que via pelas ruas. Uma barraca já não parecia um destino tão terrível assim.

Todos os moradores nos rejeitavam de pronto. Tínhamos pouco dinheiro, porque os peshmergas eram mal remunerados. O único ouro que possuíamos estava nas nossas alianças de casamento. Estávamos determinados a mantê-las.

Logo comecei a me sentir fraca. Fiquei quase doente, pendurada sem forças sobre a mula.

Finalmente, um homem iraniano se apiedou de mim. Ele disse a Sarbast:

– Todos os cômodos que possuo estão alugados. – E olhando de relance para mim, ofereceu: – Mas tenho um estábulo. Podem dormir com os animais, se quiserem.

O homem ficou chocado ao ver Sarbast aceitar.

– Obrigado. É o bastante, por enquanto.

Na verdade, as palavras do homem soavam como música para nossos ouvidos. Estávamos tão exaustos, que dormir em um estábulo cheio de animais parecia ótimo. Nós o seguimos até sua casa.

Eu sentia tanta fome, que comecei a imaginar pratos quentes. Fantasiava uma refeição farta, nutritiva. Pura ingenuidade. Apesar de sermos peshmergas e termos lutado com os iranianos contra o Iraque de Saddam, a guerra de oito anos havia endurecido o coração dos iranianos, porque o combate se resumira a um banho de sangue para aquela nação. A recepção daquela família foi tão fria quanto o topo da montanha.

Felizmente, eu tivera a idéia de guardar pão curdo e um pedaço de queijo no bolso de minha calça antes de deixar Dohlakoga. Não dormiríamos de barriga vazia.

O estábulo era um pequeno galpão ao lado da casa. No momento em que entramos na construção rudimentar, a porta para a aconchegante casa foi fechada com força. Sarbast e eu olhamos um para o outro e depois para nosso alojamento. Havia um pequeno espaço entre o estábulo e a casa. O chão era sujo. Felizmente, uma barreira na altura dos nossos joelhos impedia que os animais deixassem suas baias.

Havia mulas, vacas, galinhas, patos e coelhos. Dormimos ouvindo um coro de sons animais. O odor de urina era nauseante. O lugar estava infestado de insetos, e passei a noite sentindo que eles tentavam se aninhar em meus cabelos. Miséria suprema!

Sarbast e eu coabitamos com os animais por uma semana. Meu marido mantinha uma atitude positiva e estava sempre repetindo que nossa situação poderia ser pior.

— Joanna, poderíamos estar no campo de refugiados.

Resmunguei uma resposta qualquer, mas compreendia que nossas condições de vida podiam ser realmente piores. Outros peshmergas confirmavam a informação que tínhamos: os campos de refugiados eram áreas de horror.

Eu entendia a posição do governo iraniano. A guerra prosseguia. Era de se esperar que houvesse desconfiança em relação ao fluxo abundante de refugiados curdos. Podia haver entre eles espiões inimigos. Os curdos iraquianos eram rebeldes em seu país de origem. E se, uma vez refugiados no Irã, eles se aliassem à minoria curda do Irã e causassem uma rebelião? Muito simples. O governo iraniano não sabia o que fazer com os curdos iraquianos, por isso os trancafiava em campos de refugiados, esperando que uma vitória militar sobre Saddam marcasse o momento em que toda aquela gente seria devolvida ao lugar de onde saíra.

Nesse aspecto, nossos desejos eram coincidentes.

Além do mais, apesar das agruras da vida nos campos de refugiados, tínhamos de reconhecer a generosidade iraniana: ao menos o governo não decidira simplesmente matar os curdos iraquianos. Em suma, o governo do país inimigo tratava os curdos iraquianos com mais humanidade do que o governo de seu próprio país.

Sarbast e eu continuávamos procurando um lugar para morar. Com o sol da manhã se erguendo no céu, nós nos lavávamos com água fria da mangueira, tentando nos livrar dos insetos, e deixávamos as miseráveis acomodações para percorrer o vilarejo, reunindo-nos com vários conhecidos peshmergas. Após sete dias, conhecemos um peshmerga que nos convidou para ficar na casa que ele alugara e onde vivia com a esposa e dois filhos pequenos.

Era um paraíso, apesar de não haver energia elétrica, água encanada e sanitários. Os moradores se dirigiam à encosta da montanha para usar as fontes como toalete, o que era inconveniente e anti-higiênico. Sarbast solucionou o problema providenciando mangueiras que conectou à fonte mais próxima.

Seis meses mais tarde, quando Sarbast recebeu ordens dos oficiais da PUK para viajar ao interior do Irã, para um vilarejo maior chamado Saqqez, ficamos eufóricos. Queríamos mesmo evitar um segundo inverno em Al-Wattan. A PUK conseguira permissão para instalar a estação de rádio em Saqqez.

Lá, porém, todas as dificuldades de Al-Wattan se repetiram, e não encontramos imóveis para alugar. A sorte nos sorriu quando um peshmerga falou sobre um quarto vago em uma casa cuja proprietária, uma iraniana chamada Shamsa, alugava cômodos.

No início, Shamsa nos tratou com reserva e desconfiança, examinando-nos friamente com seus grandes olhos castanhos. Percebemos que ela desconfiava de iraquianos, mesmo que fossem curdos. Mas nossa atitude simpática e honesta logo a cativou, e depois de algumas semanas nossa senhoria passou a conversar comigo com boa vontade. Ela soou sincera ao me aconselhar:

– Você devia voltar para casa, para sua mãe. É jovem e inocente demais para essa vida de peshmerga.

Senti-me esperançosa e animada por pensar que poderia ter naquela mulher uma nova amiga, apesar da desconfiança que havia em geral entre iraquianos e iranianos. Mas o destino não me queria criando raízes. Sarbast recebeu ordens para deixar Saqqez e viajar para a área das montanhas perto de Halabja, ao sul de Bergalou e Sulaimaniya. Mais uma vez, o governo iraniano e os peshmergas da PUK haviam libertado a área do exército de Saddam, e a PUK tinha planos de instalar ali uma nova estação de rádio.

– Eu vou com você – avisei, apesar da firme oposição de meu marido.

Nos últimos três meses que passamos em Al-Wattan, ele havia sido forçado a me deixar para trás enquanto atravessava a fronteira indo e voltando, participando de ataques contra as forças de Saddam. Durante essas ausências eu me desesperava, temendo por sua segurança, certa de que cada despedida seria a última, porque os peshmergas morriam em grande número. Para mim, a única vantagem do descanso físico forçado era a recuperação de minha saúde. Até meus olhos estavam curados, enfim.

Passei meses acreditando que a lesão era permanente, que corria o risco de ficar cega com o passar do tempo, mas o tempo provou que eu estava errada. Sabendo que a cegueira era um dos efeitos colaterais mais comuns em vítimas de ataques com gás venenoso, senti-me afortunada por ainda enxergar.

Mas, antes de deixarmos o Irã e retornarmos ao Iraque, tínhamos uma importante tarefa a cumprir. Eu havia conseguido fazer contato com minha família no período que passamos em Al-Wattan, e informara que estávamos vivos no Irã. Nesse breve telefonema, soube que tia Aisha estava desaparecida, que não mandava notícias desde 16 de março de 1988, dia em que havia ocorrido um ataque químico em Halabja. Seu filho, Sabah, e as três filhas estavam alarmados, temendo que a mãe houvesse perecido nesse ataque. Eu me convenci de que ela era refugiada no Irã, em um dos muitos campos espalhados pelo território. Sarbast e eu decidimos ir procurá-la antes de sairmos do país.

Havia um campo de refugiados na região da fronteira que nos parecia mais provável, porque ali se encontravam fugitivos de Halabja. Eu esperava que tia Aisha estivesse entre eles. Se a encontrássemos, nós a levaríamos de volta a Sulaimaniya e para seus filhos.

Estávamos indo para lá. Senti o cheiro do campo de refugiados muito antes de vê-lo, e pouco depois vi uma nuvem de poeira maculando o céu azul. Fomos nos aproximando e vimos uma gigantesca cidade de tendas brancas recortada contra o horizonte. Fascinada pelos topos repetitivos das tendas, não prestei muita atenção ao lugar onde punha os pés, tropeçando em pedras ocultas por tufos de grama. Depois de tropeçar duas ou três vezes, ouvi um apreensivo Sarbast perguntar:

– Seus olhos a incomodam?

– Não. Não.

Só conseguia pensar em nossa missão de encontrar tia Aisha. Sarbast segurava meu cotovelo, guiando-me pelo campo.

Quando nos aproximamos mais, vi uma linha de cor no meio do branco, uma visão desconcertante: mulheres curdas em trajes coloridos. Presumi que estavam na fila do pão ou da água.

Estremeci, apesar do calor do dia de verão, lembrando o que Halabja havia sido. Agora seus cidadãos viviam em tendas.

Antes do ataque, Halabja havia sido uma cidade movimentada de aproximadamente cinqüenta mil curdos, localizada a poucos quilômetros da fronteira iraniana. Ela havia sido um pólo comercial e um centro de peregrinação ao mausoléu de Al-Shaikh Ali Ababaili, renomado clérigo islâmico ali sepultado.

Tia Aisha se mudara de Sulaimaniya para Halabja justamente por causa desse mausoléu. Muçulmana piedosa, ela se aproximara ainda mais de sua crença depois de criar os filhos, e comprara uma pequena casa em Halabja com o propósito de envelhecer ali, próxima ao santuário.

O ataque químico contra Halabja se tornara conhecido porque o governo iraniano tivera a precaução de transportar fotógrafos para o local e registrar o cenário de morte e destruição. Jornalistas e fotógrafos estrangeiros documentaram a morte de cinco mil inocentes, homens, mulheres e crianças. Muitas outras vítimas morreram nos dias seguintes.

Eu esperava que tia Aisha não estivesse sofrendo com dolorosos ferimentos. Idosa, ela teria ainda mais dificuldades para recuperar a saúde. Fui tomada por uma determinação inabalável: eu *tinha* de encontrá-la. Tia Aisha era quase tão querida para mim quanto minha mãe. Nunca havia deixado de nos socorrer nos momentos de dificuldade, tanto na dolorosa ocasião da repentina morte de meu pai quanto em nossas inúmeras crises financeiras.

Eu tinha ainda outro motivo crucial para encontrá-la. Não havia comentado com ninguém sua misteriosa aparição durante o ataque com gás venenoso em Bergalou. Nem mesmo com Sarbast. Eu estivera a poucos passos da morte quando sua aparição diáfana me incentivara a lutar pela vida. Queria descrever aquela cena pungente a tia Aisha, perguntar se ela estivera em oração naquele momento, ou se pensava em mim. Tinha de haver uma explicação racional, porque ela havia sido fisicamente real para mim, apesar de estar em Halabja, enquanto eu acreditava que ela estivesse em Bergalou.

Fechei meus olhos e fiz uma prece pedindo para, ao abri-los, ver minha tia saindo daquele campo de refugiados e caminhando para mim de braços abertos. Abri os olhos e descobri que minha prece não havia sido atendida.

– Vamos encontrá-la – disse para Sarbast com a voz embargada.

O campo que recebia os refugiados de Halabja era o mais populoso da fronteira, uma vez que Halabja era a maior de todas as cidades curdas esvaziadas pelos ataques com gás.

Havia um motivo para o governo iraquiano ter escolhido Halabja. Antes dos ataques químicos, a PUK e as forças iranianas haviam libertado a cidade das garras de Saddam. A libertação de Halabja havia provocado uma fúria cega em Saddam. Ele ordenara ao exército o emprego de força total e de todas as medidas para a retomada da cidade, mesmo com perdas humanas.

Quando o exército de Saddam atacara Halabja, a população de cinqüenta mil habitantes havia inchado para setenta mil por conta do fluxo de refugiados dos vilarejos vizinhos que também estavam sob ataque. Nossos inimigos começaram lançando bombas e foguetes contra Halabja. Depois, em 16 de março, a intensidade e a severidade dos ataques tomou proporções gigantescas e culminou com um lançamento maciço de um coquetel de gás sarin, mostarda e tabun. Muitos moradores permaneceram em seus abrigos, acreditando erroneamente estarem protegidos. Por causa da concentração das substâncias tóxicas em locais mais baixos, famílias inteiras morreram nesses abrigos. Os que conseguiram sentir o cheiro dos gases e compreenderam a real natureza do ataque saíram dos abrigos, tentando sobreviver. Mas, sem máscaras, muitos sucumbiram antes de chegar aos pontos mais altos. Centenas dessas vítimas da exposição sofreram com dolorosos sintomas antes de perecerem nas ruas. Testemunhas relatavam ter visto cenas terríveis. Homens morrendo de rir ou vomitando até a morte, por exemplo. Durante o ataque e depois dele, Halabja se esvaziara.

O que restara da próspera cidade que eu conhecera anos antes? Seria Halabja uma cidade fantasma? Logo eu saberia, porque Sarbast e eu planejávamos viajar para lá. Um nó de medo se formou em minha garganta. O que poderíamos encontrar?

Mas, naquele momento, eu me concentrei no que era mais importante: encontrar tia Aisha.

Sarbast apresentou nossos papéis de identificação a um carrancudo revolucionário iraniano que, depois de examiná-los atentamente, permitiu nossa entrada no campo fortemente guardado.

Em silêncio, caminhamos lado a lado pelo enorme campo de refugiados. Vi membros do Crescente Vermelho Iraniano distribuindo rações.

O campo era desanimador com suas tendas brancas e lixo por todas as partes. Havia muita gente ali, curdos reunidos em grupos ou olhando para nós com curiosidade. Depois de alguns passos, hesitamos, ponderamos onde deveríamos começar nossa busca. Caminhos bifurcados eram tomados por grandes grupos de pessoas. Sabíamos que nos últimos seis meses mais de cem mil curdos haviam buscado refúgio no Irã. Pelo que via naquele momento, a maioria deles olhava para mim. Como poderíamos encontrar tia Aisha no meio daquela massa humana?

– Para onde? – perguntei a meu marido, abrindo os braços para indicar a enormidade de tudo aquilo.

Sarbast encolheu os ombros.

— Que diferença faz o caminho que vamos seguir?

Suspirei profundamente. O grande número de refugiados deixava-me desmotivada.

— Se encontrar algum conhecido, peça ajuda — sugeri a meu marido.

Além dos anos que passara na Universidade de Bagdá, Sarbast vivera praticamente toda a vida no Curdistão. Como peshmerga da PUK, ele viajara por toda a região, hospedando-se sempre em vilarejos curdos. Talvez ele reconhecesse algum refugiado.

— Vou examinar os rostos à esquerda, e você olha os da direita — finalmente propus.

Estranhando o silêncio de Sarbast, olhei para ele e vi seu rosto pálido. Ouvir falar sobre os horrores dos campos de refugiados era terrível. Ver a dolorosa situação com os próprios olhos era quase insuportável. Eu entendia o golpe sofrido por sua honra, o ataque frontal ao seu orgulho. A cidade de tendas representava o fracasso de tudo que a PUK e o movimento peshmerga defendiam. Meu marido sacrificara sua vida adulta pela liberdade dos curdos, abrindo mão da carreira e adiando o momento de ter filhos. Aos 30 anos, quando os homens costumavam ser profissionais bem-sucedidos, ele era um pobre sem casa e sem trabalho, alguém que comia cada refeição miserável consciente de que podia ser a última.

Nosso desespero cresceu quando ouvimos o mais triste de todos os sons: o choro de bebês doentes. Lembrando o aborto recente, certa de que o ataque com gás venenoso, o bombardeio e a jornada pela montanha Kandil haviam custado a vida de meu bebê, sofri ainda mais. Naquele momento me dei conta de que nós, curdos, havíamos perdido tudo. Todas as nossas esperanças e sonhos haviam sido finalmente esmagados. Nada seria como antes. Nunca mais.

Um horrível mundo novo nascia para substituir aquele que conhecíamos. Os curdos acostumados a viver na beleza natural dos vales, criando animais e plantando seus campos, educando seus filhos para herdar a terra e os bens, agora não tinham mais nada. Seus sonhos se dissipavam na fumaça escura lançada ao céu pela dispersão dos gases venenosos. Curdos se espalhavam pela terra, forçados a se adaptar a vidas novas, desconhecidas e inferiores àquelas que haviam vivido antes. Era a mais amarga das perdas.

Sarbast e eu percorríamos o campo em silêncio. Cada refugiado era uma alma solitária no meio da multidão. Os rostos sem esperança daquelas crianças jamais se apagariam de minha memória. Seus olhos tristes eram como as chamas bruxuleantes de velas, os ombros caídos sugerindo que, em poucos anos de vida, carregavam fardos muito mais pesados do que seus corpos magros e castigados pela fome.

Um menino de quatro ou cinco anos passou por nós sozinho, perdido e cansado, exibindo o rosto coberto por bolhas. Que tipo de horrores havia suportado e testemunhado? Que tragédia se abatera sobre sua família, sobre a comunidade onde nascera e apenas começara a viver? Senti por sua vida perdida, imaginando que em um momento ele havia sido uma criança que brincava, e no outro corria atrás dos pais, gritando pela agonia do fogo invisível que caía sobre seu rosto. Onde estariam seus pais? Teriam morrido e deixado um ou mais órfãos?

Eu cerrei os punhos. Queria respostas. Deus! O que aconteceria com aquelas crianças?

Em todos os lugares eu via crianças sofrendo. Fechei os olhos, desejando escapar daqueles olhares atormentados, lamentando não poder tirá-las dali. Não havia nada que eu pudesse fazer. Não tinha dinheiro nem para comprar um pedaço de pão. Estava falida.

Meus pensamentos foram interrompidos por exclamações de "bem-vindos" de um grupo de refugiados esparramado em torno de uma das muitas tendas.

– Venha, venha!

– Sentem-se! Sentem-se!

Sarbast olhou para mim com ar de aprovação. Devíamos aceitar a hospitalidade do grupo. Todos queriam notícias de fora, ansiosos pelo fim da violência que os expulsara de suas casas.

Sarbast e eu trocamos olhares cúmplices. Eu li sua mente. Não podíamos contar àquelas pobres criaturas a dura verdade: seus lares não existiam mais.

Nós sabíamos que Saddam adotara mais um procedimento absurdo. Depois de esvaziar vilarejos e cidades, ele enviava engenheiros para explodir casas e construções, e depois deles vinham os tratores e rolos compressores para nivelar o terreno. Comunidades curdas formadas por casas, escolas, lojas, escritórios e mesquitas não passavam de entulhos. Poços haviam sido envenenados. Animais foram exterminados. Diabólico, Saddam promovia essa destruição para assegurar-se de que os curdos não teriam para onde voltar.

Mas os refugiados não sabiam o que acontecia depois que deixavam suas casas. As notícias do mundo não entravam nos campos. Pensando bem, havia momentos em que a ignorância era uma bênção.

Para mudar de assunto, Sarbast e eu perguntamos sobre tia Aisha.

– Minha tia é Aisha Hassoon Aziz. Ela se mudou de Sulaimaniya há alguns anos para ir viver perto do santuário. Sua neta Rezan vivia com ela pouco antes do ataque, mas estava longe quando as substâncias químicas foram lançadas. Não sofreu com o ataque.

Minha tia era popular, o que não me surpreendeu. Quase todos tinham ouvido falar dela. Virtuosa residente de Halabja, ela era famosa por sua bondade e pela amizade que dedicava a todos na comunidade.

Sarbast se virou para conversar com os homens, e continuei falando com as mulheres sobre minha tia, na esperança de que alguém soubesse algo concreto sobre seu paradeiro. Uma delas, Jamila, uma mulher tão velha e magra que seu rosto era côncavo, disse em voz alta:

– Aisha Hassoon Aziz construiu uma reputação tão pura quanto os santos que ela reverenciava. Seus atos de bondade são numerosos. Se não me engano, ela foi escolhida para ler o Alcorão no encontro de mulheres durante o Eid Al Mawlid Al Nabawi.

Assenti, indicando que conhecia a celebração anual do aniversário do Profeta.

Lembrei-me até de um tempo quando tia Aisha liderou as mulheres de nossa família durante aquela cerimônia específica. Eu era só uma menina, mas me senti fascinada pela magia daquela noite. Tia Aisha se pusera sentada com as costas apoiadas em uma parede, cantando canções de louvor ao Profeta. Enquanto cantava, ela balançava levemente um tamborim de couro, acrescentando magia à cerimônia. Mais tarde, um banquete foi servido, e os pratos espalhados sobre um tapete colorido no chão. Lembrava-me bem de um carneiro recheado com arroz, muitos vegetais, carnes deliciosas e bem-temperadas, e todo tipo de frutas.

Jamila prosseguiu:

– Sua tia cuidava dos pobres. – Ela olhou em volta. Seus expressivos olhos negros brilharam de entusiasmo. – Disse que ela está nesse campo?

– Espero que sim – respondi. – Ela não está em Sulaimaniya, para onde deveria ter fugido. Os filhos não conseguem encontrá-la.

Nesse momento mais refugiados se reuniram a nossa volta e perguntavam sobre as atividades dos peshmergas, sobre a reação da PUK aos ataques de Saddam, sobre as notícias do genocídio. A PUK era muito admirada em Halabja. A conversa mudou depressa de tia Aisha para o assassinato em massa dos curdos, para a fuga dos refugiados, e de volta a tia Aisha, e novamente para a tragédia sombria que eles viviam.

– Como Saddam pode matar mulheres e crianças? – resmungou uma mulher jovem segurando um bebê. Alguém cochichou a meu lado explicando-me que o bebê havia nascido durante o choque do êxodo, mas, sem cuidados médicos, não tinha grandes chances de sobreviver.

A velha Jamila bufou e uniu as mãos com um ruído alto.

– Quando uma gata quer comer os filhotes, diz que eles parecem ratos!

Três ou quatro adolescentes graciosas trocavam comentários divertidos, rindo das palavras sábias da mulher.

Meus olhos não conseguiam se desviar do sofrimento das crianças. Quase todas as mulheres seguravam crianças nos braços. E todas ostentavam ferimentos visíveis. Um menino de 2 anos, aproximadamente, coçava os olhos com aflição. A secreção produzida por eles era abundante. Outro tinha ferimentos inflamados nas solas dos pés, cortes provocados pela longa caminhada pelas montanhas da região e por cacos de vidro espalhados pelas sucessivas explosões. Bebês tossiam e arfavam, afetados nos pulmões pelo gás venenoso.

Uma mulher de cabelos negros e olhar vazio relatou sem emoção:

– Meu marido morreu em um bombardeio. Quando aconteceu o ataque químico, tive de fugir deixando para trás três de meus cinco filhos. Só tenho dois braços. Consegui carregar um filho em cada um. Os outros três não conseguiram me acompanhar. Jamais esquecerei seus gritos suplicando para não serem deixados para trás.

Outra mulher de rosto particularmente triste revelou:

– Deixei meu bebê na montanha. Ele estava morrendo por causa dos gases. Precisava salvar os outros filhos. Quando o coloquei no chão, sobre a pedra fria, ele abriu os olhinhos e fitou-me como se soubesse qual seria seu destino.

Cada refugiado tinha uma história trágica para contar. Rostos e histórias começaram a se fundir. O que eu poderia dizer? O que poderia fazer? Não dispunha de recursos para ajudar aquelas mulheres. Quando sequei minhas lágrimas, a velha Jamila tocou meu ventre e disse:

– Úteros curdos terão de repor as perdas.

Eu me surpreendi com sua percepção. O comentário provocou-me lembranças de tia Aisha, que sempre soube o que se passava em minha alma e em meu coração.

Sarbast, sem saber o que estávamos conversando me chamou para ouvir o que um refugiado estava dizendo.

Assenti para as mulheres e tentei ouvir o homem com traços endurecidos e um bigode sobre o lábio fino. Ele descrevia uma cena que havia presenciado.

– Depois de os gases se dispersarem em Halabja, e antes da chegada dos rolos compressores do exército, voltei ao lugar onde morava para procurar minha esposa e três filhas. Eu as encontrei. Estavam todas mortas em casa. Graças a Alá eu havia levado comigo dois filhos, que foram poupados. Depois de enterrar minha mulher e as filhas, fui examinar as outras casas da vizinhança. Aisha Aziz morava perto de nós. Chamei por ela e pela neta. Ninguém respondeu. A porta estava destrancada, então entrei para examinar todos os cômodos. Ela estava orando no quintal e caíra sobre seu tapete de orações.

– Não! Não! – gritei.

Assustado por minha explosão, o homem olhou para Sarbast em busca de alguma orientação sobre se devia ou não prosseguir.

– Continue – Sarbast afirmou batendo delicadamente em minhas costas.

Eu me inclinei para frente.

– Me diga apenas isso: ela estava viva?

O homem respondeu depressa e decidido.

– Não. Estava morta havia um dia ou mais.

Era impossível! Eu não conseguia entender! Por que ela iria para o quintal rezar durante um ataque químico? Por outro lado, essa teria sido uma reação típica de minha tia Aisha em uma situação de caos. Diante do perigo, enquanto todos corriam e tentavam se salvar, ela se voltava para Deus.

Tive certeza de que o homem dizia a verdade. A mulher que ele descrevia era mesmo minha tia Aisha. Meu único consolo era saber que Rezan não estava em casa naquele momento. Escapara, graças a Deus.

– Pensei em enterrá-la, mas não podia demorar mais para sair dali. Então a cobri com dois ou três tapetes de oração que encontrei na casa. Quando retornei, alguns dias mais tarde, descobri que alguém enterrara sua tia no jardim. Naquele tempo, grupos de curdos percorriam as cidades enterrando os mortos antes que os soldados tivessem tempo para profanar os corpos. – E repetiu: – Ela foi enterrada no jardim. Estou certo disso. Há um túmulo, que não havia antes, perto de onde a deixei.

Não havia mais nada a ser dito.

Eu me sentei. Uma dormência tomou meu corpo. Tia Aisha estava morta.

Ali al-Majid a assassinara cumprindo ordens do primo, Saddam Hussein, o responsável pelas mortes de muitos milhares de inocentes.

Sarbast e eu deixamos o campo e voltamos para Saqqez. Eu não sabia como poderia informar os quatro filhos de minha tia sobre sua morte. Telefonar para todos seria caro e difícil. Uma carta seria impessoal. E minha mãe? Ficaria devastada com a notícia. Finalmente, decidi ligar para meu irmão Ra'ad. Ele transmitiu a triste informação aos outros.

Meu conforto era saber que tia Aisha fora ao encontro de Deus fazendo o que mais gostava de fazer: orar. Quanto à sua misteriosa aparição em Bergalou, esse era um mistério que eu jamais poderia solucionar.

Nas semanas seguintes eu não consegui sair da cama. Meu estado de letargia foi inicialmente atribuído à depressão causada pela notícia da morte de minha tia Aisha, mas eu me sentia tão mal, que Sarbast e eu acabamos deduzindo que eu estava sofrendo uma intoxicação por alguma comida estragada. Nada que eu ingeria ficava em meu estômago. Eu sabia que Sarbast teria de partir em breve e que não desperdiçaria razões para me deixar para trás. Por isso, procurei um médico.

Foi quando recebi a notícia que levou o caos aos nossos planos de vida. Eu estava grávida. A médica afirmou sem sombra de dúvida que o bebê nasceria em menos de oito meses.

Eu me lembrei da mulher no campo de refugiados, de seu olhar penetrante e de como falara sobre úteros curdos repondo perdas.

E chorei de alegria.

24

Kosha, filho do meu coração

SAQQEZ, IRÃ
8 de maio de 1989

Eu dormia profundamente quando fui despertada por intensas dores abdominais. Eram dores tão fortes, que me dobrei ao meio na cama em nosso pequeno quarto. E aquela era só a primeira onda de dor. Ainda respirava ofegante quando senti a segunda contração.

Sarbast roncava a meu lado.

Eu havia passado quase toda a gravidez sozinha em Saqqez, enquanto meu marido combatia o inimigo no Curdistão, mas, felizmente, ele tomara providências para estar a meu lado no final da gestação. Não sabíamos quando o bebê nasceria. Eu só havia estado no médico uma vez, quando fora informada de minha gravidez, e tentava adivinhar por conta própria quando aconteceria o parto. Os refugiados curdos não dispunham de assistência médica no Irã. Mesmo que fossem esposas de peshmergas. Sem dinheiro, eu só podia esperar e rezar para meu filho nascer bem, sem problemas.

A terceira onda de dor me encheu de medo. E se houvesse algo de errado?

– Sarbast, acorde!

Os reflexos de guerrilheiro o fizeram levar a mão à arma e olhar para a porta. Quando viu que não havia ali nenhum intruso, ele olhou para mim.

– O que é? O que é?

– Não me sinto bem. A dor...

— Foi o leite! Não ferveu o leite pelo tempo certo. Tomou leite azedo de novo!

Considerei o que meu marido dizia. Grávida, eu decidira consumir leite em grandes quantidades. O leite iraniano devia ser fervido antes de ser bebido, e em algumas ocasiões, calculando mal o tempo de fervura, eu havia ingerido leite estragado e passara muito mal.

Na verdade, passara a maior parte da gravidez enjoada e vomitando, incapaz de me alimentar adequadamente. O cheiro da comida me fazia vomitar. Para conseguir me alimentar, eu era obrigada a comer ao ar livre, onde os aromas eram menos intensos. E comia pouco, pequenas porções. Por isso estava muito magra, mesmo perto de completar nove meses de gestação. Uma pequena barriga era a única prova de que a família estava crescendo. Poucas pessoas acreditavam que eu estivesse grávida de nove meses.

Minha senhoria, a adorável Shamsa, tornara-se minha amiga e um grande apoio para mim. Depois de saber sobre a gravidez e lembrar as terríveis conseqüências da viagem de Merge a Dohlakoga, concordei com Sarbast sobre os riscos de segui-lo em suas incursões peshmergas pelo Curdistão. Era preciso pensar na segurança do bebê. Como Sarbast passava a maior parte do tempo fora, Shamsa passou a ser meu principal apoio. No início ela era distante, mas recentemente passara a me tratar com grande carinho. Ao longo da difícil gestação, ela demonstrara seu afeto preparando sopas especiais e pratos com arroz iraniano e vegetais, encorajando-me a comer. Ninguém jamais poderia substituir minha mãe, mas Shamsa era uma maravilhosa companhia.

— Sarbast, minha barriga... O que devo fazer?

— Tente dormir. É o leite. Vai se sentir melhor amanhã.

Eram 4 horas da manhã. Todos dormiam. Meu marido tinha razão. Eu me sentiria melhor ao amanhecer. Deitei-me com dificuldade.

Sarbast me cobriu.

— Durma, minha querida. Amanhã vai estar melhor. Se precisar de alguma coisa, me acorde.

Sarbast, que depois de dez anos atuando como guerrilheiro estava acostumado a dormir no chão duro, rapidamente caiu num sono profundo naquele colchão macio.

As dores persistiam. E eram cada vez mais intensas e freqüentes. Eu não sabia o que esperar de uma gravidez, mas alguma coisa me dizia que o sintoma não estava relacionado ao leite que eu ingerira.

As dores progrediram até eu não suportar mais ficar naquela cama. Sarbast dormia. Eu me levantei para andar pelo quarto. Ele continuava dormindo. Duas horas mais tarde, vencida pelo medo, achei melhor ir pedir ajuda a Shamsa. Ela saberia o que fazer.

Havia dois andares na pequena casa de Shamsa. Ela alugava a parte de baixo e morava no segundo andar. O marido morrera anos antes, deixando-a com cinco filhos para criar. Duas filhas eram casadas, e dois filhos moravam com ela, embora já freqüentassem a universidade. A caçula, uma menina de 17 anos, concluía o colégio. Apesar de suas responsabilidades, Shamsa encontrara lugar para mim em seu coração.

Bati à porta e entrei ao ouvir sua voz convidando-me.

Nem precisei falar. Ela olhou para mim e declarou:

– Você vai ter seu bebê.

– Não! Tomei leite estragado!

– Não, minha filha, chegou a hora. O bebê vai nascer.

Fiquei paralisada pelo terror.

Eu não entendia nada de bebês. E agora? Por que eu não me prevenira melhor? Por que não havia esperado para engravidar em melhor momento, quando pudesse estar com minha mãe?

Shamsa entrou em ação imediatamente, distribuindo ordens aos filhos e segurando meu braço para levar-me ao andar de baixo.

– Onde está Sarbast?

– Dormindo.

– Acorde-o. Diga a ele que temos de ir para o hospital. Tome um banho rápido enquanto me visto.

Apavorada, fiz tudo que ela dizia. Não tinha nada preparado. Shamsa e eu começamos a tricotar algumas roupinhas, mas não havíamos terminado nenhuma. Tudo parecia uma brincadeira, como se eu me preparasse para ganhar uma boneca, mas agora a verdade se impunha inegável. Um bebê estaria vivendo entre nós! Uma criatura dependente e indefesa!

Sarbast pulou da cama quando o acordei e expliquei que não era o leite, mas o bebê que provocava aquelas dores. Ele vestiu uma camisa limpa enquanto eu tomava um banho frio. Não havia água quente na casa de Shamsa.

Poucos iranianos tinham banheiros em suas casas. Não havia lugar para o banho, mas no centro de Saqqez havia um grande local para banhos turcos. Lá havia espaços para famílias, mulheres e homens. Sarbast e eu sempre utilizávamos a sala da família, deliciando-nos com a água quente abundante e com as instalações luxuosas. A única coisa que eu apreciava em minha vida no Irã era a casa de banhos turcos.

Mas eu não tinha tempo para um banho quente naquela manhã.

Partimos apressados, sem levar nada conosco. O hospital ficava a trinta minutos da casa de Shamsa, e a caminhada foi pura agonia para mim. As dores eram tão terríveis que eu me sentia tentada a deitar na calçada e deixar a natureza seguir seu curso. Mas não podia ceder. Precisava chegar ao hospital para ter meu bebê em segurança.

E assim, mais uma vez em minha vida, descobri que não havia nada que eu pudesse fazer senão seguir adiante. E não imaginava o tormento que ainda teria de enfrentar.

Cada contração me obrigava a parar para respirar. Tentando sufocar os gritos que teriam atraído a polícia, eu gemia. Sarbast e Shamsa nada podiam fazer se não me amparar e esperar. O estranho trio que formávamos era alvo de muitos olhares curiosos.

Finalmente chegamos ao hospital local. Não foi surpresa descobrir que eu não era bem-vinda ali. Shamsa disse à recepcionista que sua filha estava em trabalho de parto, mas logo descobriram que eu era uma refugiada, e os iranianos estavam fartos dos refugiados do Iraque. Na opinião do povo, éramos inimigos, gente que usava os serviços médicos necessários ao povo daquele país.

Uma enfermeira levou-me à ala da maternidade, mas meu marido não pôde nos acompanhar.

– Homens não são permitidos lá – explicou ela em tom seco.

Olhei para Sarbast com ansiedade. Aquele era o evento mais importante da nossa vida, e eu queria que o compartilhássemos. Além do mais, estava amedrontada. Não queria ficar sozinha.

Quando Sarbast viu minha expressão de desespero, ele se impôs com determinação.

– Preciso estar com ela. Esse é nosso primeiro filho. Minha esposa precisa de mim.

O rosto da enfermeira tornou-se uma máscara de fúria. Ela possuía um pescoço largo e um corpo forte. Era uma oponente assustadora, pronta para enfrentar qualquer peshmerga iraquiano. Ela me encarou, depois olhou para Sarbast.

– Não! É a regra. Você vai ficar lá. – Ela apontou na direção bem atrás de nós.

Sarbast e eu nos viramos para olhar. Um cercado de arame dividia um grande espaço em uma área de espera. Todos os maridos eram considerados animais selvagens naquele hospital?

Eu disse a Sarbast:

– Espere lá, está tudo bem. Shansa ficará comigo.

– Onde estão as coisas dela? – perguntou a enfermeira revoltada, olhando carrancuda para minha acompanhante.

– Não tenho nada – gemi.

A enfermeira ordenou a Shamsa.

– Vá providenciar uma camisola para a mãe e roupas para o bebê. Não fornecemos itens pessoais.

Com lágrimas nos olhos, vi meu marido se retirar para a sala de espera. Shamsa o seguiu.

Aterrorizada, segui aquela mulher de atitude hostil e fria. Duvido que pudesse estar mais miserável se alguém me informasse que eu caminhava para minha sepultura.

Fui levada a uma enfermaria onde outras mulheres esperavam para ter seus bebês. Lá me informaram que não haveria um exame clínico, mas que haveria uma parteira ou enfermeira, dependendo do grau de dificuldade do parto. Sem uma palavra de conforto, fui posta em uma cama e informada de que eu seria levada para a sala de parto quando chegasse a hora.

Estava tudo errado. Nunca me senti tão vulnerável. A dor castigava meu corpo. Eu estava assustada. Era a filha caçula de nossa família, e nunca tivera oportunidade de acompanhar um parto. Nenhuma mulher podia ter menos conhecimento do que eu sobre o que estava por vir. Minha ignorância alimentava o medo.

Estava sozinha num momento em que precisava de minha mãe e de minhas irmãs. Eu chorava de medo e solidão. Queria minha mãe!

Virei o rosto para a parede e solucei:

– Mãe...

– Criança – chamou uma voz perto de mim. – O que faz aqui sozinha?

Abri os olhos e vi um rosto amistoso, uma mulher de meia-idade curda e iraniana.

– Por que tanta tristeza? A ocasião é alegre! Onde estão suas irmãs? E sua mãe?

– Sou refugiada – confessei chorando. – Estou sozinha.

– Pobrezinha... – Ela se aproximou de mim e sorriu. – Abrace-me. Finja que sou sua mãe.

E eu a abracei.

Aquela mulher adorável passou horas caminhando entre minha cama e a da filha dela.

Por volta das 10 horas da manhã, uma parteira de ar sério chegou para me buscar.

– Está na hora – avisou ela.

Além do medo do desconhecido, agora havia também a dúvida. Como ela podia saber que era hora? Ninguém estivera ali para examinar-me.

Minha doce companheira abraçou-me pela última vez e disse:

– Agora está acabando. E quando tiver esse bebê nos braços, vai esquecer completamente a dor, porque essa criaturinha terá seu coração.

A próxima parada foi a câmara dos horrores.

Fui orientada a subir na mesa de parto, uma superfície de madeira tão estreita que tive medo de cair do outro lado. Não podia me dobrar com a força das contrações, porque um movimento brusco poderia me jogar ao chão.

Cada momento daquele parto foi um pesadelo. Eu delirava de dor, mas ninguém me dava nenhum analgésico. Ninguém tentava me acalmar. Não havia simpatia, compaixão ou cuidado. Com incompetência brusca, alguém arrancou o bebê de meu corpo antes que ele estivesse pronto para sair. Eu gritava. E o bebê também.

Eu podia ouvir o bebê!

Quando me sentia mergulhar num poço escuro de onde temia não mais emergir, ouvi a voz de Shamsa. Que alegria! Ela conseguira entrar na sala de parto!

– Acabou! – sussurrou ela, segurando minha mão. – Você é mãe de um menino, Joanna. Um menino.

Estava exausta demais para entender o significado do que acabara de acontecer.

Enquanto uma enfermeira limpava meu filho e o envolvia em um cobertor, uma parteira costurava meu corpo rasgado. Ela dizia:

– Não temos anestesia local disponível para iraquianas.

E continuava costurando com movimentos cruéis, como se experimentasse uma alegria irada por poder causar dor a uma inimiga.

Cada vez que eu gritava, ela espetava a agulha com mais força. Por isso eu choramingava, suplicando por gentileza. Ela ignorava minhas súplicas. A tortura que parecia interminável finalmente chegou ao fim.

Foi então que vi meu filho.

Ele era lindo! Eu não conseguia parar de olhar para aquele pequenino rosto. Seus olhos eram grandes e escuros. O nariz e os lábios cheios lembravam os de Sarbast. Os cabelos negros eram lisos, como se alguém os houvesse escovado.

Shamsa o aproximou de meu rosto e senti seu cheiro. A emoção foi indescritível.

– Sou mãe... – murmurei com a voz embargada.

Várias horas mais tarde, insisti em mostrar nosso filho a Sarbast. Não podia esperar até o dia seguinte para apresentar a meu marido o pequeno milagre que penetrara em nossas vidas.

O deprimido Sarbast ainda estava no cercado de arame, Shamsa me contou rindo.

Não havia cadeiras de rodas para refugiadas iraquianas. Por isso, manquei até a sala de espera, enquanto Shamsa me apoiava e carregava meu filho nos braços.

Sarbast tornou-se visível lentamente, os dedos agarrando o arame do cercado. Os olhos dele estavam em mim.

Havia uma grade de ferro isolando a área de espera do interior do hospital. Sarbast e eu nos aproximamos tanto quanto foi possível, e eu disse, ofegante:

– Veja, Sarbast. Nosso filho.

Ele cravou os olhos brilhantes no bebê.

Um sorriso radiante iluminou seu rosto.

– Kosha... – disse ele.

Meu marido e eu havíamos passado os últimos meses procurando pelo nome perfeito. E decidimos que, se fosse menino, nosso filho seria chamado Kosha, que significa "lutador" em nosso idioma curdo.

– Kosha – repetiu Sarbast.

Olhei para o nosso pequeno lutador, nosso pequeno Kosha, e soube que ele já tinha em suas mãozinhas meu coração e minha alma. Mas Kosha parece ter ficado ressentido com nossa absoluta adoração. Ele abriu a boca e chorou em protesto.

Nós rimos. Nosso filho era perfeito.

Sarbast olhou para mim com um sorriso que expressava felicidade e orgulho.

– Você conseguiu, Joanna. Conseguiu!

– Nós conseguimos. Triunfamos, afinal.

E era verdade. Fomos caçados como animais, mas lutamos pela sobrevivência. O Curdistão ainda vivia um período de trevas e caos, e milhares de curdos haviam morrido, embora nós estivéssemos vivos, mas nós nos reagruparíamos e voltaríamos. O sonho curdo sobreviveria.

Úteros curdos já começavam a compensar as vidas perdidas.

Epílogo: Liberdade!

LONDRES, INGLATERRA
20 de julho de 1989

No Controle de Imigração do Aeroporto de Heathrow, Sarbast olhou para mim com um sorriso triunfante. Sem dizer nada, ele assentiu e começou a reunir nossos poucos pertences.

Eu estava nervosa, fraca. Sentia as pernas trêmulas sob a saia. Mal conseguia andar.

Sarbast era o homem mais persuasivo do mundo. Para minha surpresa, os homens sombrios da imigração ouviram suas palavras e acreditaram nelas. Não seríamos postos no primeiro vôo para Damasco, de onde acabávamos de chegar. Não seríamos presos. Seríamos aceitos como refugiados buscando asilo no Reino Unido. Sarbast e eu, com nosso filho Kosha, podíamos entrar na Inglaterra e receberíamos ajuda e apoio enquanto iniciávamos o procedimento de solicitação de residência legal.

Estávamos salvos. Nunca mais teríamos de nos preocupar com as armas químicas de Saddam Hussein. Estávamos livres da sinistra vida de refugiados no Irã e dos violentos oficiais da polícia síria. Estávamos na Inglaterra. Lá poderíamos recomeçar. Na Inglaterra poderíamos viver com segurança. Criaríamos Kosha, nosso filho. A enormidade daquele momento me fez chorar de felicidade.

Tínhamos muita sorte.

Meu querido Sarbast parecia cansado, esgotado. Durante quase três anos de vida conjugal, enfrentamos mais problemas do que muitos casais enfrentam em sessenta anos. Mas esses problemas nos haviam aproximado muito. Sarbast era a única pessoa no mundo capaz de entender meus sentimentos, minhas emoções. Sempre. Meu marido e eu sentíamos as mesmas tristezas e as mesmas alegrias. Nesse momento, lamentávamos a ausência das mesmas pessoas e, como eu, ele devia estar sonhando com nosso belo Curdistão.

Me surpreendi com a bondade dos oficiais da alfândega em Heathrow. Eles arranjaram acomodações e comida, oferecendo dinheiro e assistência para garantirmos o quanto antes uma situação regular e legal em solo inglês. Depois de anos lidando com os truculentos oficiais do governo iraquiano, eu não conseguia acreditar na compaixão daqueles estrangeiros.

Meus pensamentos trouxeram de volta o dia mais feliz de minha vida, aquele em que eu viajara de Qalat Diza a Merge para encontrar meu novo marido. Eu não poderia imaginar naquele dia as lágrimas que se formariam dentro de mim, as incontáveis lágrimas que verteria no futuro. Era jovem, estava apaixonada e acreditava na realização dos sonhos, na vitória em todas as batalhas, no fruto dos nossos sacrifícios, a maior de todas as vitórias: a liberdade para os curdos.

Mas o Curdistão não era livre, e muitos que haviam amado as montanhas e os vales do Curdistão estavam agora mortos, ou vivendo como refugiados indesejados.

Finalmente, consegui entender que, mesmo que Saddam obtivesse sucesso em sua intenção de massacrar todos os curdos vivos, o mundo nunca notaria. Saddam era o queridinho da administração Reagan, e seu genocídio de cem mil curdos havia sido praticamente ignorado.

Como Sarbast, eu poderia ter suportado para sempre a vida de refugiada, mas a maternidade muda tudo para uma mulher. Depois de trazer Kosha ao nosso mundo, meu marido e eu decidimos que era hora de deixarmos aquela área, procurar nova vida em um país diferente, um lugar onde houvesse segurança para criarmos nossos filhos.

Meu irmão Ra'ad apoiou nossa decisão. Ele mandou dinheiro para os passaportes e para os inevitáveis subornos de oficiais no Irã e, posteriormente, na Síria. Sem meu irmão, Sarbast, Kosha e eu teríamos nos tornado refugiados em uma cidade de tendas, como aqueles que vimos no campo de Halabja. Com a derrota praticamente certa da PUK, não havia mais para onde ir. Ao final da guerra entre Irã e Iraque, os refugiados curdos iraquianos tornaram-se um terrível aborrecimento para o Irã, onde não éramos mais bem-vindos. Também não era possível voltar a viver no Iraque; provavelmente, Sarbast teria sido executado e eu teria sido capturada e presa. Nosso filho não teria sobrevivido.

Em um mundo de corrupção e ganância, o dinheiro é a resposta para quase todos os problemas oficiais. Com a generosa ajuda de Ra'ad, Sarbast conseguiu arranjar alguns documentos, e nós deixamos Saqqez e viajamos para Teerã, onde embarcamos no primeiro vôo para fora do Irã. Iríamos para qualquer país que aceitasse refugiados iraquianos. Tive de me esforçar para não ter um ataque histérico quando soube que estávamos a caminho da Síria, outro país baathista. Sarbast insistia em dizer que tudo ia dar certo, mas eu só conseguia pensar nas carrancas baathistas que teria de enfrentar em breve.

Para meu desespero, minha preocupação era justificada. Os oficiais sírios do aeroporto reagiram furiosos ao constatarem que refugiados iraquianos entravam em seu adorado país. Olhos desconfiados examinavam detalhadamente nossos documentos e passaportes, e fomos retirados da fila da imigração e proibidos de entrar na Síria. Levados ao isolamento, passamos horas em um galpão precário sob o terminal do aeroporto. Havia outros curdos dividindo aquele espaço conosco, mas eu nunca vou conseguir lembrar sobre o que falamos ou como eram seus rostos. Estava em pânico, aterrorizada.

Também me preocupava a falta de água e comida. Nossa bagagem foi confiscada, e eu tinha apenas duas fraldas limpas para o bebê. As fraldas foram usadas, as mamadeiras que levei como reserva estavam vazias, eu não podia amamentar ali, e Kosha chorava de fome e desconforto. Vinte e quatro horas mais tarde, fomos levados dali em um carro de polícia para uma delegacia em Damasco. Lá, seríamos interrogados. Havia a ameaça subjacente de sermos deportados, devolvidos ao governo iraquiano, entregues à morte certa.

Quando solicitei leite para meu filho faminto e recebi apenas água, fiquei furiosa. Perdi o controle completamente. Sarbast me pedia para manter a calma, mas era impossível. Sentia-me ousada, forte, invencível, capaz de derrotar todos aqueles homens com a intensidade de minha ira. Gritando insultos, percebi de repente que a explosão provocava uma súbita mudança na atitude dos oficiais. Passamos a ser tratados como convidados, hóspedes bem-vindos, e fomos levados da delegacia para um apartamento em Damasco, onde recebemos toda assistência necessária.

Recusei-me a deixar aquele apartamento por duas semanas. Não vi nada da velha cidade de Damasco, porque tudo que queria era sair definitivamente daquele mundo governado por baathistas. Enquanto eu cuidava do nosso filho, Sarbast providenciava documentos forjados e conseguia as passagens para um vôo direto para a Inglaterra. Meu novo passaporte dizia que eu era cidadã dos Emirados Árabes. Sem os vistos britânicos, decidimos deixar a Síria de qualquer maneira e colocarmo-nos à mercê da imigração inglesa.

Estávamos nos sentindo como criminosos. Nosso nervosismo no vôo de Damasco a Londres era tão grande que mal conseguíamos falar. Embarquei naquele avião certa de que seríamos desmascarados, presos e deportados, enviados diretamente a Bagdá e aos assassinos de Saddam. Quando o avião fez uma escala em Chipre, convenci-me de que nós éramos a causa daquela parada. Era uma conexão. Desembarcamos e, como todos os outros passageiros, fomos informados de que passaríamos dez horas ali, e que por isso deveríamos deixar o aeroporto, aproveitar o dia para conhecer a bela ilha. Eu me neguei a deixar o terminal. Não me submeteria a mais uma fila de imigração.

Felizmente, minha preocupação, dessa vez, não tinha fundamento. Embarcamos sem problemas e, quando finalmente descemos do avião no aeroporto de Heathrow, meu coração saía pela boca. Sarbast procurou os oficiais da alfândega e explicou nossa situação com honestidade corajosa. Falou sobre os documentos forjados, sobre nossa intenção de pedir asilo político e sobre nossa certeza de que, caso fôssemos devolvidos ao Iraque, morreríamos pelas mãos sanguinárias de Saddam Hussein e seu exército de assassinos.

Lembro muito pouco daquela primeira noite na Inglaterra, porque Sarbast e eu estávamos tão exaustos depois de nossa jornada rumo à liberdade, que mal falávamos. Nossa única preocupação era o conforto de Kosha, que chorava e estava agitado, uma reação compreensível.

Na manhã seguinte acordei cedo. Olhei para o teto úmido do quarto de hotel, um aposento generosamente patrocinado pelos oficiais da imigração até que pudéssemos encontrar um apartamento. Eu estava ansiosa por um lugar que pudesse chamar de meu, algo melhor do que um quarto apertado com um teto manchado por anos de fumaça de cigarro e umidade. Decidi que aquele teto era um símbolo de minha própria vida. Eu também havia sido jovem, linda e fresca, mas os últimos anos me haviam envelhecido e endurecido.

Mas estávamos vivos! Éramos livres. Estávamos acordando para um novo dia em um quarto de hotel num país onde ninguém nos executaria pelo crime de termos nascido curdos.

Virei a cabeça e olhei para o rosto do homem que amava mais que a mim mesma. Fui tomada por uma intensa tristeza. O rosto de Sarbast revelava intenso cansaço, mesmo profundamente adormecido. Bem, pelo menos ele não tinha pesadelos. Era a primeira vez que meu marido não acordava gritando no meio da noite desde que começamos nossa longa viagem. Eu esperava que ainda houvesse muitas noites tranqüilas. Guerrilheiro desde a juventude, talvez Sarbast pudesse cicatrizar as feridas da alma na Inglaterra.

Do outro lado da porta, ouvi o som de crianças rindo no corredor do hotel, crianças de sorte que nunca haviam conhecido o terror de um bombardeio, o pavor de ter de sair correndo de casa no meio da noite, fugindo na escuridão.

Olhei para o berço ao lado da cama. Vi o rostinho doce do pequeno Kosha, agora fora de perigo. Era a primeira vez que ele não corria risco. Nenhum perigo.

Me levantei da cama sem fazer barulho. Toquei de leve no rosto de Sarbast e me aproximei do berço para beijar o rosto de meu filho e cobrir seus pequeninos pés. Depois, eu me coloquei atrás da cortina para olhar pela janela. Naqueles momentos de paz e silêncio, examinei a paisagem e vi os pequenos quintais e jardins de muitas casas inglesas.

Sarbast e eu teríamos um jardim? Quão difícil seria deixar para trás o caos da vida de guerrilheiros e adotar um estilo mais pacato, uma vida normal e segura? Por anos, havíamos sido como lindas borboletas cujas asas coloridas pulsavam com a paixão curda. Seríamos mesmo capazes de nos transformar em um acomodado e refinado casal inglês?

Suspirei profundamente. Sorrindo, fui me sentar à escrivaninha colocada em um canto. Peguei uma folha de papel com o timbre do hotel e olhei para a página em branco por alguns momentos.

Depois, escrevi as palavras que eram boas demais para serem verdadeiras: "Sarbast, Joanna e Kosha Hussein estão livres!"

Nós estamos livres!

Onde eles estão agora?

Eventos importantes alteraram o mundo desde que Joanna deixou seu amado Curdistão, fatos que modificaram a vida de seus familiares e amigos, que hoje estão espalhados pelo mundo.

Joanna ainda vive na Inglaterra, o país que deu a ela a liberdade. Ela e Sarbast têm dois filhos. Kosha, que herdou os dons artísticos do pai, completou 18 anos em 2007. Dylan, o filho mais novo, tem 6 anos de idade e é um garoto cheio de vida. Joanna trabalha na British Airways, o que lhe proporciona muitas viagens.

Sarbast divide seu tempo entre o norte do Iraque, ainda chamado Curdistão pelos curdos devotados, e a Inglaterra. Atualmente, ele trabalha em projetos para ajudar na reconstrução do Curdistão.

A mãe de Joanna, Kafia, ainda vive e conserva sua personalidade dinâmica, hoje na Inglaterra, onde desfruta a companhia de alguns de seus filhos e netos. Alia, a irmã mais velha, também vive na Inglaterra com o marido, Hady, e três de seus quatro filhos. Ela e Joanna se encontram freqüentemente. O quarto filho mora em Dubai com a esposa. Ra'ad, o mais velho, Christina, sua esposa, e Omar, o filho adolescente do casal, dividem o tempo entre a Suíça e Dubai. O irmão Sa'ad e sua família ainda estão no Iraque, enfrentando muitas dificuldades por causa da situação precária do país. Recentemente, Sa'ad e a família foram forçados a deixar Bagdá no meio da noite para buscar refúgio e segurança no Curdistão.

Assim que encontraram a segurança necessária, os filhos de tia Aisha voltaram a Halabja para exumar o corpo da mãe e enterrá-lo na bela Sulaimaniya, cidade curda onde ela fora muito feliz. Para tristeza de Joanna, tio Aziz faleceu depois de ela ter deixado o Iraque.

Até onde Joanna sabe, Ashti, seu marido Rewbar e seus filhos vivem na Austrália. Kamaran, o primo de Sarbast, casou-se e foi morar na Áustria com a esposa e a filha pequena. Muitos outros amigos e guerrilheiros peshmergas estão espalhados pela Europa, enquanto outros retornaram ao Curdistão, atualmente livre pela primeira vez na história moderna.

Hassan Doido está morto. Joanna desconhece os eventos em torno de sua morte. O paradeiro de Bela, a mula tão querida pelo contrabandista e responsável por Joanna ter chegado inteira ao outro lado da montanha Kandil, é desconhecido.

Curdos e xiitas iraquianos finalmente encontram conforto na justiça dos julgamentos dos crimes de guerra perpetrados pelo ditador Saddam Hussein. Considerado culpado no primeiro julgamento por crimes contra os xiitas, ele foi sentenciado à morte e executado no dia 30 de dezembro de 2006. Joanna, bem como muitos outros curdos que sofreram sob o regime de Saddam, considera justa a execução, embora ela tenha ficado desapontada com a morte do ex-ditador antes da conclusão do julgamento curdo de Al-Anfal, ainda em andamento por ocasião de sua execução, quando, estima-se, 200 mil homens, mulheres e crianças foram assassinados.

A deposição de Hussein levou os heróis curdos à frente da liderança iraquiana. Massoud Barzani, herói do KPD e filho do pai do nacionalismo curdo, o Mulá Mustafá Barzani, foi eleito presidente do Curdistão iraquiano. O líder da PUK e político Jalal Talabani foi eleito o primeiro presidente curdo do Iraque, um evento que poucos curdos poderiam ter imaginado durante os anos negros nos quais foram perseguidos, torturados e massacrados.

Sem Saddam, Joanna e outros curdos esperam finalmente poder fechar a porta para uma era de opressão e genocídio, abrindo outra para a democracia e as liberdades pessoais.

A esperança vive nos corações curdos!

CRONOLOGIA
dos eventos-chave que afetam os dias atuais dos curdos iraquianos

1918 O Império Otomano é derrotado. Forças britânicas ocupam o Iraque, e áreas de população curda passam a ficar sob controle britânico.

1918 Winston Churchill ordena que a Força Aérea Real lance substâncias químicas sobre os rebeldes curdos.

1919 Áreas curdas são incorporadas ao novo estado iraquiano, que continua sob domínio britânico.

1920 O Tratado de Sèvres propõe um Estado Curdo, sujeito à concordância da Liga das Nações.

1921 Faisal é coroado rei do Iraque, incluindo aí áreas curdas.

1923 O Xeque Mahmud Barzinji rebela-se contra o novo governo iraquiano. Xeque Mahmud declara um Reino Curdo.

1923 O Tratado de Sèvres não é ratificado pelo Parlamento Turco.

1924 Em uma rebelião contra o novo governo iraquiano apoiado pela Inglaterra, Sulaimaniya cai.

1932 Barzani lidera uma rebelião exigindo a autonomia dos curdos. A autonomia é recusada.

1943 Barzani rebela-se mais uma vez e é bem-sucedido, com seus guerrilheiros curdos conquistando grandes áreas do território.

1946 O KDP (Partido Democrata Curdo) é formado por Massoud Barzani. Trata-se de um partido político de base tribal curda.

1946 A Força Aérea Real Britânica bombardeia forças curdas. Guerrilheiros curdos fogem para buscar refúgio no Irã.

1946 Barzani é forçado a deixar o Irã por conta de uma disputa com forças iranianas. Ele busca exílio na União Soviética.

1951 Barzani é eleito presidente do KDP embora ainda esteja exilado na União Soviética.

1958 Barzani retorna do exílio após a deposição da monarquia iraquiana. O novo governo do Iraque reconhece os direitos nacionais dos curdos.

1959 Fracassa o primeiro golpe baathista. Saddam Hussein foge para o Egito.

1961 O governo do Iraque dissolve o KDP depois de mais uma rebelião curda.

1963 O golpe baathista é bem-sucedido. Nove meses depois, um contragolpe derruba o governo Baath.

1968 Baathistas retornam ao poder. Saddam Hussein é o segundo na hierarquia do comando.

1970 O governo iraquiano e os partidos políticos curdos chegam a um acordo de paz que garante a autonomia curda.

1971 A paz entre o governo do Iraque e o KDP é instável.

1974 Barzani conclama uma nova rebelião depois de rejeitar o acordo de autonomia.

1975 O Acordo de Algiers entre Irã e Iraque põe fim ao apoio do Irã aos curdos iraquianos.

1975 Jalal Talabani, ex-membro do KDP, organiza um novo partido político curdo, a União Patriótica do Curdistão (PUK).

Cronologia 349

1978 A PUK de Talabani e o KDP de Barzani entram em conflito, o que causa a morte de muitos guerrilheiros curdos.

1979 Saddam Hussein substitui Ahmed Hassan al-Bakri na presidência do Iraque. Barzani, chefe do KDP, morre. Seu filho, Massod Barzani, assume a liderança.

1980 O Iraque ataca o Irã, e a guerra eclode.

1983 A PUK aceita um cessar-fogo com o governo do Iraque. Começam as discussões sobre a autonomia curda.

1985 O governo iraquiano torna-se progressivamente repressor em relação aos curdos. As discussões terminam. A milícia do governo iraquiano assassina o irmão e dois sobrinhos de Jalal Talabani.

1986 Guerrilheiros curdos do KDP e da PUK unem forças e se aliam ao governo iraniano contra o governo do Iraque.

1987 O exército iraquiano usa armas químicas contra guerrilheiros curdos.

1988 O exército iraquiano inicia a Campanha Anfal contra os curdos. Dezenas de milhares de civis e guerrilheiros curdos são mortos, e centenas de milhares são forçados ao exílio no Irã, na Turquia e na Síria. A cidade de Halabja transforma-se no mais conhecido símbolo dos hediondos ataques químicos.

1991 Após a expulsão do Iraque pelo Kwait, há um levante curdo. O exército iraquiano declara guerra contra os curdos. Milhares de curdos são mortos e mais de um milhão é obrigado a partir para o exílio. Muitos são forçados a buscar refúgio nas montanhas.

1991 Uma zona de proibição de tráfego aéreo é delimitada no norte do Iraque para proteger os curdos contra Saddam Hussein.

1994 Confrontos entre a PUK e o KDP transformam-se em guerra civil.

1996 O líder do KDP, Barzani, pede ajuda a Saddam Hussein para derrotar a PUK.

1996 Forças da PUK retomam Sulaimaniya.

1998 PUK e KDP chegam a um acordo de paz.

2003 O governo de Saddam Hussein é derrubado por forças de coalizão. O povo curdo está seguro pela primeira vez desde a formação do Iraque após a Primeira Guerra Mundial.

2005 Segue a história do Iraque e dos curdos com a indicação do primeiro presidente curdo, Jalal Talabani, em 6 de abril de 2005. Talabani foi o fundador da PUK.

GLOSSÁRIO

Ahwaz Cidade iraniana localizada às margens do rio Karun. Foi local de muitas batalhas ferozes durante a guerra entre Irã e Iraque. Sa'ad, irmão de Joanna, lutou nas trincheiras iraquianas na periferia de Ahwaz por muitos meses e quase morreu lá.

Aiatolá Ruhollah Khomeini (1900-1989) Líder religioso da seita muçulmana xiita que teve um papel decisivo na queda do xá do Irã em 1979. Ele liderou o Irã durante os oito anos de guerra contra o Iraque.

Al-Askari, Jafar Pasha (1895-1936) Tio-avô paterno de Joanna al-Askari. Jafar al-Askari era de uma proeminente família de Bagdá. Durante a Primeira Guerra Mundial, serviu com o príncipe Faisal e Lawrence da Arábia no comando das tropas regulares de Hijaz. Com o final da guerra, ele serviu o rei Faisal I e o rei Ghazi I, ambos do Iraque, em muitos postos do governo, incluindo o de ministro para a Grã-Bretanha, ministro da defesa, e primeiro-ministro do Iraque. Jafar foi o tio que conseguiu que o pai de Joanna fosse educado na França. Jafar foi assassinado em 1936.

Alcorão Livro sagrado do Islã. Autoridade absoluta da comunidade muçulmana, o Alcorão é a fonte essencial do Islã. Compõe-se de revelações divinas recebidas pelo profeta Maomé nos últimos vinte anos de sua vida.

Al-Majid, Ali Hassan (1941-) Árabe iraquiano, primo do ex-presidente iraquiano Saddam Hussein. Liderou violenta repressão contra xiitas e curdos para sufocar rebeliões contra o governo baathista de Saddam Hussein.

Recebeu o apelido de Ali Químico por seu papel na Campanha Anfal contra os curdos iraquianos, incluindo Joanna. Em 23 de junho de 2007 foi condenado à morte na forca por crimes contra a humanidade pelo Supremo Tribunal Criminal Iraquiano.

Árabe Grupo lingüístico de aproximadamente 270 milhões de pessoas originárias da Arábia Saudita.

Baath O Partido da Ressurreição Socialista Árabe Baath foi fundado em 7 de abril de 1947 por Michel Aflaq e Salah Ad-Din al-Bitar, dois universitários sírios. Os princípios do Partido Baath incluem adesão ao socialismo, liberdade política e unidade pan-árabe. O Partido Baath ainda governa na Síria. No Iraque, foi derrubado em 2003 quando forças de coalizão tiraram Saddam Hussein do poder.

Bagdá Capital do Iraque, a cidade tem uma população de aproximadamente 5,8 milhões. Situa-se à margem do rio Tigre e já foi considerada o coração do Império Árabe, menos importante apenas que Constantinopla em tamanho e esplendor durante a era de ouro da cidade, de 638 a 1100, quando Bagdá floresceu como centro de aprendizado, filosofia e comércio.

Bakir, Hassan (1914-1982) Presidente baathista do Iraque de 1968 a 1979 e primo do segundo na hierarquia, Saddam Hussein, que o sucedeu em 1979.

Barzani, Mulá Mustafá (1903-1979) Líder nacionalista curdo e presidente do Partido Democrata do Curdistão. Governante lendário e comprometido com a luta pelas causas curdas. Foi um herói na opinião de Joanna e de seu irmão Ra'ad.

Barzinji, Xeque Mahmud (?-1956) Reverenciado líder curdo que se opôs à Inglaterra declarando-se rei do Curdistão e tomando Sulaimaniya e a área adjacente.

Curdistão Significa literalmente "terra dos Curdos". É uma área ao norte do Iraque, ao sul da Turquia, a oeste do Irã e a nordeste da Síria. Depois da Primeira Grande Guerra, forças ocidentais prometeram aos curdos um Estado independente, mas a promessa nunca foi cumprida. Desde então, os curdos continuam buscando independência, mas seus gritos por liberdade têm sido continuamente rejeitados. Hoje, os curdos do Iraque têm autonomia quase completa, e a região curda do Iraque é próspera.

Curdos Grupo distinto dos árabes, turcos e persas. Estima-se que sejam 30 milhões. Habitam áreas na Síria, no Irã, na Turquia e no Iraque.

Halabja Cidade curda na província de Sulaimaniya ao norte, aproximadamente 260 quilômetros ao norte de Bagdá e a 11 quilômetros da fronteira iraniana. Halabja tornou-se famosa desde o ataque químico de 16 de março de 1988, o de maior escala praticado contra uma população civil em tempos modernos, um ataque com armas químicas que matou por envenenamento com gás mais de 5 mil homens, mulheres e crianças. A cidade foi destruída posteriormente por forças de Saddam, mas tem sido reconstruída.

Hussein, Saddam (1937-2006) Filho de um camponês sem terras que morreu antes de seu nascimento, Saddam foi criado pelo tio e levado ao poder pelo Partido Baath, que o indicou à presidência do Iraque em 1979. Saddam governou pelo terror e oprimiu toda a população iraquiana, atacando os vizinhos Irã e Kwait e criando o conflito na região. Durante a Guerra Irã-Iraque (1980-1988), Saddam deflagrou extensivas campanhas militares contra os curdos no norte do Iraque, ordenando o uso de armas químicas em 1987 e 1988, o que forçou Joanna a deixar o país. Quando este livro estava sendo escrito, Saddam era julgado em Bagdá por atrocidades cometidas no Iraque, incluindo aí os massacres curdos de 1987 e 1988. Durante os procedimentos para o julgamento curdo, um tribunal especial iraquiano condenou Saddam por crimes contra a humanidade pela execução de 148 homens e meninos da cidade xiita de Dujail, 60 quilômetros ao norte de Bagdá. Saddam foi executado por enforcamento em dezembro de 2006.

Irã República Islâmica do Irã, também conhecida como Pérsia. Localiza-se no sudoeste da Ásia e sempre foi inimigo do Iraque.

Iraque, República do País do Oriente Médio que engloba a maior parte da Mesopotâmia, o extremo noroeste da cadeia de montanhas de Zagros e a parte oriental do deserto da Síria. O país se formou pela combinação das províncias otomanas de Bagdá, Basra e Mosul. O Iraque faz fronteira com o Irã ao leste, com a Turquia ao norte, com a Síria a noroeste, com a Jordânia a oeste, e com o Kwait e a Arábia Saudita ao sul. O Iraque, como o conhecemos hoje, foi formado em 1923 em uma convenção européia liderada pelos governos da Inglaterra e da França.

Islã Religião fundada pelo profeta Maomé. A ênfase do Islã está na submissão à vontade de um único Deus.

Jahshs Informantes curdos que trabalhavam para o governo iraquiano espionando seus vizinhos curdos.

Língua arábica Linguagem escrita desde o início do século IV, o arábico pertence à família lingüística semita juntamente com o hebraico e o aramaico. O arábico é escrito da direita para a esquerda.

Mesopotâmia Termo grego que significa "a terra entre os rios", inclui a área entre os rios Tigre e Eufrates. Antiga civilização formou-se na área que hoje é conhecida como Iraque.

Mesquita Local islâmico de adoração.

Montanha Kandil Montanha mais alta do Iraque.

Muçulmano Seguidor da religião conhecida como Islã.

Partido Al-Dawa Formado no Iraque no final da década de 1950 por um grupo de líderes xiitas para combater o socialismo baathista, o secularismo e o comunismo. Tornou-se mais proeminente na década de 1970 e promoveu combates armados contra o governo baathista.

Partido Democrata do Curdistão (KDP) Partido político curdo e grupo tribal militar formado em 1946 e liderado por Massoud Barzani. Foi o primeiro partido político curdo formado por um curdo e para os curdos. Mais tarde, já na década de 1970, um membro do KDP, Jalal Talabani, se desligaria para formar um partido rival, a União Patriótica do Curdistão (PUK).

Partido Socialista Baath, Iraque Formado secretamente em 1950. O partido ganhou tamanho e força e derrubou o governo iraquiano em 1963. Fora do poder apenas nove meses mais tarde, os baathistas retornaram em 1968 e se mantiveram no comando até 2003.

Peshmerga Significa literalmente "aqueles que enfrentam a morte". Os peshmergas eram guerrilheiros curdos armados que se afiliaram a partidos políticos como a PUK no Iraque. Sarbast, marido de Joanna, era membro da PUK. Desde 5 de janeiro de 2005, estima-se que ainda haja 80 mil guerrilheiros peshmergas iraquianos no norte do Iraque. Eles são a única milícia que não é proibida pelo governo local.

Prisão de Abu Ghraib Famoso complexo presidiário no Iraque construído pela Inglaterra no início da década de 1960, conhecido por ter se tornado o local onde o governo de Saddam Hussein torturava e executava dissidentes. O irmão de Joanna foi detento em Abu Ghraib. A prisão ganhou notoriedade mundial quando se tornou o local utilizado pelas forças americanas para torturar iraquianos.

Rei Faisal I (1885-1933) Terceiro filho do primeiro rei de Hijaz (atual Arábia Saudita), rei Hussein bin Ali. Faisal nasceu em Taif, foi educado em Constantinopla e aliou-se ao oficial britânico conhecido como Lawrence da Arábia para lutar contra o Império Otomano. Faisal tornou-se rei da Síria e do Iraque depois da derrota dos otomanos na Primeira Grande Guerra. Era muito próximo da família al-Askari.

Rei Faisal II (1935-1958) Filho único do Rei Ghazi I, tinha apenas 4 anos de idade quando o pai morreu em um acidente de automóvel. Faisal II foi assassinado na revolução que ocorreu na manhã de 14 de julho de 1958, revolução que causou a destruição da fábrica de móveis do pai de Joanna.

Rei Ghazi I (1912-1939) Filho único do rei Faisal I. Governou o Iraque por apenas seis anos e morreu em um acidente de automóvel nos limites do palácio.

Shatt al Arab Canal criado pela confluência do Eufrates e do Tigre. O Shatt al Arab corre para o Golfo Pérsico.

Sulaimaniya Cidade curda no norte do Iraque. A mãe de Joanna nasceu lá.

Sunita Seita islâmica de supremacia numérica. No Iraque, os sunitas são a minoria. A família de Joanna era muçulmana sunita.

Tigre Um dos dois principais rios do Iraque. O Tigre corta Bagdá.

União Patriótica do Curdistão (PUK) Fundada em 1975 por Jalal Talabani, que se tornou presidente do Iraque em 2005. A PUK é o principal movimento político curdo e iraquiano com muitos seguidores entre o povo curdo. É rival do KDP.

Vale Jafati Região montanhosa no norte do Iraque onde a União Patriótica do Curdistão (PUK) localizou seu comando central. Foi um dos primeiros lugares onde o exército de Saddam empregou armas químicas. O vale Jafati era a localização de Bergalou, local onde a rádio da PUK funcionava e vilarejo que Joanna chamava de lar.

Xiita Seita islâmica que se opõe à seita sunita em relação ao sucessor do profeta Maomé. No Iraque, xiitas são a maioria.

ÍNDICE

Ababaili, Al Shaikh Ali, 238, 321
Abdullah (amigo), 292-293
abrigos contra bombas
    em Bergalou, 214, 217-218, 254-255
    em Merge, 286-290
    em Serwan, 209
Abu Ghraib, prisão de, 91-93, 351
Aflaq, Michel, 352
agool (planta), 66
Ahwaz, Irã, 131-135, 351
Alcorão, 355
Al-Wattan, Irã, 317-319
analfabetismo, 99
árabes, definição, 352
ar-condicionado, 66
Arif, Abdul Salam, 50
armas
    dos *charkhachi* (guardas noturnos), 67
    dos peshmergas, 211-212, 227, 228-229, 291
Ashti (amiga), 225-226, 232-233, 252, 313
Askari Alia al- (irmã), 54, 56, 67, 149-152, 170-175
    filhos de, 76, 92, 100, 221
    Joanna e Sarbast apresentados por, 115-121
    nascimento de, 110
    planos de casamento de Joanna e, 181-182, 185-186
    prisão do marido de, 75-78, 81, 97
Askari, Ali Ridha al- (avô), 45, 104
Askari, Fátima al- (tia), 37, 76
Askari, Jafar Pasha al- (tio-avô), 90, 103, 351
Askari, Joanna al- ver Hussain, Joanna al-Askari

Askari, Kafia Hassoon al- (mãe), 22, 26, 46, 149-152, 329
    casamento de Joanna e, 176-177, 184-185
    casamento de, 45-46, 110
    durante o bombardeio de Bagdá, 123, 125
    morte do marido e, 99-109
    nascimento de Joanna e, 78, 312
    nascimento de, 62
    partida de Ra'ad do Iraque e, 137-140
    perguntas da polícia secreta sobre, 163-164
    prisão de Ra'ad e, 70-78
    serviço militar de Sa'ad e, 131-135
    viagem a Sulaimaniya em 1970, 27, 30-42, 54
    viagem de Joanna à França e, 126-127
Askari, Mohammed Adnan al- (pai), 75
    ascendência familiar de, 22, 35, 102-103
    casamento de, 45-46, 110-113
    fábrica de móveis de, 104, 185
    morte de, 97-105, 107-109
    saúde de, 66, 73-74
    visão de Joanna de, 283
Askari, Muna al- (irmã), 22, 55, 59, 98, 115, 120-121
    casamento de, 164
    durante bombardeio de Bagdá, 125
    "ligação" com o irmão gêmeo, 131-135
    morte do pai e, 100-101
    nascimento de, 31
    perguntas da polícia secreta sobre, 163
    prisão de Ra'ad e, 73-78
    viagem de Joanna à França e, 126-127
Askari, Othman al- (tio), 76, 102

Askari, Ra'ad al- (irmão), 22, 329
  ativismo de, 54
  cativeiro de, 79-81, 84-93, 97
  educação de, 128
  emigração de Joanna para a Inglaterra e, 340-341
  emigração para a Europa de, 137-140, 145
  negócios de, 138-139
  prisão de, 67-77, 81-86
  serviço militar do irmão e, 133-135
  viagem de Joanna para a França e, 126-127
  viagem para Sulaimaniya (1970), 33, 36-42, 54, 62-64
Askari, Sa'ad al- (irmão), 22, 29, 59
  casamento de Joanna e, 185, 191-193
  cativeiro do irmão e, 79, 87
  crenças religiosas de, 98, 125-127
  perguntas da polícia secreta sobre, 160
  prisão do irmão e, 68-78
  serviço militar de, 125, 128, 131-135
Assad, Hafez al- 275
ataques químicos, 183-184, 208-209, 227
  doenças de, 239-244, 248-249, 256-259, 261-262, 315-316, 320
  em Bergalou, conseqüências, 245-250, 251-263, 273
  em Bergalou, ocorrência de, 15-18, 234-244
  em Halabja, 322-323, 327-328, 353
  genocídio curdo, 183, 227, 231-232, 311, 315-329
  pela Inglaterra (1918), 62
Aziz, Aisha Hassoon (tia), 47, 101, 102
  busca por, 320-329
  em Bagdá, 79, 94, 102
  família de, 188
  visão de Joanna de, 328-240, 283
Aziz, Hassoon, 45, 46

Bagdá, 352
  bombardeio de (1980), 123-125
  clima de, 66
  estilo de vida de, 25
  origem de, 28-29
  pobreza em, 26-27
Bakir, Ahmed Hassan al-, 99, 223, 353
Barzani, Mulla Mustafá, 62, 69-78, 215, 353
Barzinji, Sheik Mahmud, 62, 353

Bergalou, Curdistão, 183, 187, 226, 355
  conseqüências do ataque químico, 245-250, 251-263, 273
  estilo de vida peshmerga em, 203-205, 208-220, 223
  ocorrência de ataque químico, 15-18, 234-244
binóculos, proibição contra, 34, 201
Bitar, Salah ad-Din al-, 352
bombardeio, 208-209, 223-224
  bombas de fragmentação, 218
  de Bagdá (1980), 123-126
  de Merge, 280-281, 283-290
  Veja também abrigos contra bombas; ataques químicos
bombas de fragmentação, 218
burros
  cavalgar, 299-300
  história sobre, 166-167

câmeras, proibições contra, 34, 201
campanha nacional para erradicar o analfabetismo, 99
campos de refugiados (Irã), 319, 322-328
  década de 1970, 195
  casamento entre árabes e curdos, 45-46
charkhachi (guardas noturnos), 67
Churchill, Winston, 62
cobras, 40, 204-206, 213, 268-269
Colina dos Mártires (Shhedan Gerdai), 48-50
comida
  contaminação química de, 248-249, 251-254
  rações peshmergas, 216, 233
  tradicional curda, 44, 53, 55, 59, 303
contrabandistas, 172, 177
  "Hassan Doido", 293-298 (Veja também montanha Kandil)
  peshmerga ajudado por, 301-302
costumes funerários, 102, 105
crianças,
  baixas peshmergas, 224
  como soldados iranianos, 138
  em campos de refugiados, 325-328
cronologia de eventos que afetam os curdos nos dias atuais, 347-350
cuidados médicos

disponíveis aos peshmergas, 148, 248, 288-290
no Irã, 331-338
Curdistão, 25, 62, 108, 355
  acordo de 1970 com o Iraque, 69, 82
  cessar-fogo de 1983-1984 com o Iraque, 146, 148
  cidades destruídas, 325
  cronologia de eventos que afetam os curdos nos dias atuais, 347-350
  cuidados médicos para curdos no Irã, 331-338
  demonstração de afeto em público entre curdos, 199
  embargo de alimentos, 187, 296
  êxodos seguintes aos ataques, 261-263, 310, 324, 327-328
  futuras gerações do, 328, 329, 338
  Halabja, 320-328, 353
  hino, 71
  Irã como aliado, 183, 229, 274-275
  Joanna interrogada pela polícia secreta sobre o, 155, 161-167
  leis proibindo binóculos e câmeras, 34, 201
  mapa do, 13
  massacre na Colina dos Mártires, 48-50
  mundo indiferente ao, 228, 315-316
  preconceito contra curdos, 32-40, 124-126
  proibição de música, 35-36
  refugiados curdos no Irã, 319-321, 322-328
  revolta de 1806, 62
  Ver também Partido Baath; Bergalou; ataques químicos; Hussein, Sad-dam; Merge; União Patriótica do Curdistão (PUK); peshmerga; Sulaimaniya

dialeto curdo sorâni, 220
dishdasha (roupa), 32
Dohlakoga, Curdistão, 313-314, 316
dote, 188
dow (bebida à base de iogurte), 44
Dujail, Iraque, 353

educação
  campanha nacional para erradicar o analfabetismo e, 99
  de meninas, 45
  de meninos, 67

Eid Al Mawlid Al Nabawi, 326
escorpiões, 203-206, 210-211
Estados Unidos, 145, 340
estupro de prisioneiras, 263

Faisal I, rei do Iraque, 354
Faisal II, rei do Iraque, 108, 354
ferrovia iraquiana, 108
fumar, por iraquianos, 158

genocídio, 315-329
  êxodo curdo, 261-263, 310, 324, 327-328
  planejado por "Ali Químico", 183-184, 227, 231-232, 311, 315-329
  Veja também ataques químicos
Ghazi I, rei do Iraque, 355
Guerra das Cidades, 154
Guerra Irã-Iraque, 208
  batalha Ahwaz, 131-135, 351
  bombardeio de Bagdá (1980), 123-126
  cessar-fogo com os curdos em 1983/1984, 146, 148
  conclusão da, 341
  cronologia de eventos que afetam os curdos nos dias atuais, 347-350
  Guerra das Cidades, 154
  ofensiva Karbala-Ten 222
  prisioneiros de guerra, 153
  Veja também ataques químicos; Irã; Iraque, República do; Curdistão; nomes individuais de líderes políticos
  viagem durante, 137-140
guerreiros da liberdade. Ver peshmerga

Hady (cunhado), 128
  cativeiro de, 79-81, 84-94, 97
  filhos de, 76, 92, 100, 221
  Joanna e Sarbast apresentados por, 115-122
  prisão de, 67-78, 81-84
Halabja, Curdistão, 353
  ataque químico em, 322-323, 327-328
  campo de refugiados, 319, 322-328
Hassan Doido (contrabandista), 293-298, 316
  aproximação da montanha Kandil, 299-307
  subida da montanha Kandil, 307-314
Hassan, Kamaran, 227
  aproximação da montanha Kandil, 299-307

em Dohlakoga, 316
em Merge, 276-281
em Sangaser, 193-197
jornada de Bergalou a Merge, 262-271
subida da montanha Kandil, 307-314
Hassoon, Aisha (tia). Ver Aziz, Aisha Hassoon (tia)
Hassoon, Ameena (avó),
  casa de, 44-45
  casamento da filha e, 45-46
  prisão do filho, 47-51
Hassoon, Aziz (tio), 21-22, 27, 45, 47-57, 75, 84, 101
Hassoon, Fátima (tia), 47, 109-112
Hassoon, Kafia (mãe). Ver Askari, Kafia Hassoon al- (mãe)
Hassoon, Mehdi (tio), 111
Hassoon, Muneera (tia), 48
Hema (filho da amiga), 226, 232-234, 252, 313
Hospital Al-Numan, 100
Hospital Militar Al-Rasheed, 133
Hussain, Joanna al-Askari,
  aparência física de, 58-59, 65, 121-122, 129
  apoio inicial ao peshmerga, 57-58, 61-64, 147-148
  carreira de agente de viagens, 155, 159-160, 182
  carta para a mãe descrevendo a vida peshmerga, 221-230
  cegueira temporária de, 239-244, 246-248, 256-259, 271, 316, 320
  cerimônia de casamento de, 190-194
  chamados à polícia secreta, 155-157, 184
  educação de, 123-124, 126-127, 155
  em Al-Wattan, Irã, 317-319
  em Sangaser, 293-297
  em Saqqez, Irã, 319-320, 329, 331-338
  emigração para a Inglaterra, 339-343
  interrogatório da polícia secreta, 157-167
  lua-de-mel de, 194-201, 205
  medo de cobras e escorpiões, 40, 204-205, 213, 268-269
  morte do pai e, 99-105
  na Europa (1980), 126-127
  na Europa (1982), 137-139
  nascimento de Kosha, 332-338
  nascimento de, 78, 312
  no ataque químico, 15-18, 233-246
  planos de casamento de, 181-191
  planos de fuga na infância, 98-99
  primeira gravidez de, 233, 243, 289-290, 312, 314
  primeiros sentimentos românticos por Sarbast, 115-122, 128-129, 139, 142-143
  Sulaimaniya, jornada para (1970), 22-23, 27-42, 43-45
  Sulaimaniya, visita (1970), 53-64
  Veja também Bergalou, Curdistão; montanha Kandil; Merge, Curdistão
  visita ao campo de refugiados, 319, 322-328
Hussain, Khadrja (sogra), 189, 227
Hussain, Kosha al-Askari (filho),
  emigração para a Inglaterra, 339-343
  nascimento de, 331-338
Hussain, Osman (primo), 188
Hussain, Sarbast (marido), 128, 150, 234
  alistamento militar de, 139
  alistamento peshmerga de, 139-143
  cerimônia de casamento de, 190-194
  em Al-Wattan, Irã, 317-319
  em Sangaser, 293-297
  em Saqqez, Irã, 319-320, 329, 331-338
  emigração para a Inglaterra, 339-343
  lua-de-mel de, 194-201, 205
  nascimento de Kosha e, 331-338
  planos de casamento de, 181-191
  primeiro noivado de, 145-152
  primeiros encontros entre Joanna e, 115-122
  proposta de casamento para Joanna, 169-177,
  radiodifusão de, 215, 228
  Veja também Bergalou, Curdistão; montanha Kandil; Merge, Curdistão; peshmerga
  visita ao campo de refugiados, 319, 322-328
Hussein, Saddam, 29, 99, 124, 172, 353
  apoio norte-americano para, 145, 340
  casamento peshmerga criminalizado por, 191, 194
  cessar-fogo com os curdos em 1983/1984, 146, 148
  cobertura da mídia de, 148

compensação às famílias de soldados mortos, 133
embargo de alimentos contra os curdos, 187, 296
"governo estuprador" indicados por, 263
máscaras de gás negadas aos curdos, 17, 183-184, 227, 239
morte de, 346, 353
Veja também Partido Baath; ataques químicos; Guerra Irã-Iraque; Majid, Ali Hassan al- ("Ali Químico")

Império Otomano, 62
Inglaterra,
    ataque aos curdos em 1918, 62
    emigração da família de Hussain para, 339-344
    ocupação do Iraque pela, 108
Irã, 354
    aliado aos curdos, 183, 229, 274-275
    Al-Wattan, 317-320
    cronologia de eventos que afetam os curdos nos dias atuais, 347-350
    cuidados médicos para os curdos no, 331-338
    mapa do, 13
    população curda do, 275
    refugiados curdos no, 319-321, 322-328
    soldados meninos do, 138
Iraque, República do, 37
    acordo de 1970 com o Curdistão, 69-70, 82
    cronologia de eventos que afetam os curdos nos dias atuais, 317-320
    grupos étnicos da, 24-26
    história antiga da, 266-267
    leis de custódia, 165
    mapa da, 13
    Norte (Ver Curdistão)
    pobreza, 26-27, 36-37
    revolução de 1958, 29, 102, 104, 186
    Ver também Guerra Irã-Iraque; *nomes individuais de cidades e povoados*
Islã, 354
    Alcorão, 355
    costumes fúnebres, 102, 104-105
    Eid Al Mawlid Al Nabawi, 326

mesquitas, 355
muçulmanos, definição, 355
Israel, 69, 82, 89

jahshs, 147, 196, 226, 354
    atitude curda para com, 296
    como contrabandistas, 293-298
    montanha Kandil patrulhada por, 293, 304
Jenan (amigo), 162-163

Kalashnikovs, 291. Veja também armas
Karim (amigo), 273-281, 286-289
Kazal (amigo), 233
Khan, Zakia, 195-201, 206-208, 222
Khomeini, Aiatolá Ruhollah, 124, 352
Kirkuk, Iraque, 183
klash (sandálias), 32
klaw (capas), 32
kubba (quibe, comida tradicional), 44

ladrões
    incidente de 1970, 36-40
    incidente de 1987, 303
leis de custódia, 165
língua arábica, 352
língua curda, 70, 319-320
língua
    árabe, 352
    curda, 70
    dialeto curdo sorâni, 220

Mahmoud, Nawbahar (primo), 188
Mahmoud, Sabah (primo), 321
Majid, Ali Hassal al- ("Ali Químico"), 352
    Bergalou, ataque químico de, 16-17, 234-244
    planos de genocídio de, 183, 227, 231, 311, 315-329
    registro transcrito de, 231-232
Mansur, Abu Ja'far al-, califa de Bagdá, 28
Mansur, quartel da inteligência, 83
mapa do Irã e do Iraque, 13
máscaras de gás
    caseiras, 272
    negadas aos curdos, 17, 183-184, 227, 239
    suprimento peshmerga de, 226-227, 240
massacres
    ataque da Inglaterra aos curdos em 1918, 62

Colina dos Mártires (Shhedan Gerdai), 48-50
Qalat Diza, 195
melmel, 55
meninas/mulheres, expectativas para, 22-23, 35, 125-128, 142
　campanha nacional para erradicar o analfabetismo e, 99
　casamento, 45-46, 132, 146, 192
　costumes funerários muçulmanos e, 104-105
　educação, 45
　roupas, 58, 125, 198
Merge, Curdistão, 196
　chegada em, 272
　bombardeio de, 281, 283-290
　jornada para, 261-279
Mesopotâmia, 267, 355
mesquitas, 355
Minich (amiga), 292-293
Mohammed, Mirriam, 110-113
montanha Kandil, 195, 297-298, 354
　aproximação, 299-307
　presença jahsh, 293
　subida, 307-312
moradia
　em Bergalou, 203-204, 209-213, 223
　mash-houfs (cabanas), 25
muçulmanos, 355. Veja também Islã
mulas,
　aproximação da montanha Kandil e, 299-307
　jornadas pelas terras do Iraque e do Irã sobre, 302
　subida da montanha Kandil e, 307-313
mulheres. Veja meninas/mulheres, expectativas para; peshmergas

Najaf, Iraque, 85
Nowzang, Curdistão, 215

ofensiva Karbala-Ten, 222
Osman, Sadik (primo), 153
ouro, 188

Pântanos, 24, 25
Partido Al-Dawa, 86, 124
Partido Baath, 29, 66, 124
　apoio inicial do Iraque a, 99
　cativeiro de Ra'ad e Hady, 79-81, 84-93
　Curdistão e, 108
　feriado de 14 de julho do, 88
　iraquianos pressionados para se filiarem ao, 98, 161-162
　Organização Estudantil Baathista, 82
　origem do Partido da Ressurreição Socialista Árabe Baath, 352
　origem do Partido Socialista Baath, 352
　prisão de Ra'ad e Hady, 67-78, 81-84
　Síria, 275, 339, 341-342
　tratamento dos peshmergas pelo, 182 (veja também peshmerga)
　Veja também Hussein, Saddam; Guerra Irã-Iraque; prisões
Partido Democrata Curdo, 54
Partido Democrata do Curdistão (KDP), 355
peshmergas, 32, 116, 356
　anistia de 1983-1984, 146
　casamento criminalizado por Saddam, 191, 194
　contrabandistas, 172, 176-177
　história das irmãs Serchenar, 55-58, 60-64, 211
　mulheres como, 182, 215, 225, 227
　Qadir, definição, 195
　reação à Colina dos Mártires, 50
　recompensas por, 296
　recrutamento, 228, 234
　sistema de "ferrovia subterrânea", 292-294
　tratamento baathista aos, 182
　Veja também Bergalou, Curdistão; Hussain, Joanna al-Askari; Hussain, Sarbast (marido)
Pishderi, Qadir Agha al-, 201
polícia secreta
　Joanna convocada pela, 156, 184
　Joanna interrogada pela, 157-167
　Veja também prisões
prisão-esquife, 156
Prisões
　Abu Ghraib, 91-93, 351
　cativeiro de Aziz Hassoon, 50
　cativeiro de Ra'ad e Hady, 79-81, 84-93, 97
　comunicação com famílias de prisioneiros, 93

prisioneiros da Guerra Irã-Iraque, 153
táticas de tortura, 84-87, 157, 263

Qadir, definição, 195
Qalat Diza, Iraque, 118, 194
Qasim, Abdul Karim, 55

rádio
  acusações baathistas contra os curdos, 88-89
  acusações baathistas contra Ra'ad, 83
  PUK, 215, 228, 253, 273-274, 294, 310
Ranj (sobrinho), 221
Reagan, Ronald, 340
Rebwar (amigo), 226, 252, 313
revolução de 1958, Iraque, 29, 102, 104, 186
rio Tigre, 356
roupas
  curdas, 32, 58, 198
  de *charkhachi*, 67
  de peshmerga, 188-191

Sadoun, Quartel-general da Segurança, 156-165
Sadr, Aiatolá, 124
Salih, Ibrahim, 191-193
Sandoulan, Curdistão, 277-281, 290-294
Sangaser, Curdistão, 290, 293
Saqqez, Irã, 319-320, 329, 331
Sarshew, Curdistão, 215
Serchenar, Curdistão
  história de três irmãs e peshmerga, 55-58, 60-64, 211
  mercado, 38-39, 55
Sergalou, Curdistão, 183
Serwan, Curdistão, 200-202, 207-209, 222
Shamsa (amiga), 320, 332-338
Shaswar (sobrinho), 76, 92
Shatt al Arab, 133, 356
Shazad (sobrinho), 100
Shhedan Gerdai (Colina dos Mártires), 48-50
Shwan (sobrinho), 76, 92

Síria, 275, 339, 341-342
Sozan (amigo) 273-281, 286-290
Sulaimaniya, Curdistão, 21, 356
  derrota de 1924 pela Inglaterra, 62
  descoberta de, 44
  jornada de 1970 para, 28-43
  perigo da Guerra Irã-Iraque para, 125
  visita de 1970, 43-45, 46-52
Süleyman Pasha, o Grande, 44
sunitas, 124, 356
suprimento de água
  em Bergalou, 213, 247
  no Irã, 334
suprimento de gasolina para curdos, 35

Talabani, Jalal, 140, 183
  informação biográfica, 274-275
  transmissão por rádio de mensagens, 228
Tulfah, Khairullah, 139
Turquia, 275

União Estudantil Curda, 82, 84
União Patriótica do Curdistão (PUK), 139, 171, 355
  aliada ao Irã, 183, 229, 274
  ameaças de ataques químicos, 182-184
  derrota da, 341
  estação de rádio, 215-216, 228, 273-274
Universidade de Bagdá, 118, 123
Universidade de Tecnologia de Bagdá, 67, 128

vale Jafati, 187, 209, 222, 252, 354. Veja também nomes individuais de cidades curdas
"Voz dos Guerrilheiros da Liberdade" (rádio PUK), 215 Ver também rádio

xiitas, 356
  Guerra Irã-Iraque e, 124
  Partido Al-Dawa, 86, 124

"zona proibida", 195, 301

Este livro foi composto na tipologia Eco 101,
em corpo 10/15,2, impresso em papel off-white 90g/m²,
no Sistema Cameron da Divisão Gráfica da Distribuidora Record.